应用型本科院校财经类课程教材

财务管理

（慕课版）

CAIWU GUANLI

◎主　编　张家琳　焦秋爽

◎副主编　沈　威　田吉阳　孙志惠

　　　　　李彦丽　侯蔼玲

西安电子科技大学出版社

内 容 简 介

本书的编写立足党的二十大精神、创新创业以及我国资本市场发展等背景下财务管理的最新发展动态，并与传统的财务管理理论相融合。本书以够用为原则，力求实用性，包括学习目标、思政课堂、知识框架、思维导图和拓展训练等栏目。为方便教师备课和准备教学相关材料，本书配有教学 PPT 和慕课资源。

本书主要分三篇，具体内容如下：第一篇基础篇，包括财务管理总论、财务管理的价值观念；第二篇实务篇，包括项目投资管理、证券投资、筹资管理、资本成本与资本结构、营运资金管理、利润分配管理；第三篇职能篇，包括财务预测、财务预算管理、财务控制、财务分析。

本书适合作为高等院校会计学、财务管理、金融学、工商管理、市场营销等经济管理专业的本科教材，尤其适合以应用型人才培养模式为主的本科院校选用。

图书在版编目 (CIP) 数据

财务管理：慕课版 / 张家琳 , 焦秋爽主编 . -- 西安：西安电子科技大学出版社 , 2024.8.(2025.7 重印)

ISBN 978-7-5606-7352-3

Ⅰ . F275

中国国家版本馆 CIP 数据核字第 2024RF8443 号

策　　划　吴祯娥
责任编辑　吴祯娥
出版发行　西安电子科技大学出版社 (西安市太白南路 2 号)
电　　话　(029) 88202421　88201467　　　　邮　编　710071
网　　址　www.xduph.com　　　　　　　　电子邮箱　xdupfxb001@163.com
经　　销　新华书店
印刷单位　河北虎彩印刷有限公司
版　　次　2024 年 8 月第 1 版　2025 年 7 月第 2 次印刷
开　　本　787 毫米 ×1092 毫米 1/16　　　印 张 18.5
字　　数　440 千字
定　　价　57.00 元

ISBN 978-7-5606-7352-3

XDUP 7653001–2

*** 如有印装问题可调换 ***

前言

　　随着市场经济的不断发展和现代企业制度的不断完善，现代企业的经营方式和理念也在不断转变，本书以公司制企业为对象，从基础篇、实务篇、职能篇三个方面介绍财务管理的基本原理。基础篇系统地介绍了货币时间价值、风险价值等财务管理基本概念；实务篇以投资活动、筹资活动、营运活动和分配活动为主要内容阐述现代企业财务管理理论体系；职能篇从预测、预算、决策、控制和分析角度深入讲解财务管理职能。

　　财务管理是一门应用型、实践性很强的课程，是高等院校经济和管理类专业的主干课程。本书从实务和职能出发，紧紧围绕中国经济发展新常态下应用型人才培养目标选择内容，共设置了12章，49节；在结构上，采用"学习目标、思政课堂、知识框架、思维导图、拓展训练"的编写形式，层次分明、重点突出；在表述上，力求语言平实凝练、通俗易懂；在内容上，尽可能考虑到经济管理类各专业不同层次的不同需求，增强应用型学习效果。根据应用型人才培养的需要，本书力求体现如下特色。

　　(1) 课程思政、润物无声。

　　本书牢牢把握正确的政治方向和价值导向，立足学生认知特点和教育规律，注重德法兼修、德技并修。思政内容贴近学生思想、学习和生活，既包含系统的理论知识，又入情入理地回应现实问题，具有说服力、感召力。

　　(2) 结构合理，体系规范。

　　本书在内容上体现最新的企业财务管理改革与实践，针对应用型本科院校特点，将内容庞杂的基础知识系统地呈现出来，坚持"必需、够用"原则，体系科学规范，内容简明适用。

(3) 与时俱进，紧跟新规。

本书根据财务管理课程体系和思路，立足我国财会改革的现实基础，本着理论联系实际的原则，系统全面地阐述财务管理基本理论，广泛吸收和反映当今国内外最新的研究成果，及时反映我国《会计法》《企业会计准则》《企业财务通则》内容的变化。

(4) 栏目丰富，形式生动。

本书栏目丰富多样，每章都设有"学习目标""思政课堂""知识框架""思维导图""拓展训练"等栏目，并添加了二维码动漫视频等，体现出新时代智能化的富媒体特色。书中图文并茂，配套资源丰富易得、形式多样，能适应不同学生的特点，支持线上、线下多种教学模式，能有效激发学生的学习兴趣和创新潜能，体现教材开放灵活和易教利学的特点。

本书由张家琳、焦秋爽主编。张家琳撰写第一章、第二章、第七章，焦秋爽撰写第三章、第四章、第八章，沈威撰写第五章、第六章，田吉阳撰写第九章，吉林财经大学侯蔼玲撰写第十章，孙志惠撰写第十一章，李彦丽撰写第十二章，对应章节撰写者负责教学资源包的制作。最后由张家琳总撰并定稿，宋鹏志、冯天如、闫明、王丁尼对本书进行校稿。

本书适合应用技能型教育层次的国际经济与贸易、工商管理、国际商务、财务管理、会计学、金融学、市场营销、电子商务等专业方向的学生使用，同时也可作为专升本和自学考试的辅助教材。

由于编者水平有限，本书不足之处，恳请专家、学者批评指正，以便我们不断地更新、改进与完善。

编　者

2024 年 3 月

目 录

CONTENTS

第三篇　职　能　篇

01

第一篇　基础篇

第一章
财务管理总论

学习目标

学习目标	学习难度	重要程度	应掌握的知识点
能够正确解释财务管理的概念	☆	★★	企业财务管理的概念
可以描述企业组织形式	☆	★★	企业组织形式及其财务特征
能够举例说明财务管理的内容	☆☆	★★★	财务管理的主要内容
可以评价财务管理目标	☆☆☆	★★★	不同财务管理目标及其评析
可以复述财务管理工作原则	☆☆	★	财务管理的基本原则
能够描述财务管理的职能	☆	★	财务管理的主要工作职能
能够识别财务管理的环境	☆☆	★★	财务管理的环境和分类
可以正确描述利率的含义、分类及正确计算	☆☆☆	★★★	利率的本质及计算原理
能够认同代理成本及其控制手段	☆☆☆	★	了解代理成本相关问题

思政课堂

　　党的二十大报告指出："深化国资国企改革，加快国有经济布局优化和结构调整，推动国有资本和国有企业做强做优做大，提升企业核心竞争力。完善中国特色现代企业制度，弘扬企业家精神，加快建设世界一流企业。"

　　党的二十大擘画了以中国式现代化全面推进中华民族伟大复兴的宏伟蓝图，并围绕加快贯彻新发展理念、构建新发展格局、推动高质量发展，专门对深化国资国企改革作了重大部署。党的二十大报告全面总结了过去五年的工作和新时代十年的伟大变革。新时代的十年，党和国家事业取得了历史性成就，发生了历史性变革。

(摘自中国日报中文网http://ex.chinadaily.com.cn/)

要求：请结合以上文字，思考我国国有企业的目标与使命。

知识框架

资金的概念
资金运动
资金周转 ———— 财务管理概述
企业财务管理的概念

经济环境
法律环境 ———— 财务管理的环境
金融环境
技术环境

财务管理总论

财务管理的目标和内容 ———— 财务管理的目标
企业财务管理的内容
不同利益主体财务管理目标的矛盾与协调

财务管理的原则和环节 ———— 财务管理的原则
财务管理的环节

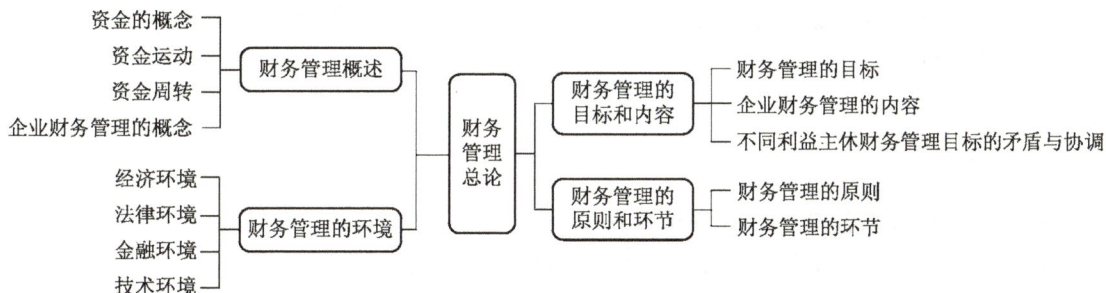

第一节　财务管理概述

　　财务管理是企业管理工作的重要部分，是企业组织财务活动和处理财务关系，从而实现企业经营目标的一项经济管理工作。其本质是通过一系列的围绕资金的管理工作为企业创造价值的活动。

　　企业是以营利为目的，从事生产、流通、服务等经济活动，实行自主经营、自负盈亏、独立核算的法人或其他社会经济组织。在当前充满竞争的现代市场经济中，企业作为最具有活力的市场经济主体，要想在生存和发展中不断获利、加强竞争力、积累财富，必须重视和强化企业的经营管理。

　　【思考】影响企业生产经营活动的主要因素有哪些？

　　企业生产经营需要同时具备人力、生产资料、资金、信息等，而且以上因素作为一个整体体现在企业的运营过程中。

　　【思考】能够将上述因素串联起来的核心要素是什么？

一、资金的概念

　　从运行机制来看，社会主义经济是充分发挥市场机制作用的市场经济。在社会主义制度下，社会产品依然是使用价值和价值的统一体。企业的再生产过程具有两重性，它既是使用价值的生产和交换过程，又是价值的形成和实现过程。在这个过程中，劳动者将生产中消耗的生产资料的价值转移到产品上去，并且创造出新的价值。这样，一切物资都具

资源1-1

有一定量的价值，它体现了用于物资中的社会必要劳动量。物资的价值是通过一定量的货币表现出来的，在社会主义再生产过程中，物资价值的货币表现就是资金，资金的实质是再生产过程中运动着的价值。资金离不开物资，又不等于物资，它是物资价值的货币表现，是物资的价值方面，体现抽象的人类劳动，而不论其使用价值如何。它是在再生产过程中运动着的，不处于再生产过程中的个人财产不是我们所说的资金。为了保证生产经营活动正常进行，企业就要筹集一定数额的资金。企业拥有一定数额的资金，是其进行生产经营活动的必要条件。

■ 二、资金运动

在企业生产经营活动中，客观地存在一种运动——资金运动。企业的生产经营过程一方面表现为物资运动（实物形态），另一方面表现为资金运动（价值形态）。企业资金运动是企业生产经营过程的价值方面，以价值的形式综合地反映着企业的生产经营过程。同时，资金运动又构成企业经济活动的一个独立方面，具有自己的运动规律。这就是企业的财务活动，包括资金的循环和周转，如图1-1所示。

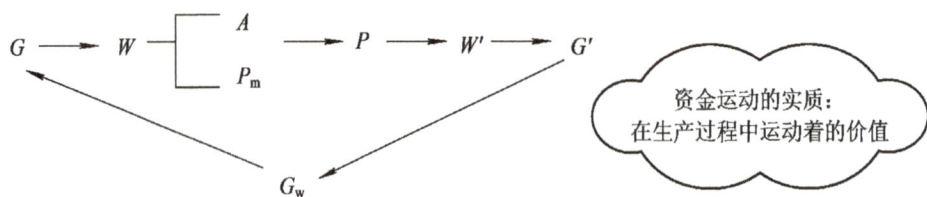

$$G \longrightarrow W \begin{array}{c} A \\ P_m \end{array} \longrightarrow P \longrightarrow W' \longrightarrow G'$$

资金运动的实质：
在生产过程中运动着的价值

G_w

G—货币资金；W—商品资金；A—劳动力；P_m—生产资料；P—生产资金；W'—产成品资金；G'—增值后的货币资金；G_w—金融市场资金。

图1-1 资金在企业中的运动过程

■ 三、资金周转

资金周转是指不断重复、周而复始的资金循环过程。资金必须在运动中才能实现其价值增值，这种运动不能孤立地循环一次就终止，而是会持续不断地周期性进行。这样的循环即为资金周转。

从表面上看，企业的资金运动是钱和物的增减变动，实际上这些钱和物的变动都体现了人与人之间的经济利益关系。

■ 四、企业财务管理的概念

综合以上信息，一言以蔽之，企业财务是指企业在再生产过程中客观存在的资金运动及其所体现的经济利益关系。企业财务管理是基于企业在再生产过程中客观存在的财务活动和财务关系而产生的，是企业组

资源1-2

织财务活动、处理各方面财务关系的一项经济管理工作。

　　企业为了实现良好的经济效益，在组织企业的财务活动、处理财务关系的过程中，要进行科学的预测、决策、预算、控制、协调、核算、分析和考核等一系列活动。财务管理的主要特点是对企业生产和再生产过程中的价值运动进行管理，是一项综合性很强的管理工作。财务管理的核心是价值管理，目的就是以最少的资金占用和消耗，获得最大的经济利益，并使企业保持良好的财务状况。

第二节　财务管理的目标和内容

　　根据系统论，正确的目标是系统实现良性循环的前提条件，企业的财务目标对企业财务系统的运行也具有同样的意义。财务管理目标又称理财目标，是指企业进行财务活动所要达到的根本目的，它决定着企业财务管理的基本方向，是评价企业理财活动是否合理的基本标准。在充分研究财务活动客观规律的基础上，根据实际情况和未来变动趋势确定财务管理目标，是财务管理主体必须首先解决的问题。财务管理目标制约着财务运行的基本特征和发展方向，是财务运行的一种驱动力。不同的财务管理目标会产生不同的财务管理运行机制，科学地设置财务管理目标，对优化理财行为，实现财务管理的良性循环具有重要意义。财务管理目标作为企业财务运行的导向力量，设置若有偏差，则财务管理的运行机制就很难合理。本部分通过介绍企业目标、企业目标对财务管理的要求，指出企业财务管理目标应该是什么，以及企业目标与财务管理目标的协调。

　　【思考】企业目标与企业财务管理目标是什么关系？

一、财务管理的目标

（一）企业目标

　　企业是以营利为目的的经济组织，其出发点和归宿是盈利。企业一旦成立，就会面临竞争，并始终处于生存和倒闭、发展和萎缩的矛盾之中，企业必须生存下去才可能获利，只有不断发展才能求得生存。因此，企业目标可以概括为生存、发展和获利。

1. 生存

　　企业只有生存才可能获利。企业在市场中生存下去的基本条件是以收抵支。企业一方面支付货币资金，从市场上取得所需的实物资产；另一方面提供市场需要的商品或服务，从市场上换回货币。企业从市场上获得的货币至少要等于付出的货币，才能维持经营，这是企业长期存续的基本条件。企业生存的另一基本条件是到期偿债。企业为扩大业务规模或满足经营周转的临时需要，可以对外借债。国家为维持市场经济秩序，从法律上保证债权人的利益，要求企业到期必须偿还本金和利息，否则就可能被债权人接管或破产。

2. 发展

企业是在发展中求得生存的。企业的生产经营如逆水行舟，不进则退。在科技不断进步的今天，企业只有不断推出更好、更新、更受顾客欢迎的产品，才能在市场上立足。一个企业如果不能不断提高产品和服务的质量，不能不断扩大自己的市场份额，就不能发展，就有可能产生生存危机，就有可能被其他企业排挤出去。

3. 获利

企业只有能够获利，才有存在的价值。建立企业的目的是盈利，盈利不但体现了企业的出发点和归宿，而且可以反映其他目标的实现程度，并有助于其他目标的实现。

（二）企业目标对财务管理的要求

企业生存的威胁主要来自两方面：一是长期亏损，这是导致企业终止的根本原因；二是不能偿付到期债务，这是导致企业终止的直接原因。亏损企业为维持运营被迫进行偿债性融资，借新债还旧债。如不能扭亏为盈，迟早会因为借不到钱还债而无法周转，从而不能偿付到期债务。盈利企业也可能出现"黑字破产"的情况，如借款扩大规模，但由于各种原因导致投资失败，为偿债必须出售企业的资产，使得企业经营无法持续下去。为此，力求保持以收抵支和偿还到期债务的能力，减少破产的风险，使企业能够长期、稳定地生存下去，是对财务管理的第一个要求。

企业的发展集中表现为扩大收入。扩大收入的根本途径是提高产品的质量，扩大销售的数量。这就要求不断更新设备、技术和工艺，并不断提高各类人员的素质，也就是要投入更多更好的物质资源、人力资源，并改进技术和管理。在市场经济中，各种资源的取得都需要付出货币。企业的发展离不开资金，因此筹集企业发展所需的资金，是对财务管理的第二个要求。

从财务的角度看，盈利就是使资产获得超过其投资的回报。在市场经济中，没有"免费的午餐"，资金的每项来源都有其成本，每项资产都是投资，都应获得相应的报酬。财务人员要对企业正常经营产生的资金和从外部获得的资金加以有效利用，这是对财务管理的第三个要求。

（三）企业财务管理的目标

出于上述企业目标对财务管理的要求，企业财务管理目标即为在特定的理财环境中，通过组织财务活动、处理财务关系所要达成的目的。从根本上说，企业财务管理的目标取决于企业生存的目的或企业目标，取决于特定的社会经济模式。企业财务管理的目标具有体制性特征，整个社会经济体制、经济模式和企业所采用的组织制度，在很大程度上决定了企业财务管理目标的取向。根据现代企业财务管理理论和实践，最具有代表性的财务管理目标主要有以下几种观点。

1. 利润最大化

利润最大化就是假定在投资预期收益确定的情况下，财务管理行为将朝着有利于企业利润最大化的方向发展。以追逐利润最大化作为财务管理的目标，其主要原因有三：一是人类从事生产经营活动的目的是创

资源 1-3

造更多的剩余产品，在商品经济条件下，剩余产品的多少可以用利润这个指标来衡量；二是在自由竞争的资本市场中，资本的使用权最终属于获利最多的企业；三是只有每个企业都最大限度地获得利润，整个社会的财富才可能实现最大化，从而带来社会的进步和发展。在社会主义市场经济条件下，企业作为自主经营的主体，所创利润是企业在一定期间全部收入和全部费用的差额，是按照收入与费用配比原则加以计算的。它不仅可以直接反映企业创造剩余产品的多少，而且可从一定程度上反映出企业经济效益的高低和对社会贡献的大小。同时，利润是企业补充资本、扩大经营规模的源泉。因此，以利润最大化为理财目标是有一定道理的。

但是，以利润最大化作为理财目标在实践中还存在一些难以解决的问题。一是这里的利润是指企业一定时期实现的利润总额，并没有考虑资金是具有时间价值的。今年获利200万元与明年获利200万元哪个更能说明企业的生产实力？哪个更符合企业的目标？很难判断。二是是否能反映利润与投入资本之间的关系，如果没有反映出这种关系，那么不利于不同资本规模企业间或不同期间的比较。一个投资500万元的食品厂和一个投资50万元的小餐馆，同样获利20万元，哪个更符合企业的目标？若不考虑利润与投入资本的关系，则很难做出抉择。三是没有考虑获得利润所承担的风险因素。高利润往往伴随着高风险，即便投入100万元，获利10万元，一个企业是以现金形式投资，另一个企业是以应收账款形式投资，应收账款坏账风险大，若不考虑风险大小，则对这两种投资很难做出判断。四是片面追求企业的利润最大化，可能导致企业对机器设备、资源等采取超负荷、掠夺性使用，可能忽视人才培养投入，可能放弃企业高额研发费用的花销，这些都会导致企业后力枯竭，走向终结。

2. 每股收益最大化

这种观点把企业的利润与股东投入的资本联系起来，用每股收益（或权益资本净利率）来概括企业的财务目标，如利润额与资本额的比值，即利润额与普通股股数的比值。所有者作为企业的投资者，其投资目的是取得资本收益，具体表现为净利润与出资额或股份数（普通股）的对比关系，这种关系可以用每股收益这一指标来反映。每股收益是指归属于普通股股东的净利润与发行在外的普通股股数的比值，它的大小反映了投资者投入资本获得回报的能力。

资源 1-4

这一目标能够说明企业的盈利水平，可以在不同资本规模的企业或同一企业不同期间进行比较，揭示其盈利水平的差异性，从而避免"利润最大化"目标忽略投入与产出比值的缺点。但是与利润最大化目标一样，仍然没有考虑到资金是具有时间价值的，以及风险问题，当然也不能避免企业的短期行为，势必会导致与企业战略目标相背离。但如果每股收益的时间、风险相同，那么每股收益最大化也是一个可以接受的观念。

3. 股东财富最大化

股东财富最大化是指通过合理的经营，为企业股东带来更多的财富。所有者作为企业的投资者，承担着企业的全部风险，其投资目的是取得全部的资本收益，或者说股东对企业收益具有剩余要求权。这种剩余要

资源 1-5

求权赋予了股东的权利、义务、风险和收益都远远大于债权人、经营者和其他职工。股东财富是由其所持有的股票数量和股票市场价格两个方面决定的，在股票数量一定的前提下，当股票价格达到最高时，股东财富也增加到最高点。因此，股东财富最大化通常也表现为股票价格最大化。

股东财富最大化目标优势体现在三个方面：首先是好测量，股东财富可以用股票的市场价值来计量；其次，股票的价值是其未来可能获得收益的现值合计，即按风险调整折现率后计算的现值，因此考虑到了资金的时间价值因素和风险因素；最后，由于最终目的是实现股东的财富或股价最高，这意味着其不能局限于企业的短期行为，而是持续性地健康发展，避免了企业短期行为的同时，保障了企业可以长期发展并实现资本保值增值的目的。

股东财富最大化目标劣势体现在三个方面：一是由于其需要用股票价格评估股东财富，因此只有上市公司才有公允的和可考量的股票价格，非上市公司很难适用这个目标；二是由于企业股票价格的变动并不一定是公司业绩唯一的反映，而是受到诸多因素影响的综合结果，因此股票价格的高低实际上不能完全反映股东财富的大小；三是在实际工作中，由于在利益相关者中只关注到单一主体——股东，因此可能会导致公司与其他利益主体之间的矛盾和冲突。

4. 企业价值最大化

企业价值是指企业全部资产的市场价值，即公司资产未来预期现金流量的现值。投资者建立企业的重要目的，在于创造尽可能多的财富。这种财富首先表现为企业的价值。从另一个角度理解，企业价值是股东权益的市场价值与债权人权益的市场价值之和。企业价值即是企业资产未来现金流量的现值，用公式表示如下：

资源 1-6

$$企业价值 = \sum_{t=1}^{n} \frac{企业未来年收益}{(1+贴现率)^t} \tag{1-1}$$

企业价值最大化财务目标具有以下优点：

一是考虑了货币的时间价值。企业价值是公司资产未来现金流量折算成的现值，不同时点的现金流量折成的现值不同。

二是考虑了风险因素。在未来现金流量折现所用的折现率中体现了获取现金流量所承担的风险，风险越大折现率就越高，等量现金流量所折成的现值就越低。

三是能克服企业在追求利润上的短期行为。不仅近期利润、现金流量会影响企业价值，企业未来的利润、现金流量也会影响企业价值，企业未来发展前景的好坏均会在股票价格中体现。

与股东财富最大化目标相比，企业价值最大化目标还考虑了债务价值，将债权人权益的保护也纳入财务管理目标，是更全面的表述。当然，如果假设债务价值不变，则增加公司价值与增加股东权益价值具有相同的意义。

以企业价值最大化作为财务管理的目标也存在以下问题：

一是为了控股或稳定购销关系，现代企业不少采用环形持股的方式，相互持股。法人股东对股票市价的敏感程度远不及个人股东，对股票价值的增加没有足够的兴趣。

二是尽管对于上市公司，股票价格的变动在一定程度上揭示了企业价值的变化，但是股价受到多种因素影响的结果，特别是在资本市场效率低下的情况下，股票价格很难反映企业所有者权益的价值，而且股价波动也并非与企业财务状况的实际变动相一致，给企业实际经营业绩的衡量带来了一定问题。

三是对于非上市公司而言，这一目标值不能依靠股票价格做出判断，只有对企业资产进行专门的评估才能真正确定其价值。而在评估企业的资产时，由于受评估标准和评估方式的影响，这种估价不能做到客观和准确。

5. 相关者利益最大化

在现代企业是多边契约关系的总和的前提下，要确立科学的财务管理目标，首先就要考虑哪些利益关系会对企业发展产生影响。在市场经济条件下，企业的理财主体更加细化和多元化。企业的利益相关者应当包括股东、债权人、企业经营者、商品购买者、原材料供应商、企业员工、政府等。因此，在确定企业财务管理目标时，不能忽视这些相关利益群体的利益。

资源 1-7

相关者利益最大化目标的具体内容包括以下几个方面：

(1) 强调风险与报酬的均衡，将风险限制在企业可以承受的范围内。

(2) 强调股东的首要地位，并强调企业与股东之间的协调关系。

(3) 强调对代理人即企业经营者的监督和控制，建立有效的激励机制以便企业战略目标的顺利实施。

(4) 关心本企业一般职工的利益，创造优美和谐的工作环境和合理恰当的福利待遇，培养职工长期努力地为企业工作。

(5) 不断加强与债权人的联系，培养可靠的资金供应者。

(6) 关心客户的长期利益，以便保持销售收入的长期稳定增长。

(7) 加强与供应商的协作，共同面对市场竞争，并注重企业形象的宣传，遵守承诺，讲究信誉。

资源 1-8

(8) 保持与政府部门的良好关系。

相关者利益最大化作为财务管理目标，具有以下优点：

(1) 有利于企业长期稳定发展。

(2) 体现了多赢的价值理念，有利于实现企业经济效益和社会效益的统一。

(3) 这一目标本身是一个多元化、多层次的目标体系，较好地兼顾了各利益主体的利益。

(4) 体现了前瞻性和可操作性的统一。

正因为如此，相关者利益最大化是现代企业财务管理的理想目标。企业应在相关者利益最大化的基础上，确立现代企业财务管理的理论体系和方法体系，并在企业实际工作中，围绕这个目标开展各项生产经营活动。

■ 二、企业财务管理的内容

（一）财务活动

企业财务活动的核心是资金运动，资金的收支形成了各种财务活动。从建厂生产筹集资金和营运资金，到销售后获得利润分红，企业的每一项资金运动都完成了一个运转周期。在企业资金运动过程中，推动资金做正常运动的是不同环节的各种收支活动，这些收支活动就是企业的财务活动。具体地说，企业财务活动包括以下四个方面的活动。

资源 1-9

1. 筹资活动

筹资是指企业为了满足投资和资金营运的需要，筹集所需资金的行为。

筹集资金是企业进行生产经营活动的前提，也是资金运动的起点。企业筹资引起的财务活动是企业筹资过程中产生的资金收支，即企业通过吸收投资人投入资金、银行借款、发行债券和股票等方式筹集资金，表现为资金的收入；企业偿还债权人的借款和利息、支付股东股利以及付出其他筹资费用等，则表现为资金的支出。企业筹集来的资金按其来源分为两类。一是企业自有资金。自有资金也叫权益资金，在资产负债表上构成股东权益部分。筹集自有资金有向投资者吸收直接投资、发行股票、企业内部留存收益等方式。其投资者包括国家、法人、个人等。二是企业债务资金，是通过企业向银行借款、发行债券、应付款项等方式取得，在资产负债表上构成负债部分。

在筹集资金的过程中，一方面，企业需要根据战略发展的要求和投资规划来确定各个时期企业总体的筹资规模，以保证进行投资所需的足够资金；另一方面，要慎重选择筹资形式、筹资工具与筹资渠道，合理确定筹资机构，降低筹资成本和风险，提高企业自身价值。

2. 投资活动

企业筹资的目的是投资，以获取利润，增大企业价值，也就是企业根据项目资金需要投出资金的行为。

企业的投资可以分为广义的投资和狭义的投资两种。广义的投资既包括对外投资又包括对内投资，对外投资包括购买其他企业债券、股票，或与其他企业联营，或将资金投于外部项目等，对内投资包括购置各种资产（构建固定资产/无形资产/流动资产）、改善企业经营条件、扩大生产能力等。狭义的投资仅指对外投资。

企业在投资过程中，购买内部所需各种资产或者购买各种证券，都需要支出资金，这种因企业投资而产生的资金的收支，便是由投资而引起的财务活动。企业在生产经营过程中，需要慎重考虑投资范围及规模，选择正确的投资方式，确定最优的投资结构，提高投资效益，有效规避风险。

3. 营运活动

企业在正常的生产经营过程中，会发生一系列的资金收支。以工业企业资金营运活动为例，首先，企业进行生产运作，采购原材料或商品，支付职工工资和相关费用；其次，企业把产成品售出并取得收入，收回资金；再次，如果企业现有资金不能满足企业经营的需要，还要采取向银行借款等方式来筹集所需资金。上述各方面都会产生企业资金的收支，即企业经营而引起的财务活动，这种为满足企业日常经营需要而垫支的资金，称为营运资金。

在一定时期内，营运资金周转速度越快，资金的利用效果就越高，企业就可能生产出更多的产品，取得更多的收入，获取更多的利润。

企业需要确定营运资金的持有政策、合理的营运资金融资政策以及合理的营运资金管理策略，包括：现金和交易性金融资产持有计划的确定；应收账款的信用标准、信用条件和收账政策的确定；存货周期、存货数量、订货计划的制订等。

4. 利润分配活动

企业通过投资或营运资金活动可取得相应的资金流入，并实现资金保值增值，达到企业财富的增加。这些增值产生后，再对相关成本进行补偿以及缴纳相关税费，剩余的收益还要进行分配。客观地说，广义的分配是指对企业各种收入进行分割和分派的过程；狭义的分配仅指对企业净利润的分配。

具体来说，企业收益分配是在赚得利润后决定有多少作为股利发放给投资者（股东），有多少留在企业作为再投资。过高的收益分配率既可能影响企业的再投资能力，也会使未来收益减少，造成上市企业股价下跌；过低的收益分配率可能引起投资者不满，致使股价下跌。

收益分配决策受多种因素影响，包括税法对收益和出售股票收益的不同处理、未来企业投资机会、各种资金来源及其成本、投资者（股东）对当期和未来收入相对偏好等。企业应根据具体情况确定最佳收益分配政策，这也是财务决策的一项重要内容。收益分配政策从某种角度看也是保留盈余决策，是企业内部筹资问题。因此，收益分配在一定程度上也属于筹资的范畴，而并非一项独立的财务管理内容。

上述财务活动的四个方面是互相联系、相互依存、互相影响的，但又有一定的区别，这四个方面构成了完整的企业财务活动。对它们的管理构成了企业财务管理的基本内容，即筹资管理、投资管理、营运管理、分配管理。

（二）财务关系

财务关系是指企业在进行财务活动过程中与各方面所发生的经济利益关系。企业的财务关系概括起来主要包括以下几个方面：

（1）企业与投资者之间的财务关系。这种财务关系主要指企业与其投资者之间发生取得企业资本与利润分配的经济关系，是各种财务关系中最根本的关系。企业的投资者主要有国家、法人和个人等。

（2）企业与债权人之间的财务关系。这种财务关系是指企业向债权人借入资金，并按合同的规定支付利息和归还本金所形成的经济关系。企业的债权人主要有债券持有者、贷款机构、商业信用提供者等。

资源 1-10

（3）企业与被投资者之间的财务关系。这种财务关系主要是指企业与其被投资单位之间发生的投资与利润分配的关系。企业通常以购买或直接投资的形式向其他单位投资，并依据出资份额决定参与受资者的经营管理和利润分配。

（4）企业与债务人之间的财务关系。这种财务关系主要是指企业将其资金以购买债券、提供借款或商业信用等形式出借给其他单位所形成的经济关系。

(5) 企业与政府之间的财务关系。这种财务关系是指政府作为社会管理者，通过收缴各种税款的方式与企业形成的经济关系。这种关系体现出强制和无偿。政府无偿参与企业的利润分配，企业按照税法规定向中央政府和地方政府缴纳各种税款。

(6) 企业与供货商、企业与客户之间的财务关系。这种财务关系主要是指企业购买供货商的商品或接受其服务，以及企业向客户销售商品或提供服务过程中形成的经济关系。

(7) 企业内部各单位之间的财务关系。企业内部各职能单位和生产单位既分工又合作，共同形成一个完整的企业系统。企业内部各单位之间相互提供产品和劳务所形成的资金结算关系体现了企业内部各单位之间的财务关系。

(8) 企业与职工之间的财务关系。这种财务关系主要是指企业向职工支付劳动报酬过程中所形成的经济利益关系。企业在处理这种关系时，要遵照国家有关劳动法规，充分保证劳动者的经济利益，调动员工的积极性。

■ 三、不同利益主体财务管理目标的矛盾与协调

企业从事财务管理活动，必然发生企业与各个方面的经济利益关系，在企业财务关系中最为重要的关系是所有者与经营者、债权人之间的关系。企业必须处理、协调好这三者之间的矛盾与利益关系。

（一）所有者与经营者的矛盾与协调

企业是所有者的企业，企业价值最大化代表了所有者的利益。现代公司制企业所有权与经营权完全分离，经营者不持有公司股票或部分持有股票，其经营的积极性就会降低，因为经营者所得不能全部归自己所有。经营者与所有者的主要矛盾，就是经营者希望在提高企业价值和股东财富的同时，能更多地增加享受成本，而所有者和股东则希望以最小的享受成本支出带来更高的企业价值和股东财富。解决这一矛盾主要采取让经营者的报酬与绩效相联系的办法，并辅之以一定的监督措施。其主要的措施有以下三种：

(1) 解聘。这是一种通过所有者约束经营者的办法。所有者对经营者予以监督，如果经营者未能使企业价值达到最大，就解聘经营者，经营者害怕被解聘而被迫实现财务管理目标。

(2) 接收。这是一种通过市场约束经营者的办法。如果经营者经营决策失误、经营不力，未能采取一切有效措施使企业价值提高，该公司就可能被其他公司强行接收或吞并，相应经营者也会被解聘。为此，经营者为了避免这种接收，必须采取一切措施提高股东财富和企业价值。

(3) 激励。激励即将经营者的报酬与其绩效挂钩，以使经营者自觉采取能提高股东财富和企业价值的措施。激励通常有两种基本方式。一是"股票期权"方式。它是允许经营者以固定的价格购买一定数量的公司股票，当股票的市场价格高于固定价格时，经营者所得的报酬就越多，经营者为了获取更大的股票涨价益处，就必然主动采取能够提高股价的行动。二是"绩效股"方式。它是公司运用每股收益、资产收益率等指标来评价经营者的业绩，视其业绩大小给予经营者数量不等的股票作为报酬。如果公司的经营业绩未能达到规定目标，那么经营者也将部分丧失原先持有的"绩效股"。这种方式使经营者不仅为了

多得"绩效股"而不断采取措施提高公司的经营业绩，而且为了使每股市价最大化，也采取各种措施使股票市价稳定上升，从而增加股东财富和企业价值。

（二）所有者与债权人的矛盾与协调

所有者的财务目标可能与债权人期望实现的目标发生矛盾。首先，所有者可能要求经营者改变举债资金的原定用途，将其用于风险更高的项目，这会增大偿债的风险，债权人的负债价值也必然会实际降低。若高风险的项目一旦成功，额外的利润就会被所有者独享，但若失败，债权人却要与所有者共同负担由此而造成的损失，这对债权人来说风险与收益是不对称的。其次，所有者或股东可能未征得现有债权人同意，而要求经营者发行新债券或举借新债，致使旧债券或老债券的价值降低（因为相应的偿债风险增加）。

为协调所有者与债权人的上述矛盾，通常可采用以下方式：

(1) 限制性借贷，即在借款合同中加入某些限制性条款，如规定借款的用途、借款的担保条款和借款的信用条件等。

(2) 收回借款或停止借款，即当债权人发现公司有侵蚀其债权价值的意图时，收回债权和不给予公司增加放款，从而来保护自身的权益。

除债权人外，与企业经营者有关的各方面都与企业有合同关系，都存在着利益冲突和限制条款。企业经营者若侵犯雇员、客户、供应商和所在社区的利益，都将影响企业目标的实现。所以说企业是在一系列限制条件下实现企业价值最大化的。

第三节　财务管理的原则和环节

财务管理的原则是企业财务管理工作必须遵循的准则。它是从企业财务管理实践中抽象出来的，并在实践中证明是正确的行为规范，它反映着财务管理活动的内在要求。在财务管理工作中，为了实现财务管理的目标，企业应该根据资金运动的规律性，正确组织各种复杂的财务活动并处理好各种财务关系，同时还必须掌握财务管理的环节。接下来就针对财务管理的环节和工作原则展开介绍。

【思考】财务管理作为一项经济管理工作，有哪些需要遵循的工作原则，围绕企业的财务活动又可以分解成哪些工作环节？

■ 一、财务管理的原则

（一）货币时间价值原则

货币时间价值是客观存在的经济范畴，它是指货币经历一段时间的投资和再投资所增加的价值。从经济学的角度看，即使在没有风险和通货膨胀的情况下，一定数量的货币资金在不同时点上也具有不同的价值。因此在数量上，货币的时间价值相当于没有风险和通货膨胀条件下的社会平均资本利润率。今天的一元钱的价值要大于将来的一元钱的价值。

货币时间价值原则在财务管理实践中得到广泛的运用。长期投资决策中的净现值法、现值指数法和内含报酬率法，都要运用到货币时间价值原则。筹资决策中各种筹资方案的资金成本比较，分配决策中利润分配方案的制定和股利政策的选择，营业周期管理中应付账款付款期的管理、存货周转期的管理、应收账款周转期的管理等，都充分体现了货币时间价值原则在财务管理中的具体运用。

（二）资金合理配置原则

拥有一定数量的资金，是企业进行生产经营活动的必要条件，但任何企业的资金总是有限的。资金合理配置是指企业在组织和使用资金的过程中，应当使各种资金保持合理的结构和比例关系，保证企业生产经营活动的正常进行，使资金得到充分有效的运用，并从整体上（不一定是每一个局部）取得最大的经济效益。

在企业的财务管理活动中，资金的配置从筹资的角度看表现为资本结构，具体表现为负债资金和所有者权益资金的构成比例，长期负债和流动负债的构成比例，以及内部各具体项目的构成比例。企业不但要从数量上筹集保证其正常生产经营所需的资金，而且必须使这些资金保持合理的结构比例关系。从投资或资金的使用角度看，企业的资金表现为各种形态的资产，各种形态资产之间应当保持合理的结构比例关系，包括对内投资和对外投资的构成比例（对内投资中：流动资产投资和固定资产投资的构成比例、有形资产和无形资产的构成比例、货币资产和非货币资产的构成比例等。对外投资中：债权投资和股权投资的构成比例、长期投资和短期投资的构成比例等），以及各种资产内部的结构比例。上述这些资金构成比例的确定，都应遵循资金合理配置原则。

（三）成本—效益原则

成本—效益原则就是要对企业生产经营活动中的所费与所得进行分析比较，将花费的成本与所取得的效益进行对比，使效益大于成本，产生"净增效益"。成本—效益原则贯穿于企业的全部财务活动中。企业在筹资决策中，应将所发生的资本成本与所取得的投资利润率进行比较；在投资决策中，应将与投资项目相关的现金流出与现金流入进行比较；在生产经营活动中，应将所发生的生产经营成本与其所取得的经营收入进行比较；在不同备选方案之间进行选择时，应将所放弃的备选方案预期产生的潜在收益视为所采纳方案的机会成本，与所取得的收益进行比较。在具体运用成本—效益原则时，应避免"沉没成本"对企业决策的干扰。"沉没成本"是指已经发生、不会被以后的决策改变的成本。因此，企业在做各种财务决策时，应将其排除在外。

（四）风险—报酬均衡原则

在市场经济的激烈竞争中不可避免地要遇到风险。企业要想获得收益，就不能回避风险。风险—报酬均衡原则是指决策者在进行财务决策时，必须对风险和报酬做出科学的权衡，使所冒的风险与所取得的报酬相匹配，达到趋利避害的目的。在筹资决策中，负债资金成本低，财务风险大；权益资金成本高，财务风险小。企业在确定资本结构时，应在资金成本与财务风险之间进行权衡。任何投资项目都有一定的风险，在进行投资决策时必须认真分析影响投资决策的各种可能因素，科学地进行投资项目的可行性分析，在考虑投资报酬的同时考虑投资的风险。在具体进行风险与报酬的权衡时，由于不同的财务决策者对风险的态度不同，有的人偏好高风险、高报酬，有的人偏好低风险、低报酬，但每一个人都会要求风险和报酬相对等，不会去冒没有价值的无谓风险。

（五）收支积极平衡原则

财务管理实际上是对企业资金的管理，量入为出、收支平衡是对企业财务管理的基本要求。资金不足，会影响企业的正常生产经营，坐失良机，严重时，会影响到企业的生存；资金多余，会造成闲置和浪费，给企业带来不必要的损失。收支积极平衡原则要求企业一方面要积极组织收入，确保生产经营和对内、对外投资对资金的正常合理需要；另一方面要节约成本费用，压缩不合理开支，避免盲目决策。保持企业一定时期资金总供给和总需求动态平衡和每一时点资金供需的静态平衡，要做到企业资金收支平衡。在企业内部，要增收节支，缩短生产经营周期，生产适销对路的优质产品，扩大销售收入，合理调度资金，提高资金利用率；在企业外部，要保持同资本市场的密切联系，加强企业的筹资能力。

（六）利益关系协调原则

企业是由各种利益集团组成的经济联合体。这些经济利益集团主要包括企业的所有者、经营者、债权人、债务人、国家税务机关、消费者、企业内部各部门和职工等。利益关系协调原则要求企业协调、处理好与各利益集团的关系，切实维护各方的合法权益，将按劳分配、按资分配、按知识和技能分配、按业绩分配等多种分配要素有机结合起来。只有这样，企业才能营造一个内外和谐、协调的发展环境，充分调动各有关利益集团的积极性，最终实现企业价值最大化的财务管理目标。

二、财务管理的环节

财务管理的基本环节有：财务预测、财务决策、财务预算、财务控制、财务分析。这些管理环节互相配合，紧密联系，形成周而复始的财务管理循环过程，构成完整的财务管理工作体系。

（一）财务预测

财务预测是根据财务活动的历史资料，考虑现实的要求和条件，对企业未来的财务活动和财务成果作出科学的预计和测算。财务预测所采用的方法主要有两种：一是定性预测，是指企业在缺乏完整的历史资料或有关变量之间不存在较为明显的数量关系下，专业人员进行的主观判断与推测。二是定量预测，是指企业根据比较完备的资料，运用数学方法，建立数学模型，对事物的未来进行的预测。实际工作中，通常将两者结合起来进行财务预测。

财务预测的内容包括流动资产需要量与短期性投资预测、固定资产需要量与长期性投资预测、成本费用预测、销售收入和利润预测、现金流量预测等。在进行财务预测时，应当收集和整理大量的财务资料和其他相关资料，并运用科学合理的方法进行。

财务预测环节包括以下工作步骤：

(1) 明确预测对象和目的。

(2) 收集和整理相关资料。

（3）建立预测模型。

（4）确定财务预测结果。

财务预测是财务决策的前提，工作步骤如图1-2所示。

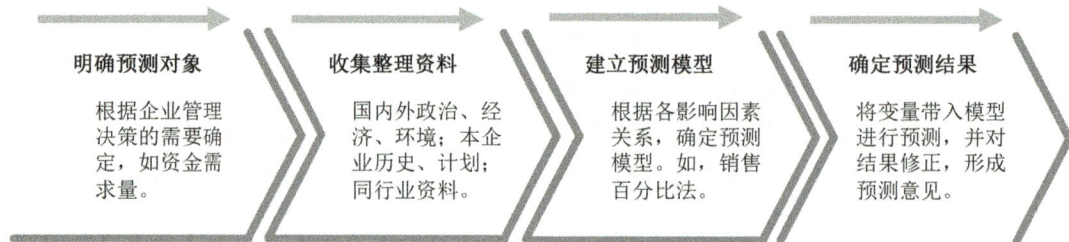

明确预测对象
根据企业管理决策的需要确定，如资金需求量。

收集整理资料
国内外政治、经济、环境；本企业历史、计划；同行业资料。

建立预测模型
根据各影响因素关系，确定预测模型。如，销售百分比法。

确定预测结果
将变量带入模型进行预测，并对结果修正，形成预测意见。

图1-2 财务预测的工作步骤示意图

财务预测的方式有许多种，常用的有定性预测法和定量预测法。定性预测法包括但不限于专家意见法、专家调查法（特尔菲法）；定量预测包括直接计算法、因素分析法、量本利分析法、销售百分比法、趋势预测法、回归分析法、指数预测法等。

（二）财务决策

财务决策是根据企业经营战略和国家宏观经济政策的要求，从提高企业经济效益的理财目标出发，在若干个可以选择的财务活动方案中，选择一个最优方案的过程。在市场经济条件下，财务管理的核心是财务决策。在财务预测基础上所进行的财务决策，是编制财务计划、进行财务控制的基础。决策的成功是最大的成功，决策的失误是最大的失误，决策关系着企业的成败兴衰。

财务决策包括筹资方案决策、投资方案决策、成本费用决策、价格决策、利润及利润分配决策等。

财务决策方法有许多种，常用的方法有优选对比分析法（指标对比法、差量分析法）、线性规划法、图表决策法、决策树分析法、损益决策法（最大最小收益法、最小最大后悔值法）等。具体财务决策环节如图1-3所示。

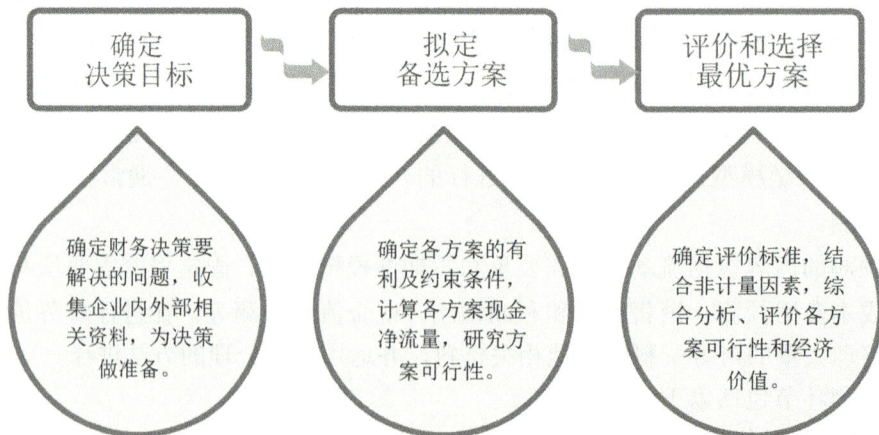

确定决策目标
确定财务决策要解决的问题，收集企业内外部相关资料，为决策做准备。

拟定备选方案
确定各方案的有利及约束条件，计算各方案现金净流量，研究方案可行性。

评价和选择最优方案
确定评价标准，结合非计量因素，综合分析、评价各方案可行性和经济价值。

图1-3 财务决策的步骤示意图

（三）财务预算

财务预算是根据财务战略、财务计划和各种预测信息，确定预算期内各种预算指标的过程。它是财务战略的具体化，是财务计划的分解和落实。

财务预算的方法通常包括固定预算与弹性预算、增量预算与零基预算、定期预算和滚动预算。

编制财务预算要做好以下工作：

(1) 分析主客观条件，确定主要指标。

(2) 安排生产要素，组织综合平衡。

(3) 编制计划表格，协调各项指标。

一般企业财务预算的工作步骤如图1-4所示。

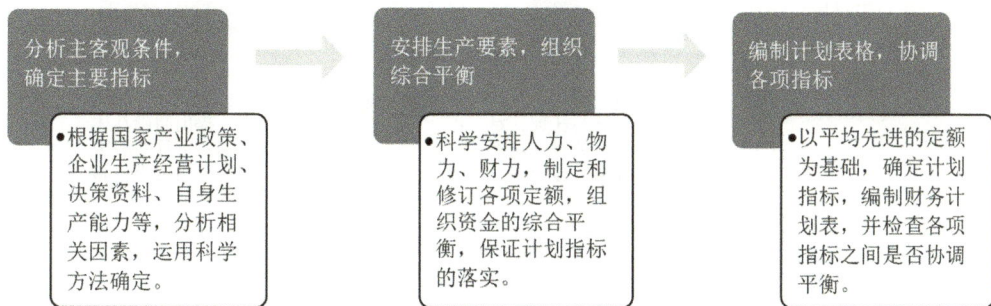

图1-4　企业财务预算工作步骤示意图

（四）财务控制

财务控制是企业为实现财务管理目标，在日常生产经营活动的过程中，以计划任务和各项定额为依据，对资金的收入、支出、占用、耗费进行日常的核算，利用特定手段对各单位财务活动进行调节和控制，及时发现偏差和纠正偏差的管理过程。财务控制是落实计划任务，保证计划实现的有效措施。财务控制的内容包括货币资金控制、应收款项控制、存货控制、对外投资控制、固定资产控制、无形资产控制及其他资产控制、负债控制、所有者权益控制、销售收入控制、成本费用控制、利润控制及财务风险控制等。一般企业财务控制工作步骤如图1-5所示。

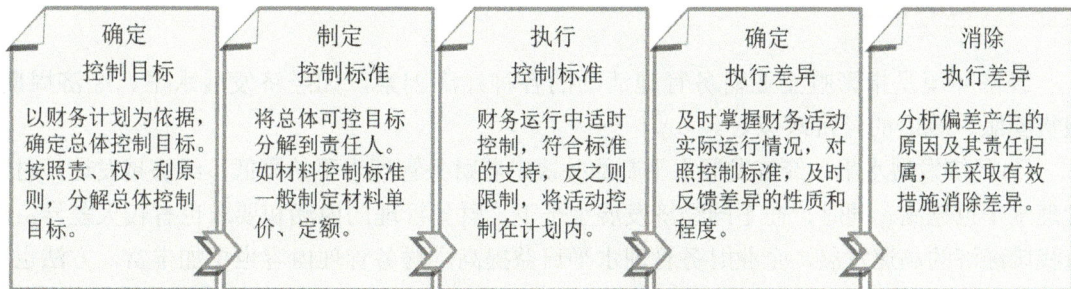

图1-5　企业财务控制的步骤示意图

（五）财务分析

财务分析是以核算资料为主要依据，对企业财务活动的过程和结果进行评价和分析的一项工作。借助于财务分析，可以掌握各项财务计划指标的完成情况，有利于改善财务预测、决策、计划工作，还可以总结经验，研究和掌握企业财务活动的规律性，不断改进企业财务管理工作。企业财务人员要通过财务分析提高业务工作水平，搞好业务工作。其工作步骤如图 1-6 所示。

进行财务分析一般程序是：① 收集资料，掌握情况；② 对比指标，揭露矛盾；③ 分析因素，明确责任；④ 提出措施，改进工作。

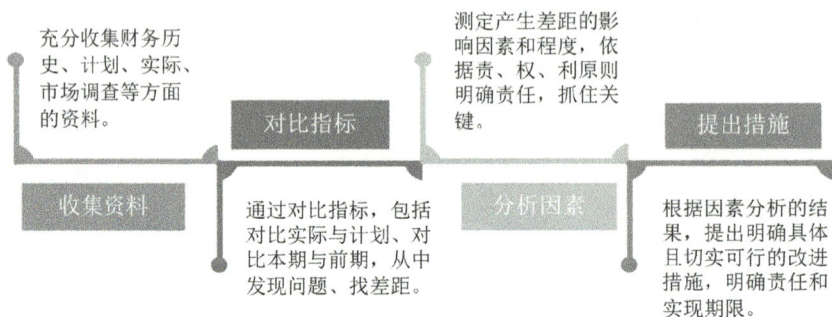

充分收集财务历史、计划、实际、市场调查等方面的资料。

对比指标

测定产生差距的影响因素和程度，依据责、权、利原则明确责任，抓住关键。

提出措施

收集资料

通过对比指标，包括对比实际与计划、对比本期与前期，从中发现问题、找差距。

分析因素

根据因素分析的结果，提出明确具体且切实可行的改进措施，明确责任和实现期限。

图 1-6　财务分析和评价的步骤示意图

第四节　财务管理的环境

财务管理环境又称理财环境，是指对企业财务活动产生影响作用的各种外部和内部条件或因素。这些通常是财务管理人员难以改变的约束条件或因素，只能去适应它们的要求和变化。由于财务管理工作具有综合性和广泛性，因而对其产生影响和约束的因素也非常多，既包括外部环境，也包括内部环境。

【思考】企业财务管理工作中，需要考虑哪些因素？这些因素会对企业产生什么影响？

一、经济环境

经济环境是指影响企业财务管理活动的各种经济因素，如经济发展水平、经济周期、通货膨胀、政府的经济政策等。

(1) 经济发展水平。经济发展水平制约并决定着财务管理水平的高低，经济越发达，财务管理水平也越高。同时，在不同经济发展水平下，财务管理的内涵和要求也有较大差异。随着我国经济的高速发展，企业财务管理水平日益提高，财务管理内容也更加丰富，方法也更加多样化。因此，企业财务管理工作者必须积极探索与经济发展水平相适应的财务管理模式。

(2) 经济周期。市场经济总是在周期性波动中运行，并依次经历萧条、复苏、繁荣和衰退四个不同阶段，这就是经济周期。而在不同阶段企业理财的方法、原则、具体措施等都会有很大差异。例如，在繁荣阶段企业一般会增加投资、扩大生产，而在萧条时期通常会收缩投资、加速资金回笼。另外，作为一个高水平的理财人员，总是要对经济的周期性波动做出预测，并适时调整理财策略和方法。

(3) 通货膨胀。通货膨胀是指流通中的货币供应量超过商品流通所需量而引起价格普遍和持续上升的一种经济现象。通货膨胀会引起价格不断上升，货币贬值，严重影响企业经济活动，如成本上升、商品滞销、企业资金周转困难、成本补偿不足、虚盈实亏、企业资金流失等。企业必须采用积极主动的措施来减少通货膨胀所造成的负面影响，如使用套期保值、签订长期合同等办法。

(4) 政府的经济政策。我国经济体制改革的目标是建立社会主义市场经济体制，以进一步解放和发展生产力。在这个总目标的指导下，我国已经并正在进行财税体制、金融体制、外汇体制、外贸体制、计划体制、价格体制、投资体制、社会保障制度、会计准则体系等各项改革。所有这些改革措施，深刻地影响着我国的经济生活，也深刻地影响着我国企业的发展和财务活动的运行。如金融政策中货币的发行量、信贷规模都会影响企业投资的资金来源和投资的预期收益；财税政策会影响企业的资金结构和投资项目的选择等；价格政策会影响资金的投向和投资的回收期及预期收益；会计准则的改革会影响会计要素的确认和计量，进而对企业财务活动的事前预测、决策以及事后的评价产生影响等。可见，经济政策对企业财务的影响是非常大的，这就要求企业财务人员必须把握经济政策，更好地为企业的经营理财活动服务。

二、法律环境

法律环境对企业的影响是多方面的，影响范围包括企业组织形式、公司治理结构、投融资活动、日常经营、收益分配等。《公司法》规定，企业可以采用独资、合伙、公司制等企业组织形式。企业组织形式不同，业主(股东)权利责任、企业投融资、收益分配、纳税、信息披露等不同，公司治理结构不同。影响企业理财活动的法律规范很多，主要包括以下三个方面：

1. 企业组织法规

企业组织必须依法设立。企业通过依法设立，才能取得相应的法人地位，获得合法身份，得到国家法律的认可和保护。组建不同的企业，需要依照不同的法律规范。我国的企业组织法律规范主要包括：《公司法》《全民所有制工业企业法》《个人独资企业法》《中外合资经营企业法》《中外合作经营企业法》《外资企业法》等，这些法律法规对各种不同类型企业设立、组织结构、活动需求等方面分别作出了细致全面的规定，既是企业的组织法，又是企业的行为法。企业除筹资、设立以外，投资经营以及变更或终止等经营活动都必须依法进行，否则就要受到法律的制裁。

2. 税务法规

企业应依法纳税。税收是国家财政收入的重要保证，但税金对企业来说是一项费用，会增大企业的现金流出。因此，税务法规对企业理财活动有着重要的影响。税务法规主要包括所得税的法规、流转税的法规和其他地方税的法规等内容。精通税法，对企业财务管理人员来说有着重要意义。财务管理人员首先必须保证遵守税收法规的规定，履行纳税义务，避免偷税漏税。在此前提下，可以通过分析和研究税收政策及其变动对企业产生的影响，作出精心的安排和筹划，使企业合理地减少税负，从而保持良好的财务状况。企业的财务管理人员在作决策时，应将税务法规因素作为一个重要的参数加以考虑。

3. 财务法规

财务法规主要是《企业财务通则》和行业财务制度。1994 年 7 月 1 日起开始实施的《企业财务通则》是各类企业进行财务活动、实施财务管理的基本规范，它对企业建立资本金制度、计提固定资产折旧、成本的开支范围、利润的分配等问题作出规定。2005 年 8 月，财政部发布了新的《企业财务通则（征求意见稿）》，从企业财务管理体制、成本费用管理、收益分配管理、企业重组清算管理、财务监督等几个方面对企业的财务管理行为进行了规范。行业财务制度是根据《企业财务通则》制定的，它适应不同行业的具体特点和要求。财务法规对企业财务管理的规范性提出要求，财务人员必须清楚地了解这些财务法规，才能够确保企业财务管理合法合规地开展。

▌ 三、金融环境

企业总是需要资金从事投资和经营活动。除了自有资金外，企业资金主要从金融机构和金融市场取得。金融政策的变化必然影响企业的筹资、投资和资金运营活动。所以，金融环境是企业最为主要的环境因素之一。财务管理的金融环境主要包括金融机构、金融工具、金融市场和利率四个方面。

1. 金融机构

社会资金从资金供应者手中转移到资金需求者手中，大多要通过金融机构。金融机构包括银行业金融机构和其他金融机构。银行业金融机构主要包括各种商业银行和政策性银行。商业银行包括国有商业银行（如中国工商银行、中国农业银行、中国银行和中国建设银行）和其他商业银行（如交通银行、广东发展银行、招商银行、光大银行等）；国家政策性银行主要包括中国进出口银行、国家开发银行等。其他金融机构包括金融资产管理公司、信托投资公司、财务公司和金融租赁公司等。

2. 金融工具

金融工具是能够证明债权债务关系或所有权关系并据以进行货币资金交易的合法凭证，它对于交易双方所应承担的义务与享有的权利均具有法律效力。金融工具一般具有期限性、流动性、风险性和收益性四个基本特征。

(1) 期限性是指金融工具一般规定了偿还期，也就是规定债务人必须全部归还本金之前所经历的时间。

(2) 流动性是指金融工具在必要时迅速转变为现金而不致遭受损失的能力。

(3) 风险性是指购买金融工具的本金和预定收益遭受损失的可能性。一般包括信用风险和市场风险两个方面。

(4) 收益性是指持有金融工具所能够带来的一定收益。

金融工具若按期限不同可分为货币市场工具和资本市场工具，前者主要有商业票据、国库券（国债）、可转让大额定期存单、回购协议等；后者主要是股票和债券等。

3. 金融市场

金融市场是指资金供应者和资金需求者双方通过金融工具进行交易的场所。从企业财务管理角度来看，金融市场作为资金融通的场所，是企业向社会筹集资金必不可少的条件。财务管理人员必须熟悉金融市场的各种类型和管理规则，有效地利用金融市场来组织资金的筹措和进行资本投资等活动。金融市场的要素主要有市场主体、金融工具、交易价格和组织形式。金融市场按不同的标准有不同的分类。

(1) 按期限划分为短期金融市场和长期金融市场。短期金融市场又称货币市场，是指以期限一年以内的金融工具为媒介，进行短期资金融通的市场。长期金融市场是指以期限一年以上的金融工具为媒介，进行长期性资金交易活动的市场，又称资本市场。

(2) 按证券交易的方式和次数分为初级市场和次级市场。初级市场，也称一级市场或发行市场，是指新发行证券的市场，这类市场使预先存在的资产交易成为可能。次级市场，也称二级市场或流通市场，是指现有金融资产的交易场所。初级市场我们可以理解为"新货市场"，次级市场我们可以理解为"旧货市场"。

(3) 按金融工具的属性分为基础性金融市场和金融衍生品市场。

除上述分类外，金融市场还可以按交割方式分为现货市场、期货市场和期权市场；按交易对象分为票据市场、证券市场、衍生工具市场、外汇市场、黄金市场等；按交易双方在地理上的距离而划分为地方性的、全国性的、区域性的金融市场和国际金融市场。

4. 利率

利率也称利息率，是利息占本金的百分比指标。从资金的借贷关系看，利率是一定时期内运用资金资源的交易价格。资金作为一种特殊商品，以利率为价格标准的融通，实质上是资源通过利率实行的再分配，因此，利率在资金分配及企业财务决策中起着重要作用。

利率可按照不同的标准进行分类。

(1) 按利率之间的变动关系，分为基准利率和套算利率。

(2) 按利率与市场资金供求情况的关系，分为固定利率和浮动利率。

(3) 按利率形成机制不同，分为市场利率和法定利率。

正如任何商品的价格均由供应和需求两方面决定一样，资金这种特殊商品的价格——利率，也主要是由供给与需求来决定。但除这两个因素外，经济周期、通货膨胀、国家货币政策和财政政策、国际经济政治关系、国家利率管制程度等，对利率的变动均有不同程度的影响。因此，资金的利率通常由三部分组成：一是纯利率；二是通货膨胀补偿率（或称通货膨胀贴水）；三是风险收益率。利率的一般计算公式可表示如下：

$$利率 ＝ 纯利率 ＋ 通货膨胀补偿率 ＋ 风险收益率 \tag{1-2}$$

纯利率是指没有风险和通货膨胀情况下的社会平均资金利润率。通货膨胀补偿率是指由于持续的通货膨胀会不断降低货币的实际购买力，为补偿其购买力损失而要求提高的利率。风险收益率包括违约风险收益率、流动性风险收益率和期限风险收益率。其中，违约风险收益率是指为了弥补因债务人无法按时还本付息而带来的风险，由债权人要求提高的利率；流动性风险收益率是指为了弥补因债务人资产流动性不好而带来的风险，由债权人要求提高的利率；期限风险收益率是指为了弥补因偿债期长而带来的风险，由债权人要求提高的利率。

▌ 四、技术环境

　　财务管理的技术环境，是指财务管理得以实现的技术手段和技术条件，它决定着财务管理的效率和效果。目前，我国进行财务管理所依据的会计信息是通过会计系统所提供的，占企业经济信息总量的 60%～70%。在企业内部，会计信息主要是提供给管理层决策使用，而在企业外部，会计信息则主要是为企业的投资者、债权人等提供服务。

　　目前，我国正全面推进会计信息化工作，力争通过 5～10 年的努力，建立健全会计信息化法规体系和会计信息化标准体系（包括可扩展商业报告语言 (XBRL) 分类标准），全力打造会计信息化人才队伍，基本实现大型企事业单位会计信息化与经营管理信息化的融合，进一步提升企事业单位的管理水平和风险防范能力，做到数出一门、资源共享，便于不同信息使用者获取、分析和利用，进行投资和相关决策；基本实现大型会计师事务所所采用信息化手段对客户的财务报告和内部控制进行审计，进一步提升社会审计质量和效率；基本实现政府会计管理和会计监督的信息化，进一步提升会计管理水平和监管效能。通过全面推进会计信息化工作，使我国的会计信息化达到或接近世界先进水平。我国企业会计信息化的全面推进，必将促使企业财务管理的技术环境进一步完善和优化。

✎ 思维导图

思维导图 1

✎ 拓展训练

拓展训练 1

第二章
财务管理的价值观念

▼

学习目标

学习目标	学习难度	重要程度	应掌握的知识点
能够正确解释资金的时间价值	☆	★★★	资金时间价值的本质
可以计算单利计息的终现值	☆	★★	单利计息法的计算
能够正确使用复利的计算公式	☆☆	★★★	复利计息法的计算
能够识别非一次性款项的种类	☆☆☆	★★	年金的种类
可以正确使用年金的公式	☆☆☆	★★★	年金公式的计算应用
能够正确识别企业的风险种类	☆	★	风险的类型与识别
可以应用指标初步衡量风险程度	☆☆☆	★★	风险的度量方法
正确复述成本构成的主要类型	☆	★★	成本按形态分类
熟练使用成本形态下的计算公式	☆☆	★	成本形态下的利润计算公式

思政课堂

　　党的二十大报告共 16 次提及风险。提高"防风险""化解风险"的能力是党的二十大对广大党员干部的一项重要要求。奋进新征程，建功新时代，必须正视发展进程中的风险，勇于克服前进道路上的风险挑战。

　　中国共产党本身是在中华民族面临重大风险之际诞生的。一百年来，中国共产党人从来都具有极强的风险意识，直面风险但又无惧风险，并在风险挑战中不断奋斗成长。中国特色社会主义进入新时代以来，以习近平同志为核心的党中央高度重视发展进程中的风险，要求全党不断提高应对风险、化解风险的本领。党的二十大报告指出"我国发展进入战略机遇和风险挑战并存、不确定难预料因素增多的时期，各种'黑天鹅''灰犀牛'事件随时可能发生"。这些重要判断，正是党居安思危，未雨绸缪，具有极强风险意识的直接体现。近年来，我们面临严峻复杂的国际形势和接踵而至的巨大风险挑战。为此，习近平总书记要求，"增强机遇意识和风险意识，准确识变、科学应变、主动求变，勇于开顶风船，善于转危为机，努力实现更高质量、更有效率、更加公平、更可持续、更为安全的发展。"风险既有全球化时代的共性特征，也受特定发展阶段、独特国情和治理体系的影响。中国共产党一直把防范与治理风险作为一项重要任务，并在与风险的博弈过程中不断提高经济社会发展水平。党强调风险的辩证性，认为内因是决定事物发展的根本性因素，要一分为二地看待风险。因此，在认识到面临风险挑战的同时，也应该看到更广阔的机遇。风险应对不当，固然有转化为危机的可能。但危中亦有机，只要应对得当，风险也可能成为重要发展机遇。习近平总书记指出："当前和今后一个时期，我国发展进入各种风险挑战不断积累甚至集中显露的时期，面临的重大斗争不会少，经济、政治、文化、社会、生态文明建设和国防和军队建设、港澳台工作、外交工作、党的建设等方面都有，而且越来越复杂。"党的二十大报告明确要求，全党必须提高防范化解重大风险能力，主动防范化解风险，严密防范系统性安全风险，守住不发生系统性风险底线。

(摘自解放日报社推出的上观新闻APP于2022-12-12推出的评论文章)

要求：请结合上述文字思考，国家看待风险问题的态度对企业有哪些启发？

知识框架

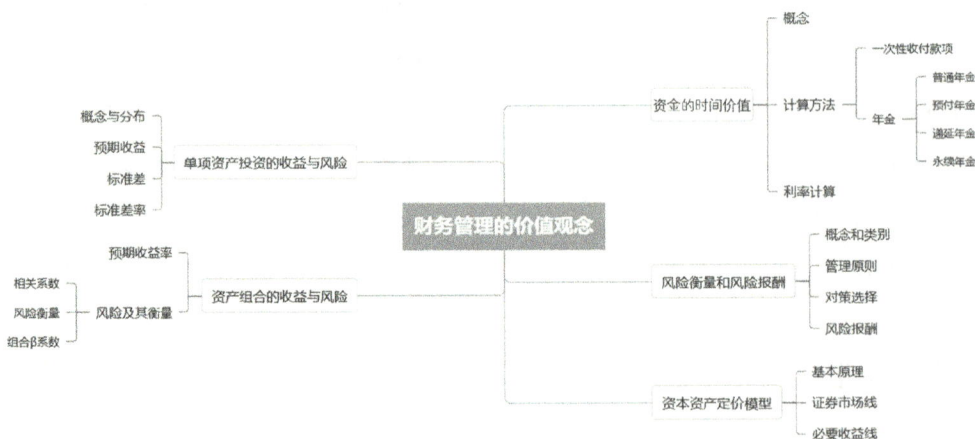

第一节　资金的时间价值

一、资金时间价值概述

财务管理是一个组织中至关重要的职能，它涉及到资源的有效配置、决策的制定以及财务健康的维护。在资金运动增值与风险并存的今天，企业进行财务管理工作和投资理财活动时，必须牢牢树立价值观念，包括资金时间价值观念、风险价值观念和价值最大化观念等。

资源 2-1

（一）资金时间价值的概念

在日常生活和生产经营中，人们普遍知晓一个观念——今天的 100 元与一年后的 100 元，价值是不相等的。在经济学中，将这种货币经历一定时间的投资和再投资所增加的价值，称为资金时间价值。因此，资金时间价值是指货币在周转使用中由于时间因素而形成的差额价值，即一定量资金在不同时点上的价值量的增值，称为资金时间价值。

在商品经济条件下，即使不存在通货膨胀，一定数量的资金在不同时点上也具有不同价值。例如，现在的 1 元和一年后的 1 元不等值。现在的 1 元，比一年后的 1 元经济价值要大。这是因为将现在的 1 元存入银行，在存款利率 10% 的条件下，一年后可得到 1.1 元，这 1 元经过一年时间的投资增加了 0.1 元。随着时间的推移，资金会发生增值，这就是资金的时间价值。

（二）资金时间价值的实质

资金在周转使用中为什么会随着时间的推移而持续增长呢？理论上有两种解释：一种观点认为，当持有者将现金用于投资而非消费时，节制了当前的消费欲望，是需要补偿的，资金时间价值实质上是对这种推迟消费的补偿；另一种观点认为，如果货币持有者将资金深埋于地下，那么他将损失了资金投资于社会生产活动而可能得到的增值收益。但是这两种理论解释似乎忽略了资金时间价值到底怎么形成和产生的这一问题。显然我们知道，只有将资金投入生产经营后，劳动者利用劳动资料对劳动对象进行加工，使之生产出新的产品，在产品出售时所收到的货币资金积累数量大于最初投入的资金数量，才能实现价值增值。资金从投放至回收形成一次周转，即完成一次循环。在一定时期内，周转越快，完成一次周转时间越短，资金价值增值越大，资金总量在资金周转过程中就不断增长，资金具有时间价值。马克思的劳动价值论很好地解释了这一点。他指出，资金的运用会产生增值，$G - W - G' = G + \Delta G$，其中增值部分（$\Delta G$）既为资金时间价值，也是工人创造的剩余价值。

但是，在现代金融市场，货币作为资本投入到生产经营活动中实现的价值增长部分，还可能包括因为承担风险，如承担通货膨胀，而需要的补偿。因此，理论上看资金时间价值是扣除了风险和通货膨胀因素下的社会平均利润率。但是在实际生产和生活中，资金时间价值大小是难以直接观察到的。人们常见的是银行存款利率、贷款利率、债券利率和股票收益率等，它们与时间价值既有联系又有区别，只有在没有风险、没有通货膨胀的情况下，它们才可能接近于资金时间价值。为方便今后讨论，在下文论述资金时间价值时采用抽象分析法，即假定没有风险、没有通货膨胀的利率代表资金时间价值。

资金时间价值的实质，是资金使用后的增值额。资金时间价值产生的前提条件是，由于商品经济的高度发展和借贷关系的普遍存在，出现了资金使用权与所有权的分离，资金的所有者把资金使用权转让给使用者，使用者必须把资金增值的一部分支付给资金的所有

者作为报酬，资金占用的金额越大，使用的时间越长，所有者所要求的报酬就越高。而资金在周转过程中的价值增值是资金时间价值产生的根本源泉。

（三）资金时间价值的表现形式

资金时间价值有两种表现形式：相对数和绝对数形式。相对数形式，即时间价值率，是指扣除风险报酬和通货膨胀贴水后的平均资金利润率或平均报酬率；绝对数形式，即时间价值额，是指资金与时间价值率的乘积。实际工作中并不进行严格的区分，有时用绝对数，有时用相对数，但多用相对数来表示。由于货币随时间的延续而增值，不同时间单位货币的价值不相等，所以，不同时间的货币不宜直接进行比较，需要把它们换算到相同的时点进行比较才有意义。由于货币随时间的增长过程与复利的计算过程在数学上相似，因此，在换算时广泛使用复利计算方法。

（四）资金时间价值的作用

1. 资金时间价值是评价投资方案是否可行的基本依据

资金时间价值是扣除风险报酬和通货膨胀等因素后的社会平均资金利润率。作为投资方案至少应达到社会平均资金利润率水平，否则，该方案是不可行的。以时间价值作为尺度对投资项目的资金利润率进行衡量，就成为评价投资方案的基本依据。如果投资方案的资金利润率低于时间价值，则该方案经济效益状况不佳；反之，如果投资方案的资金利润率高于时间价值，则该方案的经济效益良好，方案可行。

2. 资金时间价值是评价企业收益的尺度

企业作为营利性的组织，其主要财务目标是实现企业价值最大化，不断增加股东财富。企业经营者必须充分调动和利用各种经济资源去实现预期的收益，而评判这些资源是否充分有效使用的一个重要标准，就是看是否实现了预期的收益水平，这个预期的收益水平应以社会平均资金利润率为标准。因此，时间价值就成为评价企业收益的基本尺度。

▌ 二、资金时间价值的计量表示

资源 2-3

（一）时间数轴与现金流

既然今天的 100 元与未来的 100 元经济价值不相等，那么不同时间的货币不宜直接进行比较，为了更好地对多期现金流量进行估算，人们常常会构建一条时间数轴，如图 2-1 所示。

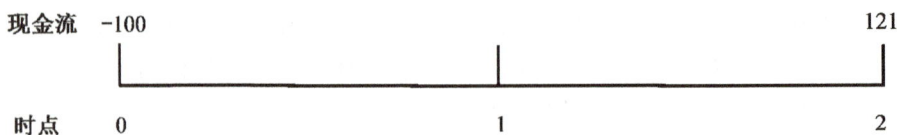

现金流	-100		121
时点	0	1	2

图2-1 时间数轴与现金流

人们习惯在数轴上下两侧的其中一侧（图中下侧）标注时间，时间以期数来表示，在大多数情况下，数轴的起点 0 代表现在或今天。时点 1 即为一期之后，同时表示第一期的期末和第二期的期初。同理，时点 2 表示两期后，即第二期期末和第三期期初。这里的期数可以是年、月、日或常用的计息周期。数轴的另一侧（图中上侧）表示现金流，现金流也可以用箭头标注流入和流出方向，通常向上的箭头表示流入量，向下的箭头表示流出量。如图中例子，某人今天存银行 100 元，如果银行存款利率为 10%，复利计息，两年后即为 121 元。

（二）资金时间价值计算的相关概念

有关于资金时间价值计算的指标有很多，在这里着重说明一些常用的指标概念及符号，为了便于表述和理解，以下以利息率来表示资金时间价值（相对数），并假设资金的流入和流出均在整数时点（即一期的期初或期末）发生。

1. 现值

现值（present value，PV，亦可简单表示为 P）是指现在时点的资金价值，或现在时点的现金流价值。例如，某人现在将在某银行存入 1 年期定期存款 10 万元，这笔存款现在的价值（现值）就是 10 万元。又如，某人期望通过某银行 1 年期存款在年底得到 10 万元，在银行存款利率 5% 的情况下，现在应该存入银行多少钱？这就是求解现值的问题。在已知条件足够的情况下（计息率、计息期等），已知现在的价值可求得未来的价值，已知未来的价值也同样可以求得现在的价值。

2. 终值

终值（future value，FV，亦可简单表示为 F）是指未来某一时点的货币价值，或未来某一时点现金流的价值。例如，在银行 1 年期定期存款利率 5% 的情况下，某人现在存入银行 10 万元，一年后将得到 105 000 元，这就是这笔款项一年后的终值。又如前例，某人期望通过某银行 1 年期存款在年底得到 10 万元，在银行存款利率 5% 的情况下，现在应该存入银行多少钱？这就是已知终值求解现值的问题。

3. 一次性收付款项

在某一特定时点一次性支付（或收取），经过一段时间后再一次性收取（或支付）的款项，即为一次性收付款项。这种性质的收付款项活动在日常生产和生活中非常常见。例如某人选择银行的 3 年定期存款方式，即为他现在存入银行一笔款项（某一特定时点一次性支付），3 年后连本带利取出（未来时点的一次性收取）本利和，本利和即为本金和利息的合计数值。

4. 非一次性收付款项

在一段时间内存在多次收取一次支付或多次支付一次收取的情况，即为非一次性收入款项。例如某人选择银行零存整取方式的存款，每年初存入 1 万元，连续存 5 年，第 5 年年末的时候一并取出本利和（本利和指本金和利息的合计），即发生了多次支付一次收取的情况。又如某人一次性存入 100 万元养老基金，20 年后每年从养老基金中提取 3 万元，即发生了一次支付多次收取的情况。在计算过程中，非一次性收付款项通常会被分解成多个一次性收付款项来处理。

5. 单利和复利

由于时间价值的存在，资金经过一段时间的投资和再投资会产生增值，增值的金额除了受时间价值率即期限的影响以外，还会受到计息方式的影响。其中，单利计息方式是指在资金的周转增值中，只对本金计算利息，而不将以前计息期产生的利息计算利息的一种计息方式。表现为"本能生利，利不能生利"。复利计息方式亦可简称复利 (compound interest)，俗称"利滚利"，是指存入的本金每经过一个计息周期，就要将利息计入本金，下一期以其整体计算利息，逐期滚算。复利是最常见的一种计息方式，在后文讲解中如无特殊说明，均指复利计息方式下的计算。

资源 2-2

▍三、货币时间价值的计算方法

（一）单期单次现金流的终值与现值

单期单次指只考虑一个计息期的情况。

【例 2-1】某人将 1 000 元存入银行 1 年，在利率 5% 的情况下，计算 1 年后的本利和（终值）。

解 1 年后的本利和（终值）= 1 000 + 1 000 × 5% = 1 050 元。

在 1 年后的 1 050 元中，1 000 元是原来投入的本金，50 元是存款 1 年产生的利息。

用如下公式表示：

$$F = P \times (1 + K) \tag{2-1}$$

式中：F 表示本利和（终值）；P 表示初始现金流量（现值）；K 表示增值速率（利率）。

【例 2-2】某人拟将一笔钱存入银行，1 年期定期存款，在利率 10% 的情况下，期望 1 年后的本利和（终值）是 5 500 元，那么他现在应当存入多少钱？

解 用如下公式表示：

$$P = \frac{F}{1+K} \tag{2-2}$$

可求得：现值 $P = \dfrac{5\ 500}{1+10\%} = 5\ 000$ 元。

（二）多期单次单利计息现金流的终值与现值

【例 2-3】某人将 10 000 元存入银行，存期两年，在年利率 10% 的情况下，计算两年后的本利和（终值）。

解 如图 2-2 所示，在时点 0 位置，存入银行（支付）10 000 元。

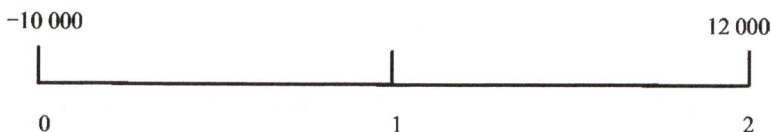

图 2-2　多期单次现金流下的单利现值与终值

第一期期末本利和为 $F = 10\,000 \times (1 + 10\%)$。

第二期期末本利和为 $F = 10\,000 + 10\,000 \times 10\% \times 2 = 12\,000$ 元。

因此我们得到多个计息期情况下现金流现值与终值的关系式：

$$F = P \times (1 + K \times n) \tag{2-3}$$

式中：F 表示本利和（终值）；P 表示初始现金流量（现值）；K 表示增值速率（利率）现值和终值；n 代表计息周期。

至此单利计息的公式整理如下：

① 单利的利息：$I = P \times K \times n$。

② 单利的终值：$F = P \times (1 + K \times n)$。

③ 单利的现值：$P = F/(1 + K \times n)$。

其中，n 的取值为 1，2，3，…。

（三）多期单次复利计息现金流的终值与现值

1. 复利计息的终值

【例 2-4】沿用例 2-3 中的资料，假设在复利计息的情况下，计算两年后的本利和（终值）。

解　第一期期末本利和为 $F = 10\,000 \times (1 + 10\%) = 11\,000$ 元。

第二期期末本利和为 $F = 11\,000 \times (1 + 10\%) = 12\,100$ 元。

第二期计算还可表示为 $F = 10\,000 \times (1 + 10\%) \times (1 + 10\%) = 12\,100$ 元。

由此，得到多个计息期情况下复利的终值计算公式：

$$F = P \times (1 + K)^n \tag{2-4(1)}$$

其中，$(1 + K)^n$ 称为复利终值系数（future value interest factor，$\text{FVIF}_{r,t}$），亦可用符号表示为 $(F/P, K, n)$。例如，$(F/P, 3\%, 3)$ 表示利率为 3% 的 3 年期的复利终值系数。其结果可以通过"复利终值系数表"直接获得，亦可通过带有 X^y 按键的计算器计算得出。

多个计息期情况下复利的终值计算公式也可以写成：

$$F = P \times (F/P, K, n) \tag{2-4(2)}$$

2. 复利现值的计算

复利现值是指未来一时点的特定资金按复利计算方法，折算到现在的价值。或者说为取得将来一定本利和，现在所需要的本金。

多个计息期情况下复利的现值计算公式：

$$P = \frac{F}{(1+K)^n} = F \times (1+K)^{-n} \qquad (2\text{-}5(1))$$

其中，$(1+K)^{-n}$ 称为复利现值系数 (present value interest factor，$\text{PVIF}_{r, t}$)，用符号表示为 $(P/F, K, n)$，例如，$(P/F, 3\%, 3)$ 表示利率为 3% 的 3 年期的复利现值系数。其结果可以通过"复利现值系数表"直接获得，亦可通过带有 X^y 按键的计算器计算得出。

资源 2-4

多个计息期情况下复利的现值计算公式也可以写成：

$$P = F \times (P/F, K, n) \qquad (2\text{-}5(2))$$

3. 期数与收益率的计算

根据复利终值和复利现值公式，我们可以反向求解利息率或计息期。

【例 2-5】小吴将在 12 年后考入大学，预计 12 年后大学学费总额是 50 000 元，小吴的父母现在拿出 10 000 元投资某个项目，请问当项目收益率为多少时，12 年后才能有足够的资金支持小吴支付大学学费？

分析：在这项投资行为中，终值和现值都是已知的，所以当我们认真观察之前的公式，出现了四个要素 F、P、K、n，四个要素已知其中三个，即可求得另外一个。

在小吴攒学费的这个案例中，F、P、n 均为已知条件，求解 K。

用 $F = P \times (F/P, K, n)$ 这个公式代入

$$50\ 000 = 10\ 000 \times (F/P, K, 12) \text{ 或 } 50\ 000 = 10\ 000 \times (1+K)^{12}$$

求解这个等式可以直接两边取对数，解出 K 值，也可以用"插值法"计算。

插值法又称为试误法，即找到与 $(1+K)^{12} = 5$ 相邻的两个 K 值和系数，依据几何比例法则求出相应的 K。

本例中 $(F/P, K, 12) = 5$，在复利终值系数表中查到 $(F/P, 14\%, 12) = 4.8179$，$(F/P, 15\%, 12) = 5.3503$。

利　率	系　数
14%	4.8179
K	5
15%	5.3503

则有

$$\frac{K - 14\%}{15\% - 14\%} = \frac{5 - 4.8179}{5.3503 - 4.8179}$$

求得 $K = 14.34\%$。

即小吴的父母现在用 10 000 元进行投资，项目收益需要在 14.34% 以上，才能在 12

年后得到 50 000 元的入学基金。

插值法是利用系数表计算的常用手工计算方法，为了避免误差过大，通常选择相邻的两个系数是对称的，并且跨度越小，计算结果越精确。但通常为了方便，我们更愿意使用带有 X^y 按键的计算器或 Excel 表格来进行计算。

资源 2-5

同样的道理，我们可以计算出一个项目未知问题。

【例 2-6】小吴规划上大学学费总额是 50 000 元，小吴的父母预计拿出 10 000 元投资某个项目，项目收益率为 15%，多少年后才能有足够的资金支持小吴支付大学学费？

解 用 $F = P \times (F/P, K, n)$ 这个公式代入

$$50\ 000 = 10\ 000 \times (F/P,\ 15\%,\ n)$$

或

$$50\ 000 = 10\ 000 \times (1 + 15\%)^n$$

求解这个等式可以直接两边取对数，解出 n 值，也可以用"插值法"计算。

用插值法计算，本例中 $(F/P, 15\%, n) = 5$，在复利终值系数表中查到 $(F/P, 15\%, 11) = 4.6524$，$(F/P, 15\%, 12) = 5.3503$。

计 息 期	系 数
11	4.6524
n	5
12	5.3503

则有

$$\frac{n-11}{12-11} = \frac{5-4.6524}{5.3503-4.6524}$$

求得 $n = 11.5$ 年。

（四）名义利率与实际利率

我们前面提到的"计息期"这一名词，就是计算利息的时间，习惯上我们用 1 年作为计息期的表示单位。如我们常说的银行存贷款利率多少，均隐含按年计息。但是社会经济活动中，计息期未必都是 1 年，也可以是 1 个季度、1 个月甚至 1 天。如果年利率规定 12%，而计息规则是按季度复利计息，资金使用方付出的实际代价是 12% 吗？显然不是。下面我们就讨论一下一年内复利计息多次的利率问题。

1. 名义利率

名义利率又可称为报价利率，如人们去银行柜台办理业务时，可以看到各营业网点电子显示屏上当前各类存款的期限和利率。

表 2-1 为中国工商银行 2023 年 9 月 1 日公布的人民币存款利率表。

表 2-1　人民币存款利率表

项　目	年利率 /%
一、城乡居民及单位存款	
（一）活期	0.20
（二）定期	
1. 整存整取	
三个月	1.25
半年	1.45
一年	1.55
二年	1.85
三年	2.20
五年	2.25
2. 零存整取、整存零取、存本取息	
一年	1.24
三年	1.45
五年	1.45
3. 定活两便	按一年以内定期整存整取同档次利率打 6 折
二、协定存款	0.9
三、通知存款	
一天	0.45
七天	1

　　银行等金融机构在合同、公告中提供的利率就是报价利率，也叫挂牌利率，且是年利率。如果某金融机构给出贷款利率 12%，每季度计息一次，那么 12% 就是名义利率也是报价利率，但企业实际付出的代价未必是 12%，此时需要根据名义利率的已知条件，判断企业实际付出的利率代价。

2. 实际利率

　　实际利率也叫有效利率。接下来我们用案例讨论一年内复利多次时的实际利率与名义利率的数量关系。

　　【例 2-7】某金融机构给出贷款利率 12%，每季度计息一次，M 公司从这个金融机构贷款 100 万元，那么两年后要还多少钱？

　　解　由于计息期为一个季度，一年有四个季度，就需要复利 4 次，如果年利率为 12%，那么每期利率 $= \dfrac{年利率}{年复利次数} = \dfrac{12\%}{4} = 3\%$。

　　两年内的复利次数 = 4 次 / 年 × 2 年 = 8 次。

　　则两年后应当归还的资金总额，即这笔贷款的终值为

$$F = 100 \times (1 + 3\%)^8 = 100 \times 1.2668 = 126.68（万元）$$

　　如果一年只复利 1 次，年利率为 12%，则这笔贷款的终值为

$$F = 100 \times (1 + 12\%)^2 = 100 \times 1.2544 = 125.44（万元）$$

显然一年内复利多次会导致实际利率高于名义利率，复利次数越多，本利和就越多。这里假设名义利率用符号 r 表示，一年内复利次数用 m 表示，实际利率可以表示为

$$K = \left(1 + \frac{r}{m}\right)^m - 1 \qquad (2\text{-}6)$$

至此复利计息的公式整理如下：

① 复利的利息：$I = F - P$。

② 复利的终值：$F = P \times (1 + K)^n = P \times (F/P, K, n)$。

③ 复利的现值：$P = F \times (1 + K)^{-n} = F \times (P/F, K, n)$。

其中 n 的取值为 1，2，3…

④ 一年复利多次，实际利率 $K = \left(1 + \frac{r}{m}\right)^m - 1$。

■ 四、年金终值和现值的计算

在日常生活或企业的生产经济活动中，人们经常会遇到各种资产或项目现值与终值的计算。例如，购买住房，首付 30%，贷款 100 万元，于未来 30 年向银行偿还贷款，每个月应当等额偿还多少？类似这种等额归还房款，在一定期间内稳定有规律、每期数值都相等的现金流入或流出，我们通常叫作年金，具有等额、定期、同向特征。年金，是指间隔期相等的系列等额收付款项，通常用符号"A"表示。系列：通常是指多笔款项，而不是一次性款项；定期：每间隔相等时间（可以不是一年）收到或支付；等额：每次发生额相等。

资源 2-6

按照年金收付时点和方式的不同可以将年金分为普通年金、预付年金、递延年金和永续年金四种基本形式。

（一）普通年金的终值与现值

普通年金是最常见的年金形式，是指在一定期限内每期期末收或付的年金。如图 2-3 所示，从第一期起，在一定时期内每期期末等额收付的系列款项。由于年金收或付的发生时点发生在每期期末，也称为后付年金。

资源 2-7

① n 期内共发生 n 笔年金；

② 第 1 笔年金发生在时点 1（第 1 期期末），最后 1 笔年金发生在时点 n（最后 1 期期末）。

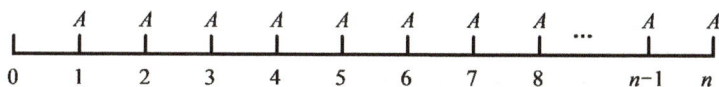

图 2-3 普通年金的收付形式

资源 2-8

1.普通年金终值

各笔年金在最后 1 期期末（最后一笔年金发生时点）上的复利终值之和，犹如零存整取，即已知 A，K，n，求 F，如图 2-4 所示。

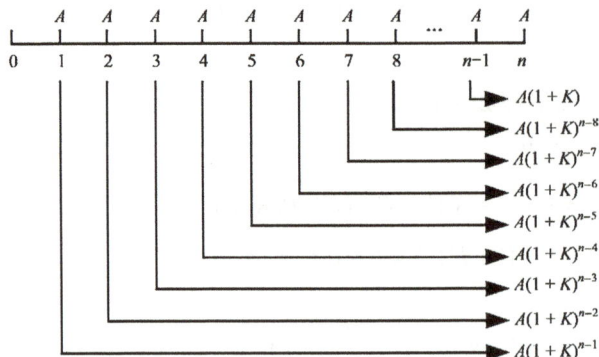

图 2-4　普通年金终值计算示意图

计算公式：

$$F_A = A + A(1+K) + A(1+K)^2 + A(1+K)^3 + \cdots + A(1+K)^{n-1}$$

利用等比数列求和公式计算得出：

$$F_A = A \times \left[\frac{(1+K)^n - 1}{K} \right] = A \times (F/A, K, n) \tag{2-7}$$

其中，$\left[\dfrac{(1+K)^n - 1}{K} \right]$ 为年金终值系数，用符号表示为 $(F/A,\ K,\ n)$，亦可表示为 $\text{FVIFA}_{k,n}$(future value interest factor for annuity)，$(F/A，10\%，5)$ 表示利率为 10% 的 5 年期年金终值系数。其结果可以通过"年金终值系数表"直接获得，也可用带有 X^y 按键的计算器或 Excel 表格来进行计算。

【例 2-8】小谢每月攒 2 500 元，计划 4 年后购买一辆汽车代步，于是打算从现在起每年末节省下来一笔钱存入银行，假定当前银行存款利率 5%，每年复利一次，那么他在 4 年后能取出多少钱？是否可以购买一辆价值 125 000 元的汽车？

解　假定小谢每月 2 500 元攒到年末存入，每年可存入 30 000 元，连续存 4 年，那么 4 年后的本利和就是我们要求的数值。

$$F_4 = 30\,000 \times \frac{(1+5\%)^4 - 1}{5\%} = 30\,000 \times 4.3101 = 129\,303\,(\text{元})$$

即小谢 4 年后能存到 129 303 元，足够用来购买一辆价值 125 000 元的汽车。

2.年偿债基金

为了在约定的未来某一时点清偿某笔债务或积聚一定数额的资金 (F) 而需分次等额形成的存款准备金 (A)，也就是为使年金终值达到既定金额的年金数额。即已知 F，K，n，

求 A（普通年金终值的逆运算），即利用 $F_A = A \times \left[\dfrac{(1+K)^n - 1}{K} \right] = A \times (F/A，K，n)$ 公式的反向求解：

$$A = \frac{F_A}{\left[\dfrac{(1+K)^n - 1}{K} \right]} = \frac{F_A}{(F/A,K,n)} = F_A \times (A/F,K,n) \tag{2-8}$$

其中，$(A/F，K，n) = 1/(F/A，K，n)$ 称为偿债基金系数，它与年金终值系数 $(F/A，K，n)$ 互为倒数。

【例 2-9】ABC 公司到银行成功办理 5 年期贷款，经过计算，5 年后该公司需要偿还给银行的资金总额为 50 万元，为了减轻公司在 5 年后的偿还压力，也同时为了平稳公司现金流的波动幅度，公司决定在银行开设一个专用账户来偿还这笔钱，并在每年年末往该账户中存入一定金额的资金，假定银行存款年利率为 7%，年复利一次，那么该公司每年年末至少应存入多少钱？

解　利用公式 $F_A = A \times (F/A，K，n)$，代入已知数值：

$$500\,000 = A \times (F/A，7\%，5) = A \times 5.7507$$

解出 $A = 86\,945.94$（元）。

ABC 公司只要每年存入 86 945.94 元，连续存 5 年，就能在 5 年后将本利和取出来偿还银行 50 万贷款。

3. 普通年金现值

普通年金现值是指为了在一定期限内的每期期末取得相等金额的年金，现在需要投入的金额。它是每期现金流的复利现值之和。本书未加特殊说明，现值指各笔现金流在第 1 期期初（0 时点）上的复利现值之和，即为已知 A，K，n，求 P，如图 2-5 所示。

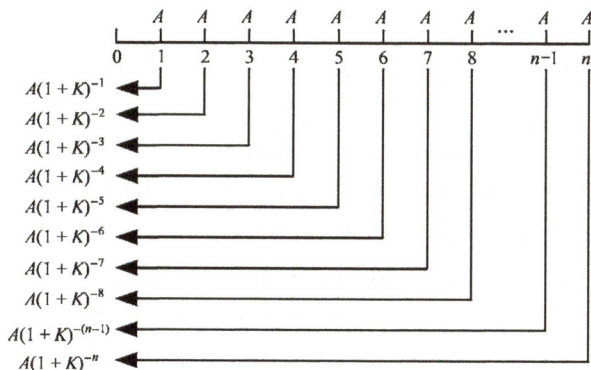

图 2-5　普通年金现值计算示意图

计算公式：

$$P_A = A(1+K)^{-1} + A(1+K)^{-2} + A(1+K)^{-3} + A(1+K)^{-4} + \cdots + A(1+K)^{-n}$$

利用等比数列求和公式计算得出：

$$P_A = A \times \left[\frac{1-(1+K)^{-n}}{K} \right] = A \times (P/A, K, n) \tag{2-9}$$

其中，$[1-(1+K)^{-n}/K]$ 为年金现值系数 $PVIFA_{k, n}$(present value interest factor for annuity)，用符号表示为 $(P/A, K, n)$，如 $(P/A, 10\%, 5)$ 表示利率为 10% 的 5 年期的年金现值系数。其结果可以通过"年金现值系数表"直接获得，也可用带有 X^y 按键的计算器或 Excel 表格来进行计算。

【例 2-10】小王准备现在存一笔钱，在 10 年后的每年年末从银行取出 10 000 元，如果利率为 10%，则现在应当存入多少元钱？

解 根据年金现值公式 $P_A = A \times \left[\frac{1-(1+K)^{-n}}{K} \right] = A \times (P/A, K, n)$，有

$$P_A = 10\ 000 \times \left[\frac{1-(1+10\%)^{-10}}{10\%} \right] = 10\ 000 \times (P/A, 10\%, 10)$$

$$= 10\ 000 \times 6.145 = 61\ 450(元)$$

小王应该现在存入 61 450 元。

4. 资本回收额

资本回收额是指在约定年限内等额回收初始投入资本的金额。即已知 P，K，n，求 A(普通年金现值的逆运算)，即利用 $P_A = A \times \left[\frac{1-(1+K)^{-n}}{K} \right] = A \times (P/A, K, n)$ 公式的反向求解。

$$A = \frac{P_A}{\left[\frac{1-(1+K)^{-n}}{K} \right]} = \frac{P_A}{(P/A, K, n)} = P_A \times (A/P, K, n) \tag{2-10}$$

其中，$1/(P/A, i, n) = P/(P/A, i, n)$ 称为资本回收系数，它与年金现值系数 $(P/A, i, n)$ 互为倒数。

【例 2-11】小谢计划购买一套房产，总价 200 万元，符合首套房贷款条件，可以首付 30%，其余 70% 在银行办理抵押贷款。银行贷款利率为 8%，小谢拟选择贷款期限是 20 年并按等额本息偿还，请帮他计算一下每年末向银行偿还多少钱？

分析：小谢房款 200 万元，首付 60 万元 (200 × 30%) 后，需向银行贷款 140 万元用于支付房款，那么，140 万元相当于银行现在就替他支付给地产商，所以是现值。根据已知条件，在已知 P_A，K，n 的情况下，求 A。

利用 $P_A = A \times \left[\frac{1-(1+K)^{-n}}{K} \right] = A \times (P/A, K, n)$ 公式代入已知数值：

$$140 = A \times \left[\frac{1-(1+8\%)^{-20}}{8\%} \right] = A \times (P/A, 8\%, 20)$$

$$A = 140 \div 9.8181 = 14.26（万元）$$

即小谢需要每年年末向银行偿还 14.26 万元，相当于每个月还 11 883 元。

【小结】关于普通年金的计算公式整理为：

① 普通年金终值：$F_A = A \times \left[\dfrac{(1+K)^n - 1}{K} \right] = A \times (F/A, K, n)$。

② 年偿债基金：$A = \dfrac{F_A}{\left[\dfrac{(1+K)^n - 1}{K} \right]} = \dfrac{F_A}{(F/A, K, n)} = F_A \times (A/F, K, n)$。

③ 普通年金现值：$P_A = A \times \left[\dfrac{1-(1+K)^{-n}}{K} \right] = A \times (P/A, K, n)$。

④ 年资本回收额：$A = \dfrac{P_A}{\left[\dfrac{1-(1+K)^{-n}}{K} \right]} = \dfrac{P_A}{(P/A, K, n)} = P_A \times (A/P, K, n)$。

（二）预付年金（先付、即付年金）

预付年金是指从第 1 期起，在一定时期内每期期初等额收付的系列款项，其特征如下：

① n 期内共发生 n 笔年金（n 个 A）。

② 第 1 笔年金发生在时点 0（第 1 期期初），最后 1 笔年金发生在时点 $n-1$（最后 1 期期初）。

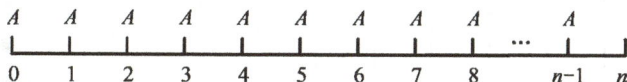

资源 2-9

1. 预付年金终值

各笔年金在最后 1 期期末（最后一笔年金发生的后一个时点）上的复利终值之和，在期数相同的情况下，预付年金的每一笔年金比普通年金多复利一次（多计一期利息）。如图 2-6 所示。

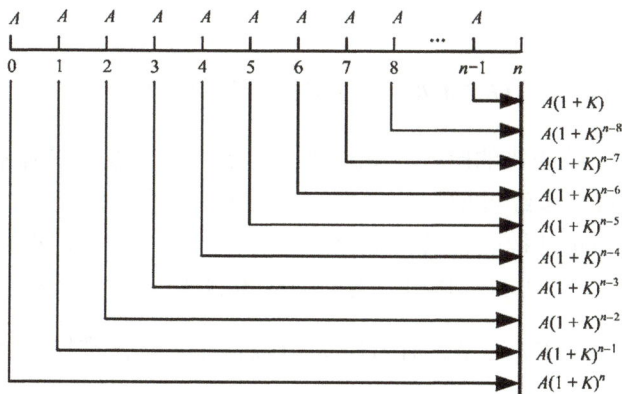

图 2-6　预付年金终值计算示意图

计算公式：

$$F_A = A(1+K) + A(1+K)^2 + A(1+K)^3 + \cdots + A(1+K)^n$$

利用等比数列求和公式计算得出：

$$F_A = A \times \left[\frac{(1+K)^{n+1} - 1}{K} - 1 \right] （预付年金终值推导一公式）\qquad (2\text{-}11)$$

将预付年金终值公式与普通年金终值公式对比发现，预付年金终值系数 $\left[\dfrac{(1+K)^{n+1} - 1}{K} - 1 \right]$ 就是普通年金终值系数 $\left[\dfrac{(1+K)^n - 1}{K} \right]$ 的期数加 1，系数减 1。

当把图 2-6 加以变化的时候，如图 2-7 所示，可以发现在原有计息期前加一期，不影响终值计算（折线均未经过增加的一个计息期），将最后一期加上一个年金图形就变成了 $n+1$ 期的普通年金的形式，计算终值时将后加的 n 数点上的年金 A 减掉，即还原回预付年金的形式。

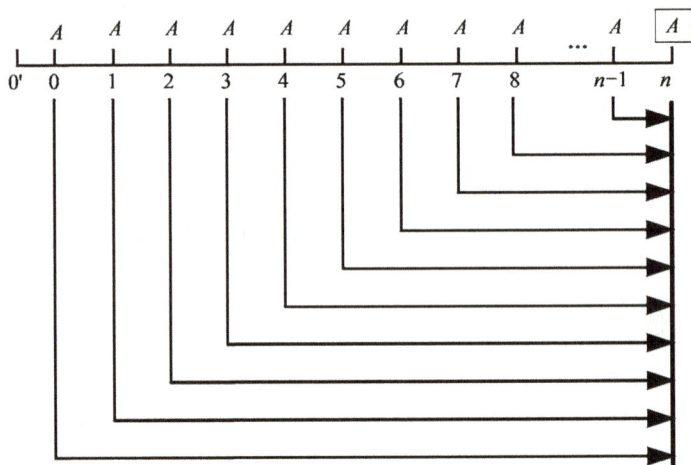

图 2-7　预付年金终值计算示意图（推导二）

$$F_A = A \times \left[(F/A, K, n+1) - 1 \right] （预付年金终值推导二公式）\qquad (2\text{-}12)$$

当再次将图 2-6 加以变化的时候，如图 2-8 所示，可以发现在原有计息期前加一期，不影响终值计算（折线均未经过增加的一个计息期），此时从 $0'$ 到 $n-1$ 仍旧是普通年金的形式，此时将所有价值量都按照普通年金的方式折算到 $n-1$ 时点，再将折算后的本利和由 $n-1$ 期折算到 n 期（将 $n-1$ 期的本利和当成一个整体的现值，求其终值）。

$$F_A = A \times (F/A, K, n) \times (1+K) （预付年金终值推导三公式）\qquad (2\text{-}13)$$

所以预付年金终值与普通年金终值存在一种数量关系，即 $F_{预付} = F_{普通} \times (1+K)$。

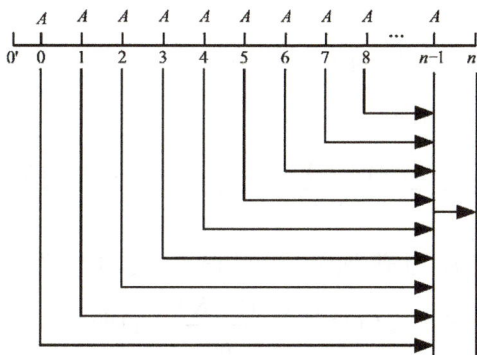

图 2-8　预付年金终值计算示意图（推导三）

【例 2-12】如果小王从现在开始每年年初存入 10 000 元，银行存款利率为 10%，则小王在第 10 年年末能一次性取出的本利和是多少？

分析：因为 10 年间的存款是于每年年初存入的，相当于预付年金，求 10 年后的本利和，相当于求终值。

因此，利用预付年金终值公式计算：

代入推导一公式：$F_A = F_A = 10\ 000 \times \left[\dfrac{(1+10\%)^{10+1}-1}{10\%} - 1 \right]$

$\qquad\qquad\qquad = 10\ 000 \times (18.5311-1)$

$\qquad\qquad\qquad = 175\ 311(元)。$

代入推导二公式：$F_A = 10\ 000 \times [(F/A,\ 10\%,\ 11)-1]$

$\qquad\qquad\qquad = 10\ 000 \times (18.5311-1)$

$\qquad\qquad\qquad = 175\ 311(元)。$

代入推导三公式：$F_A = 10\ 000 \times (F/A,\ 10\%,\ 10) \times (1+10\%)$

$\qquad\qquad\qquad = 10\ 000 \times 15.9374 \times 1.1$

$\qquad\qquad\qquad = 175\ 311(元)。$

2. 预付年金现值

各笔年金在 0 时点（即第一笔年金发生的时点）上的复利现值之和，在期数相同的情况下，预付年金的每一笔年金比普通年金少折现一期，如图 2-9 所示。

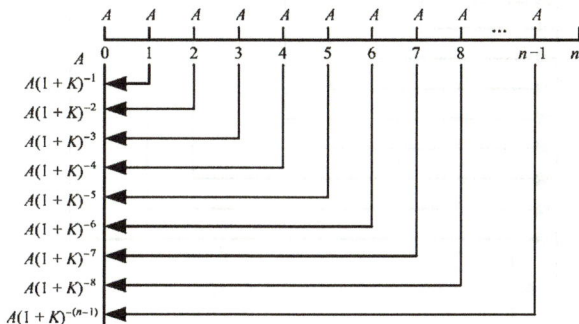

图 2-9　预付年金现值示意图

计算公式：

$$P_A = A + A(1+K)^{-1} + A(1+K)^{-2} + A(1+K)^{-3} + \cdots + A(1+K)^{-(n-1)}$$

利用等比数列求和公式计算得出：

$$P_A = A \times \left[\frac{1-(1+K)^{-(n-1)}}{K} + 1 \right] \text{（预付年金现值推导一公式）} \tag{2-14}$$

将预付年金现值公式与普通年金现值公式对比发现，预付年金终值系数 $\frac{1-(1+K)^{-(n-1)}}{K}+1$ 就是普通年金终值系数 $\frac{1-(1+K)^{-n}}{K}$ 的期数减 1，系数加 1。

当把图 2-9 加以变化的时候，如图 2-10 所示，去掉 0 时点的年金 A 后，图形就变成了 $n-1$ 期的普通年金，计算现值时再将 0 时点的年金 A 加上，还原预付年金的形式。

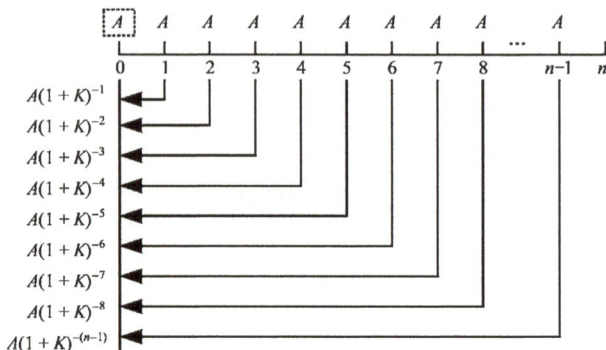

图 2-10　预付年金现值示意图（推导二）

$$P_A = A \times [(P/A, K, n-1) + 1] \text{（预付年金现值推导二公式）} \tag{2-15}$$

同理，当把图 2-9 再次加以变化的时候，如图 2-11 所示，可以发现在原有计息期前加一期后图形就变成了 n 期普通年金的形式，但是折算到 $0'$ 时点不是我们要求的结果，而向前多折算了一期，需要将求得的 $0'$ 时点的"现值"向后折算一期，才能获得最初的预付年金现值。

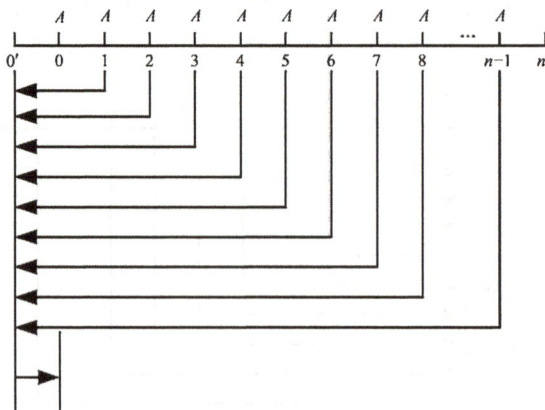

图 2-11　预付年金现值示意图（推导三）

$$P_A = A \times (P/A, K, n) \times (1+K) \text{（预付年金现值推导三公式）} \qquad (2\text{-}16)$$

所以预付年金现值与普通年金现值存在一种数量关系，即 $P_{\text{预付}} = P_{\text{普通}} \times (1+K)$。

【例 2-13】小吴今年上大学一年级，4 年每年学费为 4000 元，并于每学年初缴费，家里打算给小吴存入一笔钱来支付 4 年的学费，假定银行存款利率为 6%，那么存入多少钱才够其 4 年学费的支出？

解 根据案例题意分析，每学年初缴学费相当于预付年金，等同于已知预付年金的 A，K，n，求预付年金现值 P_A。

代入推导一公式：$P_A = 4\,000 \times \left[\dfrac{1-(1+6\%)^{-(4-1)}}{6\%} + 1 \right] = 4\,000 \times 3.6730 = 14\,692$（元）。

代入推导二公式：$P_A = 4\,000 \times \left[(P/A, 6\%, 3) + 1 \right] = 4\,000 \times (2.6730 + 1) = 14\,692$（元）。

代入推导三公式：
$$P_A = 4\,000 \times (P/A, 6\%, 4) \times (1+6\%)$$
$$= 4\,000 \times 3.4651 \times 1.06$$
$$= 14\,692 \text{（元）}。$$

【小结】关于预付年金的计算公式整理为

① 预付年金终值推导一公式：$F_A = A \times \left[\dfrac{(1+K)^{n+1} - 1}{K} - 1 \right]$。

② 预付年金终值推导二公式：$F_A = A \times \left[(F/A, K, n+1) - 1 \right]$。

③ 预付年金终值推导三公式：$F_A = A \times (F/A, K, n) \times (1+K)$。

④ 预付年金现值推导一公式：$P_A = A \times \left[\dfrac{1-(1+K)^{-(n-1)}}{K} + 1 \right]$。

⑤ 预付年金现值推导二公式：$P_A = A \times \left[(P/A, K, n-1) + 1 \right]$。

⑥ 预付年金现值推导三公式：$P_A = A \times (P/A, K, n) \times (1+K)$。

资源 2-10

（三）递延年金

隔若干期后才开始发生的系列等额收付款项——第一次收付发生在第二期或第二期以后。递延年金由普通年金递延形成，递延的期数称为递延期，一般用 m 表示。递延年金的第一次收付发生在第 $(m+1)$ 期的期末（m 为大于 0 的整数）。

递延年金并无后付和先付的区别，只要第一笔年金发生在第 1 期末（时点 1）以后（不含），均视为是递延年金。

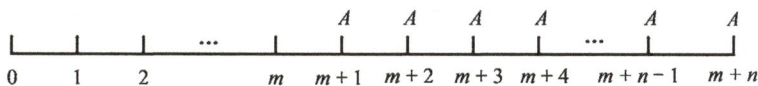

1. 递延年金终值

各期等额收付金额在 $(m+n)$ 期的期末的复利终值之和，或理解为支付期（A 的个数）

的普通年金终值，0 至 m 阶段即为递延期，如图 2-12 所示。

计算公式：

$$F_A = A + A(1+K) + A(1+K)^2 + A(1+K)^3 + \cdots + A(1+K)^{n-1}$$
$$= A \times (F/A, \ K, \ n) \tag{2-17}$$

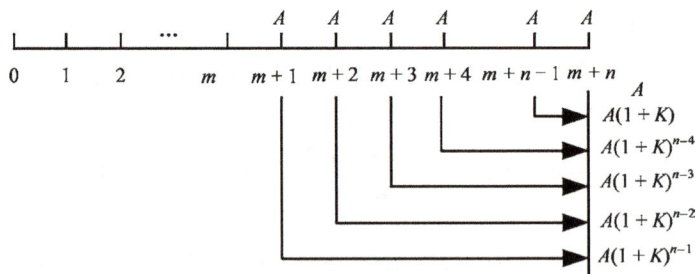

图 2-12　递延年金终值示意图

因为折线没有经过递延期的，所以不影响递延年金终值计算，递延年金终值与普通年金终值公式一样。

2. 递延年金现值

各期等额收付金额在第一期期初 (0 时点) 的复利现值之和如图 2-13 所示。

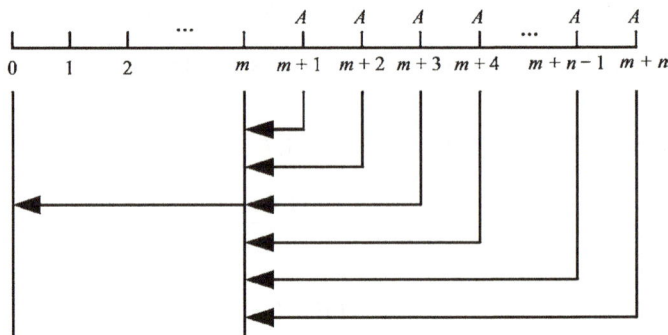

图 2-13　递延年金现值计算示意图 (推导一)

(1) 两次折现法：将递延年金视为 n 期普通年金，利用普通年金现值系数求出递延期末的现值后，再利用复利现值系数将此现值折现至期初。

$$P_A = A \times (P/A, \ K, \ n) \times (P/F, \ K, \ m) \quad \text{（递延年金现值推导一公式）} \tag{2-18}$$

(2) 年金做差法：假设递延期中也进行收付，先求出 $(m+n)$ 期的年金现值，再扣除实际未收付的递延期间 m 期的年金现值，如图 2-14 所示。

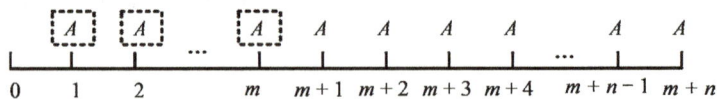

图 2-14　递延年金现值计算示意图 (推导二)

$$P_A = A \times (P/A, K, m+n) - A \times (P/A, K, m)$$
$$= A \times [(P/A, K, m+n) - (P/A, K, m)] \quad \text{（递延年金现值推导二公式）} \tag{2-19}$$

(3) 终值折现法：先求递延年金终值，再将终值作为整体折算到 0 时点的现值，如图 2-15
所示。

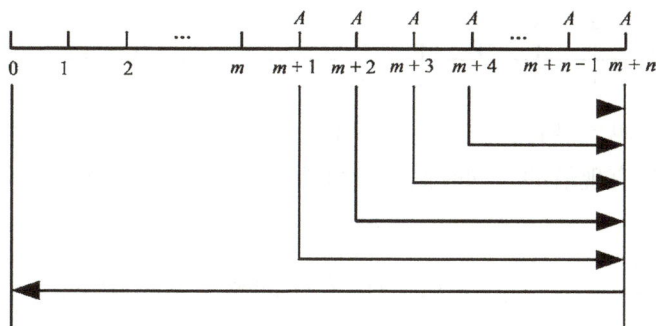

图 2-15　递延年金现值计算示意图（推导三）

$$P_A = A \times (F/A, K, n) \times (P/F, K, m+n) \text{（递延年金现值推导三公式）} \qquad (2\text{-}20)$$

【例 2-14】麦凯公司刚刚投资了一个项目，该项目建设期需要两年，两年后方可投入
使用，投入使用后每年可以带来 20 万元的净现金流量，假设项目使用寿命为 7 年（使用
期满后设备报废）。预计贴现率为 10%，请计算该项目的净现金流量的现值。

解　分析现金流，绘制成数轴图如下所示：

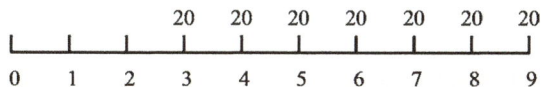

按图中所示有 7 个 20 万元，$n = 7$，$m + n = 9$，所以递延期 $m = 2$。

代入推导一公式：$P_A = 20 \times (P/A, 10\%, 7) \times (P/F, 10\%, 2)$
$$= 20 \times 4.8684 \times 0.8264$$
$$= 80.46 \text{（万元）。}$$

代入推导二公式：$P_A = 20 \times [(P/A, 10\%, 9) - (P/A, 10\%, 2)]$
$$= 20 \times [5.7590 - 1.7355]$$
$$= 80.47 \text{（万元）。}$$

代入推导三公式：$P_A = 20 \times (F/A, 10\%, 7) \times (P/F, 10\%, 9)$
$$= 20 \times 9.4872 \times 0.4241$$
$$= 80.47 \text{（万元）。}$$

【小结】关于递延年金的计算公式整理为

① 递延年金终值：$F_A = A \times (F/A, K, n)$。

② 递延年金现值推导一公式：$P_A = A \times (P/A, K, n) \times (P/F, K, m)$。

③ 递延年金现值推导二公式：$P_A = A \times [(P/A, K, m+n) - (P/A, K, m)]$。

④ 递延年金现值推导三公式：$P_A = A \times (F/A, K, n) \times (P/F, K, m+n)$。

（四）永续年金

永续年金是普通年金的极限形式，是无限期收付的年金。

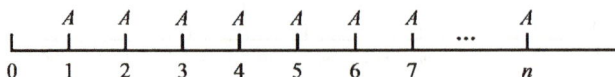

永续年金有终值吗？没有。因为永续年金的 $n \to \infty$。

但是永续年金是有现值的，同时是一种特殊的普通年金，所以符合普通年金求现值的计算特征。

$P_A = A \times \dfrac{1-(1+K)^{-n}}{K}$，当 $n \to \infty$ 时，$(1+K)^{-n}$ 的极限为零，因此，永续年金现值公式为

$$P_A = \frac{A}{K} \tag{2-21}$$

【例 2-15】某基金要在一偏远地区设立一项专门帮助失学儿童的永久性帮扶基金，打算每年提供 100 000 元的资助，假设利率为 5%，请问：该基金应当现在存入多少钱？

解 利用永续年金的计算公式：

$$P_A = \frac{100\ 000}{5\%} = 2\ 000\ 000\ (元)$$

第二节 风险衡量和风险报酬

一、风险的概念及类别

（一）风险的概念

风险是指在一定条件下或一定时期内，某一项行动具有多种可能而不确定的结果。在风险存在的情况下，人们可以事先估计采取某种行动可能导致的各种结果，以及每种结果出现的可能性大小，但无法确定最终结果是什么。例如，我们抛一枚硬币，事先就知道硬币落地时有正面朝上和反面朝上两种结果，并且两种结果出现的可能性各为 50%，究竟出现哪一种结果却不能确定，这就是风险。

风险是现代企业管理环境的一个重要特征。与风险相联系的另一个概念是不确定性。不确定性是指人们事先只知道采取某种行动可能形成的各种结果，但不知道它们出现的概率，或者两者都不知道，只能作粗略估计。而风险问题出现的各种结果的概率一般可事先估计和测算，只是不准确而已。如果对不确定性问题先估计一个大致的概率，则不确定性

问题就转化为风险性问题了。在财务管理的实务中，对两者不作严格区分。讲到风险，可能是指一般意义上的风险，也可能指不确定性问题。

　　总之，风险是收益的不确定性，风险是现代企业财务管理环境的一个重要特征。只要某一行动的结果具有多种可能而不确定，就叫有风险；反之，某一行动的结果很确定，就叫没有风险。虽然风险的存在可能意味着收益的增加，但人们考虑更多的则是损失发生的可能性。从财务管理角度看，风险就是企业在各项财务活动中，由于各种难以预料或控制的因素作用，使企业的预计收益和实际收益发生背离，从而有蒙受经济损失的可能性。一般而言，投资者都讨厌风险，因而一提到风险，多数都将其错误地理解为与损失是同一概念。事实上，风险不仅可能带来超出预期的收益，也可能带来超出预期的损失。

（二）风险的类别

1. 按照风险能否分散，风险可分为系统风险和非系统风险

　　系统风险又称为市场风险或不可分散风险，是指由于政治、经济及社会环境等企业外部因素的不确定性而产生的风险，如宏观经济形势的变动、国家经济政策的变化、税制改革、企业会计准则改革、世界能源状况、政治因素等。它存在于所有企业中，无法由个别企业控制，同时无法通过多样化投资予以分散。这种风险发生的概率较小，随着人类社会的进步，对自然和社会驾驭能力的提高，对整体性风险发生的防范手段及发生之后的综合治理方法都有很大进步。

资源 2-14

　　非系统风险（公司特有风险、可分散风险）是指由于经营失误、消费者偏好改变、劳资纠纷、员工罢工、新产品试制失败等因素影响产生的个别企业风险。非系统风险是由单个的特殊因素引起的，由于这些因素的发生是随机的，因此可以通过多样化分散投资来分散。

2. 按风险形成的来源，风险可分为经营风险和财务风险

　　经营风险是指企业经营方面的不确定性而使企业收益产生变化的可能性，通常采用息税前利润的变动程度描述经营风险的大小。经营风险包括供应方面的风险、生产方面的风险、销售方面的风险，以及战争、内乱、罢工等引起的社会环境变化、劳动力市场供求关系变化、通货膨胀变化、产业竞争变化、国家宏观经济政策调整等因素直接或间接影响企业的生产经营活动，从而给企业经营及其业绩带来的风险。

　　每股收益（EPS）的变动描述财务风险的大小。这种风险主要来源于利率、汇率变化的不确定性，以及公司负债比重的大小。在市场经济条件下，财务风险贯穿于企业各个财务环节，是各种风险因素在企业财务上的集中体现，一般包括筹资风险、投资风险、现金流量风险、收益分配风险、利率风险和汇率风险等。企业应有效地控制财务风险，保障投资者、管理者以及社会公众的利益。

3. 按风险损害的对象，风险可分为人身风险、财产风险、责任风险和信用风险

　　人身风险是指员工生、老、病、死、伤残等原因而导致经济损失的风险；财产风险是

指导致财产发生的损毁、灭失和贬值的风险；责任风险是指因侵权或违约，依法对他人遭受的人身伤亡或财产损失应负赔偿责任的风险；信用风险是指经济交往中，权利人与义务人之间，由于一方违约或犯罪而给对方造成经济损失的风险。

二、风险管理原则

（一）融合性原则

企业风险管理应与企业的战略设定、经营管理与业务流程相结合。

（二）全面性原则

企业风险管理应覆盖企业所有的风险类型、业务流程、操作环节和管理层级与管理环节。

（三）重要性原则

企业应对风险进行评价，确定需要进行重点管理的风险，并有针对性地实施重点风险监测，及时识别、应对。

（四）平衡性原则

企业应权衡风险与回报、成本与收益之间的关系。

三、风险对策选择

适当的风险管理策略，可以有效控制财务风险发生的可能性及其造成的损失。企业可以采取的财务风险管理策略，主要有以下几种。

（一）规避风险

规避风险是任何单位首先考虑的风险对策。凡风险所造成的损失不能由该项目可能获得的利润予以抵销时，最简单的办法就是避免风险。在实施方案过程中，发现不利的情况时，应及时中止或调整方案，如拒绝与不守信用的厂商业务往来；放弃可能明显导致亏损的投资项目；新产品在试制阶段发现诸多问题而果断停止试制。

（二）减少风险

减少风险主要包括两方面内容：一是控制风险因素，减少风险的发生机会；二是控制风险程度，降低风险损害价值。减少风险的常用方法有：进行准确的预测；对决策进行多方案优选和替代；及时与政府部门沟通获取政策信息；抗风险能力强的技术方案，进行预先的技术模拟试验，采用可靠的保护和安全措施；采用多领域、多地域、多项目、多品种的经营或投资以分散风险。

（三）转移风险

企业以一定代价（保险费、营利机会、担保费和利息等），采取某种方式（如参加保险、信用担保、租赁经营、套期交易、票据贴现等）将风险损失转嫁给他人承担，以避免可能给企业带来的重大损失。例如，向专业性保险公司投保，采取合资、联营、增发新股、发行债券、联合开发等措施实现风险共担，通过技术转让、特许经营、战略联盟、租赁经营和业务外包等实现风险转移。

（四）接受风险

对于损失较小的风险，如果企业有足够的财力和能力承受风险损失时，可以采取风险自担和风险自保，自行消化风险损失。风险自担，是指风险损失发生时，直接将损失摊入成本或费用，或冲减利润；风险自保，是指企业预留一笔风险金或随着生产经营的进行，有计划地计提风险基金，如坏账准备金、存货跌价准备等。

四、风险报酬

上节讲述的资金时间价值是在假定无通货膨胀、无风险的情况下的资金的增值。在多数情况下人们的投资都是有风险的。但是几乎没有人因为存在风险而不去投资，有风险就意味着投资可能成功，也可能失败。一般来说，人们会期望获得比没有风险的投资更高的回报，如果能得到高回报，人们就会冒风险去投资，诱导投资者进行风险投资的，是超过时间价值的那部分额外报酬，即风险报酬。

资源 2-13

财务活动通常是在有风险的情况下进行的，冒多大风险，就期望得到多大的回报，否则就不值得去冒险。风险报酬又称风险收益或风险价值，是指投资者由于冒风险进行投资而获得的超过货币时间价值的额外收益。风险与报酬的关系是对等的，风险越大要求的报酬率越高。同样，高风险的项目必然有高回报，而低风险的项目回报必然也低。

期望报酬率包括两部分：一部分是无风险报酬率，是最低的社会平均报酬率，只要投资就能获得，如购买国债；另一部分是风险报酬率，它与风险大小有关，风险越大，风险报酬率越高。

风险报酬系数反映风险报酬率随风险程度变化而变化的比率，是一个经验数据，可以通过统计方法来计算得到。风险与报酬的关系可用计算公式表示如下：

期望的投资报酬率 = 无风险报酬率 + 风险报酬率

不考虑通货膨胀，投资者所要求或者期望的报酬率就是资金时间价值和风险报酬率之和。其中，时间价值可称为无风险报酬。

风险报酬率 = 风险报酬系数 × 风险程度

上式也可写为

$$R = R_f + R_R \tag{2-22}$$

其中，R 表示投资报酬率，R_f 表示资金时间价值（或无风险报酬率），R_R 表示风险报酬率。

假如，资金时间价值为 10%，某项投资期望报酬率为 15%，在不考虑通货膨胀的情况下，该项投资的风险报酬率便是 5%。

决定风险报酬率的因素有风险的大小和投资人对待风险的态度。

一般投资者都回避风险，不愿意做成功机会很小的"赌博"。风险控制的主要方法有多渠道融资和多元化经营。企业通过筹资把风险不同程度地分散给股东、债权人、供应商等，从而可以降低企业的风险，相应提高企业的报酬；现代企业多数采用多元化经营的方针，多经营几个品种，各品种的盈亏可以相互抵冲，从而降低风险。

第三节　单项资产投资的收益与风险

■ 一、风险的衡量

正视风险并将风险量化，是企业财务管理中的一项重要工作。而风险的衡量通常用概率论的方法。单项资产的风险衡量包括以下几个步骤：

第一，确定概率及其分布（通常已知）；

第二，确定期望值（即期望收益率）；

第三，确定离散程度（即风险大小）。

资源 2-15

（一）概率及其分布

在经济活动中，某一事件在相同的条件下可能发生也可能不发生，这类事件称为随机事件。概率就是用来表示随机事件发生可能性大小的数值。通常用 p_i 表示第 i 种结果出现的概率。概率分布反映随机变量发生的概率规律。若随机变量（如资产收益率）的个数是有限的，则其对应的有限个数的概率分布是离散型分布；若随机变量（如资产收益率）有无数种可能的情况，则其对应的概率分布是连续型分布。

假定某公司拟试制一种新产品投放市场，根据市场预测，估计可能出现"畅销""一般"与"较差"三种情况。如果把所有可能的事件或结果都列示出来，且每一事件都给予一种概率，把它们列示在一起，便构成了概率的分布。一般用 X 表示随机事件，X_i 表示随机事件的第 i 种结果，则 P_i 表示第 i 种结果出现的概率。

若 X_i 肯定出现，则 $P_i = 1$；若 X_i 肯定不出现，则 $P_i = 0$。因此，概率必须符合如下两个要求：

所有的概率都必须在 0 和 1 之间，即 $0 \leqslant P_i \leqslant 1$；

所有结果可能的概率之和等于 1，即 $\sum_{i=1}^{n} P_i = 1$，n 表示可能出现的结果的个数。

【例 2-16】某公司有甲、乙两个项目，计划投资额均为 1 000 万元，投产后预计收益情况和市场销售有关。可获得的年净收益及其概率资料，如表 2-2 所示。

表 2-2　市场预期报酬及概率分布　　　　　　　　　　单位：万元

市场销售情况	甲项目年净收益 X_i	乙项目年净收益 X_i	概率 P_i
畅销	200	300	0.2
一般	100	100	0.6
较差	50	−50	0.2
合计	—	—	1

（二）期望值

期望值是一个概率分布中的所有可能结果与各自概率之积的加权平均值，反映预期收益的平均值，表示投资者的合理预期。通常用符号 $\overline{E}$ 表示，其计算公式如下：

$$\overline{E} = \sum_{i=1}^{n} P_i X_i \tag{2-23}$$

【例 2-17】以表 2-2 中有关数据，计算甲、乙两个项目投产后预计收益的期望值。

解　甲项目：$\overline{E} = 200 \times 0.2 + 100 \times 0.6 + 50 \times 0.2 = 110$（万元）。

乙项目：$\overline{E} = 300 \times 0.2 + 100 \times 0.6 - 50 \times 0.2 = 110$（万元）。

（三）离散系数

离散程度是用来反映风险大小的指标。一般来说，离散程度越大，风险越大；离散程度越小，风险越小。反映随机变量离散程度的指标有很多，本书主要介绍方差、标准离差、标准离差率三项指标。

1. 方差

方差是用来表示随机变量与期望值之间的离散程度的一个数值。计算公式为

$$\sigma^2 = \sum_{i=1}^{n} (X_i - \overline{E})^2 P_i \tag{2-24}$$

2. 标准差

标准差也叫标准离差，是各种可能的报酬率偏离期望报酬率的综合差异，是反映离散程度的一种度量，是方差的平方根。在期望值相同的情况下，标准离差越大，风险越大，反之，越小。标准离差可按下面公式计算：

$$\sigma = \sqrt{\sum_{i=1}^{n} (X_i - \overline{E})^2 \times P_i} \tag{2-25}$$

其中，$\overline{E}$ 表示期望值，X_i 表示第 i 种情况可能出现的结果，P_i 表示第 i 种情况可能出现的概率。

结论：方差和标准差适用于期望值相同的项目的风险比较。在期望值相同的情况下，

方差和标准差越大，则风险越大；反之则风险越小。

标准离差是以绝对数衡量决策方案的风险，在期望值相同的情况下，标准离差越大，风险越大；反之，标准离差越小，风险越小。

【例 2-18】以表 2-2 中有关数据，计算甲、乙两个项目预计年收益与期望年收益的方差和标准离差分别为多少。

解 方差：

甲项目：$\sigma^2 = \sum_{i=1}^{n}(X_i - \overline{E})^2 P_i$

$= (200-110)^2 \times 0.2 + (100-110)^2 \times 0.6 + (50-110)^2 \times 0.2 = 2\,400$。

乙项目：$\sigma^2 = \sum_{i=1}^{n}(X_i - \overline{E})^2 P_i$

$= (300-110)^2 \times 0.2 + (100-110)^2 \times 0.6 + (-50-110)^2 \times 0.2 = 12\,400$。

标准离差：

甲项目：$\sigma = \sqrt{\sum_{i=1}^{n}\left(X_i - \overline{E}\right)^2 P_i}$

$= \sqrt{(200-110)^2 \times 0.2 + (100-110)^2 \times 0.6 + (50-110)^2 \times 0.2} = 48.99$。

乙项目：$\sigma = \sqrt{\sum_{i=1}^{n}\left(X_i - \overline{E}\right)^2 P_i}$

$= \sqrt{(300-110)^2 \times 0.2 + (100-110)^2 \times 0.6 + (-50-110)^2 \times 0.2} = 113.36$。

甲、乙两个项目的期望净收益相同，甲项目的标准离差小于乙项目的标准离差，所以甲项目的风险相对较小。

3. 标准差率

方差和标准差是绝对数指标，如果项目的期望收益率不同，直接比较标准差就很难得出适当的结论。因此引入标准差率，即标准差与期望收益率的比值，是相对数指标，反映投资项目风险的相对大小。

计算公式如下：

$$标准差率：V = \frac{\sigma}{\overline{E}} \tag{2-26}$$

结论：标准差率适用于期望值不同的项目的风险比较。标准差率越大，则风险越大；反之风险越小。

标准离差率是一个相对指标，它以相对数反映决策方案的风险程度。方差和标准离差作为绝对数，只适用于期望值相同的决策方案风险程度的比较，对于期望值不同的决策方案，评价和比较其各自的风险程度只能借助于标准离差率这一相对数值。在期望值不同的情况下，标准离差率越大，风险越大；反之，标准离差率越小，风险越小。

【例 2-19】以表 2-2 中有关数据，计算甲、乙两个项目预计年收益的标准离差率分别为多少。

解 甲项目：$V = \dfrac{\sigma}{E} = \dfrac{48.99}{110} = 0.45$。

乙项目：$V = \dfrac{\sigma}{E} = \dfrac{113.36}{110} = 1.03$。

当然，在本例中，甲、乙两个项目的期望值相同，可直接根据标准离差比较风险程度，但如果期望值不同，则必须计算标准离差率才能对比风险程度。

通过上述方法将决策方案的风险加以量化后，决策者便可据此作出决策。对于单个方案，可根据其标准离差（率）的大小，并将其同设定的可接受的此项指标的最高限值对比，若前者小于后者，应选择此方案。对于多方案，决策的总原则是选择低风险高收益的方案，即标准离差最低、期望收益最高的方案，但具体情况还要具体分析。

二、资产的收益与收益率

资产的收益是指资产的价值在一定时期的增值，可以用两种表述方式。以金额表示的，称为资产的收益额，通常是指资产价值在一定期限内的增值量；以百分比表示的，称为资产的收益率或报酬率，是资产增值量与期初资产价值的比值。

以金额表示的收益与期初资产的价值不相关，不利于不同规模资产之间的比较；以百分比表示的收益则是一个相对指标，便于不同规模资产收益之间的比较分析。因此，在通常情况下，都是用收益率或报酬率的方式来表示资产的收益。为了便于比较分析，对于计算期限短于或长于一年的资产，在计算收益率时一般将不同期限的收益率转换成年收益率。

单期收益率的计算公式为

$$单期资产的收益率 = \frac{资产的价值的增值}{期初资产价值} + \frac{资产的收益额}{期初资产价值} = \frac{利（股）息收益 + 资本利得}{期初资产价值}$$

$$= \frac{利（股）息收益}{期初资产价值} + \frac{资本利得}{期初资产价值}$$

$$= 利（股）息收益率 + 资本利得收益率$$

【例 2-20】大正公司股票一年前的价格为 15 元，一年中的股利为 0.5 元，现在的市价为 18 元，在不考虑交易费用的情况下，一年内该股票的收益率为多少？

解 一年中的资产收益为

$$0.5 + (18 - 15) = 3.5 \,(元)$$

其中，股息收入为 0.5 元，资本利得为 3 元。

$$股票的收益率 = \frac{0.5 + 18 - 15}{15} = 23\%$$

其中，股利收益率为 3%，资本利得收益率为 20%。

三、风险与收益的一般关系

对于每项资产，投资者都会因承担风险而要求额外的补偿，其要求的最低收益率应包括无风险收益率和风险收益率。用公式表示为

必要收益率 = 无风险收益率 + 风险收益率

若用 R 表示必要收益率，R_f 表示无风险收益率，它是纯利率和通货膨胀补贴率之和；而风险收益率又可以表述成风险价值系数 b 与标准离差率 V 的乘积，即

风险收益率 = $b \times V$

因此

$$R = R_f + b \times V \tag{2-27}$$

第四节　资产组合的收益与风险

投资组合理论认为，若干种证券组成的投资组合，其收益是这些证券收益的加权平均数，但是其风险不是这些证券风险的加权平均风险，因为投资组合有可能会降低风险。

一、投资组合的期望收益率

投资组合的期望收益率是组合内各种资产期望收益率的加权平均数，其权数为各种资产在组合中的价值比例（而非资产的个数），即

$$E(R_P) = \sum W_i \times E(R_i) \tag{2-28}$$

二、投资组合的风险及其衡量

（一）基础概念——相关系数

投资组合风险不是这些证券风险的加权平均数，它不仅取决于组合内的各证券的风险，还取决于各个证券之间的关系。比如，某个投资者持有多只不同的股票，各种股票之间不可能完全正相关，也不可能完全负相关。虽然不同股票的投资组合可以降低风险，但又不能完全消除风险。在金融学中，我们用"相关系数"衡量投资组合中两种证券资产相互影响的相对大小，即两种证券资产收益率之间的相对运动状态，通常用 ρ 表示。

理论上，相关系数 ρ 介于 [-1，1] 内，不同取值下有不同的经济含义：

相关系数取值	相关性	说　明
相关系数 =+1	完全正相关	两项资产收益率变化方向和变化幅度完全相同"两个都赚（赔），且幅度一样"
0＜相关系数＜1	正相关	两项资产收益率变动方向一致"两个都赚（赔），但幅度不同"
相关系数 = 0	零相关	两项资产收益率变化缺乏相关性"两个没关系"。提示：相关系数 = 0 仍是可以分散风险的
−1＜相关系数＜0	负相关	两项资产收益率变动方向相反"一个赚，一个赔，但幅度不同"
相关系数 =−1	完全负相关	两项资产收益率变化方向和变化幅度完全相反"一个赚，一个赔，且幅度一样"

（二）投资组合的风险衡量

两种证券资产组合的收益率的方差满足以下关系式：

$$\sigma_P{}^2 = w_A{}^2 \sigma_A{}^2 + w_B{}^2 \sigma_B{}^2 + 2w_A \sigma_A w_B \sigma_B \rho_{A,B}$$

情形一：假设两种证券完全正相关，即 $\rho_{A,B} = +1$（最大值），则

$$\sigma_P^2 = \left(w_A \sigma_A\right)^2 + 2\left(w_A \sigma_A\right)\left(w_B \sigma_B\right) + \left(w_B \sigma_B\right)^2 = \left(w_A \sigma_A + w_B \sigma_B\right)^2$$

$$\sigma_P = w_A \sigma_A + w_B \sigma_B$$

结论：当两项资产的收益率完全正相关时，两项资产的风险完全不能互相抵消，所以，这样的资产组合不能降低任何风险。

情形二：假设两种证券完全负相关，即 $\rho_{A,B} = -1$（最小值），则

$$\sigma_P{}^2 = \left(w_A \sigma_A - w_B \sigma_B\right)^2$$

$$\sigma_P = |\, w_A \sigma_A - w_B \sigma_B|$$

结论：当两项资产的收益率具有完全负相关关系时，两者之间的风险可以充分地相互抵消，甚至完全消除。这样的资产组合就可以最大程度地降低风险。

情形三：$-1＜\rho_{A,B}＜1$，$0＜\sigma_P＜\left(w_A \sigma_A + w_B \sigma_B\right)$。

结论：资产组合收益率的标准差大于 0，但小于组合中各资产收益率标准差的加权平均值。因此，资产组合可以分散风险（非系统风险、特有风险、特殊风险、可分散风险）。

（三）资产组合的 β 系数

投资组合的 β 系数是所有单项资产 β 系数的加权平均数，权数为各种资产在投资组合中所占的价值比例。计算公式为

$$\beta_p = \sum_{i=1}^{n}(W_i \times \beta_i) \tag{2-29}$$

由于单项资产的 β 系数不尽相同，因此通过替换资产组合中的资产或改变不同资产在组合中的价值比例，可以改变组合的系统风险。

提示：组合的系统风险可以被改变，但并不能完全消除。

第五节　资本资产定价模型

一、资本资产定价模型的基本原理

资本资产定价模型是由经济学家 Harry Markowitz 和 William Sharpe 等人于 1964 年提出来的。根据风险与收益的一般关系，某资产的必要收益率是由无风险收益率和该资产的风险收益率决定的。即：必要收益率 = 无风险收益率 + 风险收益率，由此引出了资本资产定价模型的表达式：

$$必要收益率 = 无风险收益率 + 风险收益率$$

资本资产定价模型的一个主要贡献就是解释了风险收益率的决定因素和度量方法，并且给出了下面的一个简单易用的表达形式：

$$R = R_f + \beta \times (R_m - R_f) \tag{2-30}$$

这是资本资产定价模型的核心关系式。式中，R 表示某资产的必要收益率；β 表示该资产的系统风险系数；R_f 表示无风险收益率，通常以短期国债的利率来近似表示；R_m 表示市场组合收益率，通常用股票价格指数收益率的平均值或所有股票的平均收益率来代替，公式中称为市场风险溢酬。它是附加在无风险收益率之上的，由于承担了市场平均风险所要求获得的补偿，它反映的是市场作为整体对风险的平均"容忍"程度，风险溢酬的数值就越大。反之，如果市场的抗风险能力强，则对风险的厌恶和回避就不是很强烈，要求的补偿就越低，因此，市场风险溢酬的数值就越小。不难看出，某项资产的风险收益率是该资产系统风险系数与市场风险溢价的乘积，即

$$风险收益率 = \beta \times (R_m - R_f) \tag{2-31}$$

【例 2-21】某年由 MULTEX 公布的美国通用汽车公司的 β 系数是 1.170，短期国库券的利率为 4%，S&P 股票价格指数的收益率是 10%，则通用汽车该年股票的必要收益率为多少。

解　　$E(R_i) = R_f + \beta_i(R_m - R_f) = 4\% + 1.170 \times (10\% - 4\%) = 11.02\%$

■ 二、资产组合的必要收益率

由资本资产定价模型可以推导出资产组合的必要收益率的计算公式为

$$R_P = R_f + \beta_p \times (R_m - R_f) \tag{2-32}$$

其中，R_P 表示资产组合的必要收益率。

这个公式与资本资产定价模型的公式极为相似，唯一不同的是 β_p 是指资产组合的 β 系数，它是由所有单项资产 β 系数的加权平均数，权数为各项资产在资产组合中所占的价值比重，计算公式为

$$\beta_p = \sum W_i \times \beta_i \tag{2-33}$$

式中，β_p 是指资产组合的系统风险系数，W_i 是第 i 项资产在资产组合中所占的价值比重，β_i 是第 i 项资产的 β 系数。

【例 2-22】某资产组合有三只股票，有关信息见表 2-3 所示，则该项资产组合的 β 系数是多少？若假设当前短期国债收益率为 3%，股票价格指数平均收益率为 12%，则这三只股票组合的必要收益率为多少？

表 2-3　某资产组合的相关信息

股票	β 系数	股票的每股市价 / 元	股票的数量 / 股
A	0.7	4	200
B	1.1	2	100
C	1.7	10	100

解　先计算三只股票所占的价值比重：

A 股票：$\dfrac{4 \times 200}{4 \times 200 + 2 \times 100 + 10 \times 100} = 40\%$。

B 股票：$\dfrac{2 \times 100}{4 \times 200 + 2 \times 100 + 10 \times 100} = 10\%$。

C 股票：$\dfrac{10 \times 100}{4 \times 200 + 2 \times 100 + 10 \times 100} = 50\%$。

该项资产组合的 β 系数为

$$\beta_p = \sum W_i \times \beta_i = 40\% \times 0.7 + 10\% \times 1.1 + 50\% \times 1.7 = 1.24$$

该项资产组合的必要收益率为

三只股票组合的必要收益率 $= R_f + \beta_p \times (R_m - R_f) = 3\% + 1.24 \times (12\% - 3\%) = 14.16\%$

■ 三、证券市场线

如果把资本资产定价模型公式中的 β 看作自变量（横坐标），必要收益率 R 作为因变

量（纵坐标），无风险利率 R_f 和市场风险溢酬 (R_m-R_f) 作为已知系数，那么，这个关系式在数学上就是一个直线方程，叫作证券市场线，简称 SML，即以下关系式所代表的直线：

$$R = R_f + \beta \times (R_m - R_f)$$

证券市场线对任何公司、任何资产都是适合的。只要将该公司或资产的 β 系数代入上述直线方程中，就能得到该公司或资产的必要收益率。证券市场线上每个点的横、纵坐标值分别代表每一项资产（或证券资产组合）的系统风险系数和必要收益率。因此，证券市场上任意一项资产或证券资产组合的系统风险系数和必要收益率都可以在证券市场线上找到对应的一点。

在证券市场线关系式的右侧，唯一与单项资产相关的就是 β 系数，而 β 系数正是对该资产所有的系统风险的度量，因此，证券市场线一个重要的暗示就是"只有系统风险才有资格要求补偿"。该公式中并没有引入非系统风险，即公司风险，也就是说，投资者要求的补偿只是因为他们"忍受"了市场风险的缘故，而不包括公司风险，因为公司风险可以通过证券资产组合被消除掉。

四、证券资产组合的必要收益率

证券资产组合的必要收益率也可以通过证券市场线来描述，即

证券资产组合的必要收益率 $= R_f + \beta_p \times (R_m - R_f)$

此公式与前面的资产资本定价模型公式非常相似，它们的右侧唯一不同的是 β 系数的主体，前面的 β 系数是单项资产或个别公司的 β 系数；而这里的 β_p 则是证券资产组合的 β 系数。

思维导图

思维导图 2

拓展训练

拓展训练 2

02

第二篇 实务篇

第三章
项目投资管理

▼

学习目标

学习目标	学习难度	重要程度	应掌握的知识点
了解项目投资的分类	☆	★	企业项目投资的概念
了解项目投资的管理原则	☆	★	企业项目投资的基本原则
了解项目投资的投资过程分析	☆	★★	项目投资的决策程序
掌握投资项目的构成和计算	☆☆☆	★★★	项目投资现金流量
掌握投资决策指标的运用	☆☆☆	★★★	投资决策指标
掌握几种投资决策方法的比较	☆☆	★★★	投资决策方法的比较

思政课堂

　　党的二十大的召开不仅增添了国内经济高质量发展底气，还就推动构建人类命运共同体发出了真诚呼吁，为世界和平发展注入中国信心。尤其在"世界又一次站在历史的十字路口"的关键时期，党的二十大进一步重申，"高质量发展是全面建设社会主义现代化国家的首要任务""发展是党执政兴国的第一要务""加快建设现代化经济体系""坚持和完善社会主义基本经济制度，毫不动摇巩固和发展公有制经济，毫不动摇鼓励、支持、引导非公有制经济发展"。这些重要论断为推动高质量发展、构建高水平社会主义市场经济体制指明了方向。

　　在我国经济进入高质量发展的大背景下，企业必须提供更为快速、精准的反馈，将财务管理触角向业务前端延伸，鼓励财务人员参与项目评测、合同评审、业务模式设计等重要环节，不断强化源头管控；深入业务事前、事中、事后全过程，拓宽传统财务管理思维，在履行监督职能的同时有效识别业务漏洞，帮助企业解决管理难点、堵点和痛点，改进业务低增值环节，消除不增值环节，降低公司投资风险。

知识框架

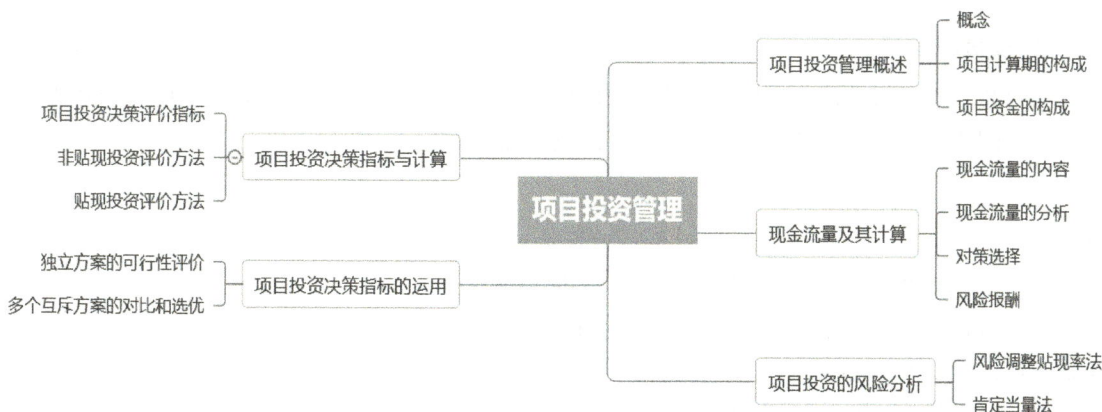

第一节　项目投资管理概述

一、项目投资的概念

投资是指特定的经济主体为了在未来可预见的时期内获得收益，在一定时期内向特定的标的物投放一定数额的资金或实物等非货币性资产的经济行为。从特定企业角度看，投资是企业为了获取收益而向特定对象投放资金的经济行为；从现金流量看，投资是为了将来更多现金流入而现在付出现金的特定行为。根据投资对象的不同，投资可分为金融投资和实物投资，例如，金融投资为购买债券、股票、基金等金融资产；实物投资则为购置生产设备，新建工厂等。本章的项目投资属于实物投资。

资源 3-1

与其他形式的投资相比，项目投资具有投资数额大、影响时间长、不可逆转、投资风险高、投资内容独特（每个项目都至少涉及一项形成固定资产的投资）、发生频率低、变现能力差等特点。

1. 投资数额大

项目投资所形成的生产经营能力主要体现在固定资产上。固定资产的购建本身所需的资金量是巨大的，还需要配置相应的流动资产，投资数额较大。

2. 影响时间长

项目投资的寿命一般都在几年以上，有的甚至长达几十年，投资一旦完成，就会长时期地对企业的生产经营产生影响。

3. 不可逆转

项目投资一旦实施并形成一定的生产经营能力后，无论其投资效益如何，均难以改变。

4. 投资风险高

项目投资所提供的经济效益只能在今后较长时期内逐步实现，未来时期内各种影响投资效益的因素较多，这意味着企业进行项目投资必然冒较高的风险。

■ 二、项目投资的意义

从宏观角度看，项目投资有以下两个方面的积极意义：

(1) 项目投资是实现社会资本积累功能的主要途径，也是扩大社会再生产的重要手段，有助于促进社会经济的长期可持续发展。

(2) 增加项目投资，能够为社会提供更多的就业机会，提高社会总供给量，不仅可以满足社会需求的不断增长，而且会最终拉动社会消费的增长。

从微观角度看，项目投资有以下三个方面的积极意义：

(1) 增强投资者的经济实力。投资者通过项目投资，扩大其资本积累规模，可提高其收益能力，增强其抵御风险的能力。

(2) 提高投资者的创新能力。投资者通过自主研发或购买知识产权，结合投资项目的实施，实现科技成果的商品化和产业化，不仅可以不断地获得技术创新，而且能够为科技转化为生产力提供更好的业务操作平台。

(3) 提升投资者的市场竞争能力。市场竞争不仅是人才的竞争、产品的竞争，而且从根本上说是投资项目的竞争。一个不具备核心竞争能力的投资项目，是注定要失败的。无论是投资实践的成功经验还是失败的教训，都有助于促进投资者自觉按市场规律办事，不断提升其市场竞争力。

■ 三、项目投资的原则

（一）可行性分析原则

投资项目的金额大，资金占用时间长，一旦投资后具有不可逆转性，对企业的财务状况和经营前景影响重大。因此，在投资决策之时，必须建立严密的投资决策程序，进行科学的可行性分析。投资项目可行性分析是投资管理的重要组成部分，其主要任务是对投资项目实施的可行性进行科学的论证，主要包括环境可行性、技术可行性、市场可行性、财务可行性等方面。项目可行性分析可对项目实施后未来的运行和发展前景进行预测，通过定性分析和定量分析比较项目的优劣，为投资决策提供参考。

环境可行性要求投资项目对环境的不利影响最小，并能带来有利影响，包括对自然环境、社会环境和生态环境的影响。技术可行性要求投资项目形成的生产经营能力具有技术上的适应性和先进性，包括工艺、装备、地址等。市场可行性要求投资项目形成的产品能够被市场所接受，具有市场占有率。财务可行性是在相关的环境、技术、市场可行性完成的前提下，着重围绕技术可行性和市场可行性而开展的专门经济性评价。

（二）结构平衡原则

投资项目的管理是一种综合管理。资金既要投放于主要生产设备，又要投放于辅助设备；既要满足长期资产的需要，又要满足流动资产的需要。投资项目在资金投放时，要遵循结构平衡原则，合理分布资金，具体包括满足固定资金与流动资金的配套关系、生产能力与经营规模的平衡关系、资金来源与资金运用的匹配关系、投资进度和资金供应的协调关系、流动资产内部的资产结构关系、发展性投资与维持性投资的配合关系、对内投资与对外投资的顺序关系、直接投资与间接投资的分布关系等。投资项目在实施后，资金就较长期地固化在具体项目上，退出和转向都不太容易。只有遵循结构平衡原则，投资项目实施后才能正常顺利地运行，才能避免资源的闲置和浪费。

（三）动态监控原则

投资的动态监控是指对投资项目实施过程中的进程控制。特别是对于那些工程量大、工期长的建造项目来说，需要按工程预算实施有效的动态投资控制。建设性投资项目应当按工程进度，对分项工程、分步工程、单位工程的完成情况，逐步进行资金拨付和资金结算，控制工程的资金耗费，防止资金浪费。在项目建设完工后，通过工程决算，全面清点所建造的资产数额和种类，分析工程造价的合理性，合理确定工程资产的账面价值。

四、项目投资决策的程序

（一）寻找并确定投资项目

企业各级领导都可以提出新的投资项目。一般情况下，企业的高层领导提出的投资项目大多是大规模的战略性投资，其方案一般由生产、市场、财务等各方面专家组成的专门小组做出。基层或中层人员提出的主要是战术性投资项目，其方案由主管市场部门组织人员拟定。

（二）进行投资项目的评价

对投资项目进行评价，是可行性研究的核心内容。企业在确定可行性投资项目后，接下来就是分析、估测各个投资项目的成本、收益，并考虑与此相关的风险，为投资决策提供财务数据。然后采用一定的财务评价指标，对各个投资项目的风险和报酬做出评价，从而为选择最好的投资项目做准备。

（三）对投资项目做出决策

投资项目评价后，根据评价的结果，公司相关决策者要做出最后决策。最后决策一般可分为三种情况：① 该项目可行，接受这个项目，可以进行投资；② 该项目不可行，拒绝这个项目，不能进行投资；③ 将项目计划发还给项目投资的提出部门，重新调查后，再作处理。

（四）投资项目的实施

决策对某投资项目进行投资后，要积极筹措资金、实施投资。企业应该根据投资计划中指定的筹资方案，及时足额地筹措资金，以便顺利实施投资方案。在投资项目实施过程中，要对工程进度、工程质量、施工成本进行控制，以便使投资按预算规定保质、如期完成。

（五）进行项目投资的检测

对投资项目进行检测，可以评价企业在选择投资方案过程中对投资项目的收益、成本与风险的估计是否正确，是否要根据实际情况对投资计划加以修订和调整。

五、项目投资计算期的构成

由于项目投资的规模较大，需要较长的建设时间，因此，通常将项目投资的整个持续时间（项目投资计算期）分为建设期和生产经营期。其中，建设期（记作 s）是指从项目资金正式投入到项目建成投产为止所需的时间，其第一年初称为建设起点，最后一年末称为投产日。生产经营期（记作 p）是指投产日到清理结束日之间的时间间隔，又包括试产期和达产期（指完全达到设计生产能力期）两个阶段。试产期是指项目投入生产但生产能力尚未完全达到设计能力时的过渡阶段。达产期是指生产运营达到设计预期水平后的时间。项目投资计算期对评价结果将会产生重大影响，所以，必须力求准确。项目投资计算期如图 3-1 所示。

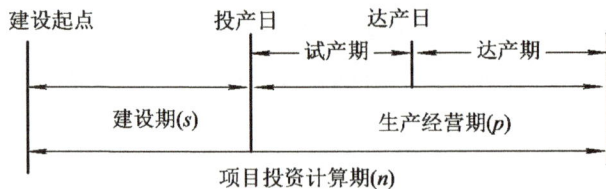

图 3-1　项目投资计算期

项目投资计算期关系式：

$$项目投资计算期 = 建设期 + 生产经营期 \qquad (3\text{-}1)$$

即

$$n = s + p$$

其中，s 表示建设期，p 表示生产经营期，n 表示项目投资计算期。

【例 3-1】某公司拟购建一条生产线，预计使用寿命为 10 年。计算其项目投资计算期。

解　（1）在建设起点投资并投产，则其项目计算期为

$$项目投资计算期 = 0 + 10 = 10（年）$$

（2）如果建设期为 3 年，则其项目计算期为

$$项目投资计算期 = 3 + 10 = 13（年）$$

六、项目资金的构成

（一）原始投资额

原始投资是反映项目所需要现实资金的价值指标，是指为使项目完全达到设计生产能力，开展正常经营而投入的全部现实资金，包括建设投资和流动资金两项内容。其中，

$$原始投资 = 建设投资 + 流动资金 \tag{3-2}$$

$$建设投资 = 固定资产投资 + 无形资产投资 + 其他资产投资（生产准备和开办费用） \tag{3-3}$$

（二）投资总额

投资总额是反映项目投资总体规模的价值指标，它等于原始投资与建设期资本化利息之和。其中，建设期资本化利息是指在建设期发生的与构建项目所需的固定资产、无形资产等长期投资有关的借款利息。投资总额的计算公式为

$$项目总投资 = 原始总投资 + 建设期资本化利息 \tag{3-4}$$

【例 3-2】某企业拟新建一条生产线，需要在建设起点一次投入固定资产投资 150 万元，在建设期期末投入无形资产投资 20 万元。建设期为 1 年，建设期资本化利息为 5 万元，全部计入固定资产原值。流动资金投资合计为 20 万元。根据上述资料，计算该项目的原始投资和项目总投资。

解　　　　固定资产原值 = 150 + 5 = 155（万元）

建设投资 = 150 + 20 = 170（万元）

原始投资 = 170 + 20 = 190（万元）

项目总投资 = 190 + 5 = 195（万元）

第二节　现金流量及其计算

一、现金流量的含义和基本假设

（一）现金流量的含义

现金流量是一个投资项目所引起的现金流出和现金流入的数量总和。这里的"现金"是广义的现金，它不仅包括各种货币资金，还包括项目所需要投入的企业拥有的非货币资金的变现价值。例如，一个投资项目需要使用原有的厂房、设备和材料的变现价值等。现金流量是在一个较长时期内表现出来的，受资金时间价值的影响，一定数额现金在不同时期的价值是不同的，因此，研究现金流量及其发生的时间价值因素对正确评价投资项目的效益有着重要的意义。

资源 3-2

（二）现金流量的基本假设

现金流量是计算项目投资决策评价指标的主要依据和重要信息，其本身也是评价项目投资是否可行的一个基础指标，为方便项目投资现金流量的确定，应作出以下基本假设：

(1) 项目投资的类型假设，它是指在项目投资中涉及两种类型，即新建项目投资和更新改造项目投资。

(2) 财务可行性分析假设，即假设项目投资决策从企业投资者的立场出发，只考虑该

项目是否具有财务可行性，而不考虑该项目是否具有国民经济可行性和技术可行性。

(3) 全投资假设，即假设在确定投资项目的现金流量时，只考虑全部投资的运动情况，而不具体考虑和区分哪些是自有资金，哪些是借入资金，即使是借入资金也将其视为自有资金处理。

(4) 建设期间投资全部资金假设，即假设项目投资的资金都是在建设期投入的，在生产经营期没有投资。

(5) 经营期和折旧年限一致假设，即假设项目的主要固定资产的折旧年限或使用年限和生产经营期相同。

(6) 时点指标假设，即将项目投资决策所涉及的价值指标都作为时点指标处理。其中，建设投资在建设期内有关年度的年初或年末发生；流动资金投资则在建设期期末发生；生产经营期内各年的收入、成本、摊销、利润、税费等项目的确认均在年末发生；新建项目最终报废或清理所产生的现金流量均发生在终结点。

(7) 产销量平衡假设，即假设生产经营期内同一年的产量等于该年的销售量。这样，就可在会计利润的基础上计算出现金流量。

(8) 确定性因素假设，即假设项目所涉及的有关价格、产销量、成本水平、所得税税率等因素均为已知的常数。

■ 二、现金流量的内容

现金流量包括三项内容，即现金流出量、现金流入量和现金净流量。

（一）现金流出量

一个方案的现金流出量是指由该方案所引起的企业现金支出的增加额，主要包括建设投资、流动资金投资、经营成本、各项税款、其他现金流出。

（二）现金流入量

一个方案的现金流入量是指由该方案所引起的企业现金收入的增加额，主要包括以下内容：

(1) 营业收入。营业收入是指项目投产后每年实现的全部销售收入或业务收入，它是生产经营期主要的现金流入项目。

(2) 回收固定资产的余值。当投资项目的有效期结束，残余的固定资产经过清理会得到一笔现金收入，如残值出售收入。同时，清理时还要支付清理费用，如清理人员报酬。残值收入扣除清理费用后的净额，应当作为项目投资的一项现金流入。

(3) 回收垫支的流动资金。当投资项目的有效期结束后，原先投入周转的流动资金可以转化成现金，用于其他方面，从而构成一项现金流入。

(4) 其他现金流入量。除以上三项指标外的现金流入量项目。

（三）现金净流量

现金净流量又称净现金流量 (NCF)，是指项目在一定期间内现金流入量减去现金流出量的差额。这里所说的"一定期间"一般是指一年期间，流入量大于流出量时，净流量为正值；反之，净流量为负值。

现金净流量具有两个特征：第一，无论是在生产经营期内还是在建设期内都存在净现金流量；第二，由于项目计算期不同阶段上的现金流入和现金流出发生的可能性不同，各阶段的净现金流量在数值上表现出不同的特点，即建设期内的净现金流量一般小于或等于零，在生产经营期内的净现金流量则多为正值。现金净流量的计算公式如下：

$$现金净流量 (NCF) = 现金流入量 - 现金流出量 \tag{3-5}$$

■ 三、现金流量的分析

计算项目投资现金流量分析涉及项目的整个计算期，即从项目投资开始到项目结束的各个阶段：① 初始阶段，即建设期所发生的现金流量；② 生产经营期阶段，即正常生产经营阶段所发生的现金流量；③ 终结阶段，即在生产经营期终结点，项目结束时发生的现金流量。

（一）建设期现金流量

建设期现金流量是指初始投资阶段发生的现金流量，一般包括如下几个部分。

1. 固定资产上的投资

固定资产上的投资包括固定资产的购入或建造成本、运输成本、安装成本等。在一个继续使用旧设备的投资方案中，旧设备的变现价值就是在固定资产上的投资，也属于一项现金流出。

2. 垫支的营运资本

垫支的营运资本就是增加的流动资产与增加的流动负债的差额，即为了配合项目投资，在原营运资本的基础上所增加的与固定资产相配套的营运资本投资支出，包括对材料、在产品、产成品和现金等流动资产的投资以及增加的流动负债。

3. 其他投资费用

其他投资费用是指与固定资产投资有关的职工培训费、谈判费、注册费用等不属于上述两项的其他投资费用。

4. 原有固定资产的变现收入

原有固定资产的变现收入是指在进行固定资产更新决策时，由于新购建固定资产而使原有固定资产淘汰出售的收入。此时，原有固定资产变卖所得的现金收入视为现金流入。然而，当旧设备继续使用时，旧设备的变现收入则是一项现金流出。

建设期净现金流量的简化计算公式如下：

$$建设期某年现金净流量 = 0 - 该年发生的投资额 = -该年发生的投资额 \tag{3-6}$$

（二）生产经营期现金流量

生产经营期现金流量是指项目在正常生产经营期内由于生产经营所带来的现金流入和现金流出的数量。这种现金流量一般以年为单位进行计算。这里的现金流入主要是指营业现金流入和该年的回收额，而现金流出主要是指营业现金支出和缴纳的税金。生产经营期现金流量的计算公式如下：

生产经营期某年现金净流量

= 该年营业收入 − 该年付现成本 − 该年所得税

= 该年营业收入 − （该年营运总成本 − 该年折旧额）− 该年所得税

= 该年税后利润 + 该年折旧额

= （该年营业收入 − 该年付现成本 − 该年折旧额）× （1 − 所得税税率）+ 该年折旧额

= 该年营业收入 × （1 − 所得税税率）− 该年付现成本 × （1 − 所得税税率）

$\qquad$ + 该年折旧额 × 所得税税率 $\hfill$ (3-7)

（三）终结点现金流量

终结点现金流量是指投资项目结束时固定资产变卖或停止使用所发生的现金流量，主要包括：

(1) 固定资产的残值收入或变价收入。

(2) 原垫支营运资本的收回。在项目结束时，将收回垫支的营运资本视为项目投资方案的一项现金流入。

(3) 在清理固定资产时发生的其他现金流出。

终结点现金净流量的计算公式如下：

$\qquad$ 终结点现金净流量 = 生产经营期现金净流量 + 回收额 $\hfill$ (3-8)

【**例 3-3**】某公司购置一台现代化设备，价值 530 万元，建设期 1 年，第 1 年年末投入流动资产 80 万元。该项目生产经营期为 10 年，固定资产按直线法计提折旧，期末有残值为 30 万元。预计投产后，公司前 5 年每年发生 600 万元的营业收入，并发生付现成本 400 万元；后 5 年每年发生 900 万元的营业收入，并发生付现成本 600 万元，所得税税率为 25%。计算该项目投资在项目计算期内各年的现金净流量。

解法一
$$固定资产年折旧额 = (530 − 30) \div 10 = 50（万元）$$
$$项目计算期 = 建设期 + 生产经营期 = 1 + 10 = 11（年）$$
$$NCF_0 = −530（万元）$$
$$NCF_1 = −80（万元）$$
$$NCF_{2-6} = 600 × (1 − 25\%) − 400 × (1 − 25\%) + 50 × 25\% = 162.5（万元）$$
$$NCF_{7-10} = 900 × (1 − 25\%) − 600 × (1 − 25\%) + 50 × 25\% = 237.5（万元）$$
$$NCF_{11} = 237.5 + 30 + 80 = 347.5（万元）$$

解法二

生产经营期前 5 年每年应交所得税 = [600 − (400 + 50)] × 25% = 37.5（万元）

生产经营期后 5 年每年应交所得税 = [900 − (600 + 50)] × 25% = 62.5（万元）

$$NCF_0 = −530（万元）$$
$$NCF_1 = −80（万元）$$
$$NCF_{2-6} = 600 − 400 − 37.5 = 162.5（万元）$$
$$NCF_{7-10} = 900 − 600 − 62.5 = 237.5（万元）$$
$$NCF_{11} = 237.5 + 30 + 80 = 347.5（万元）$$

第三节 项目投资决策指标与计算

一、项目投资决策评价的主要指标及分类

（一）项目投资决策评价的主要指标

项目投资的现金净流量计算出来后，应采用适当的指标进行评价。项目投资决策评价指标是指用于衡量和比较项目投资可行性以便据以进行方案决策的定量化标准与尺度，它由一系列综合反映投资效益、投入产出关系的量化指标构成。项目投资决策评价的主要指标有投资利润率、静态投资回收期、动态投资回收期（又称贴现投资回收期）、净现值、净现值率、现值指数、内含报酬率等。

资源 3-3

（二）项目投资决策评价指标的分类

(1) 评价指标按其是否考虑货币时间价值，分为非贴现评价指标和贴现评价指标。非贴现评价指标是指在计算过程中不考虑货币时间价值因素的指标，也称静态指标，包括投资利润时也称动态指标，包括净现值、净现值率、现值指数、内含报酬率等。

(2) 评价指标按其性质不同，分为正指标和反指标。投资利润率、净现值、净现值率、现值指数和内含报酬率属于正指标，在评价决策中，这些指标值越大越好；静态投资回收期、动态投资回收期属于反指标，在评价决策中，这类指标的值越小越好。

(3) 评价指标按其数量特征的不同，分为绝对指标和相对指标。绝对指标包括以时间为计量单位的静态投资回收期指标、动态投资回收期指标和以价值量为计量单位的净现值指标；相对指标包括净现值率、现值指数、内含报酬率等指标，除现值指数用指数形式表现外，其余指数用百分比表示。

(4) 评价指标按指标重要性不同，分为主要指标、次要指标和辅助指标。净现值、内含报酬率等为主要指标，静态投资回收期为次要指标，投资利润率为辅助指标。

(5) 评价指标按指标计算的难易程度不同，分为简单指标和复杂指标。投资利润率、静态投资回收期、动态投资回收期、净现值、净现值率、现值指数等为简单指标；内含报酬率为复杂指标。

二、非贴现投资评价方法

非贴现投资评价方法不考虑资金时间价值，把不同时间的货币收支看成是等效的。这些方法在选择方案时只起辅助作用。

（一）投资利润率（ROI）

投资利润率又称投资报酬率、平均报酬率，是指投资方案的年平均利润额与投资总额的比率。其计算公式如下：

$$ROI = \frac{P}{I} \times 100\% \tag{3-9}$$

式中：P 表示年平均净利润；I 表示项目投资总额。

利用投资利润率进行投资决策时将方案的投资利润率与预先确定的基准投资利润率（或企业要求的最低投资利润率）进行比较：若方案的投资利润率大于或等于基准投资利润率，则方案可行；若方案的投资利润率小于基准投资利润率，则方案不可行。一般来说，投资利润率越高，表明投资效益越好；投资利润率越低，表明投资效益越差。

【例 3-4】某企业有 A、B 两个投资方案，投资总额均为 280 万元，全部用于购置固定资产，采用直线法计提折旧，使用期均为 4 年，不计残值，该企业要求的最低投资利润率为 10%，其他有关资料如表 3-1 所示。

表 3-1　A、B 投资方案相关资料表　　　　　　　　　单位：万元

年份	A 方案		B 方案	
	利润	现金净流量	利润	现金净流量
0		−280		−280
1	35	105	25	95
2	35	105	28	98
3	35	105	35	105
4	35	105	38	108
合计	140	140	126	126

要求：计算 A、B 两方案的投资利润率。

解　　　　　A 方案的投资利润率 $= \dfrac{\frac{140}{4}}{280} \times 100\% = 12.5\%$

B 方案的投资利润率 $= \dfrac{\frac{126}{4}}{280} \times 100\% = 11.25\%$

从计算结果可以看出，A、B 两方案的投资利润率均大于基准投资利润率的 10%，A、B 两方案均为可行方案，且 A 方案的投资利润率比 B 方案的投资利润率高出 1.25%，故 A 方案优于 B 方案。

投资利润率的优点主要是计算简单，易于理解。其缺点主要是：① 没有考虑资金时间价值；② 没有直接利用现金净流量信息；③ 计算公式的分子是时期指标，分母是时点指标，缺乏可比性。基于这些缺点，投资利润率不宜作为投资决策的主要依据，一般只适用于方案的初选，或者投资后各项目间经济效益的比较。

（二）静态投资回收期（PP）

静态投资回收期是指以投资项目营业现金净流量抵偿原始总投资所需要的全部时间。投资决策时将方案的投资回收期与预先确定的基准投资回收期（或决策者期望投资回收期）进行比较，若方案的投资回收期小于基准投资回收期，则方案可行；若方案的投资回收期大于基准投资回收期，则方案不可行。一般来说，投资回收期越短，表明该投资方案的投资效果越好，该项投资在未来时期所冒的风险越小。它的计算可分为两种情况：

(1) 生产经营期年现金净流量相等时，其计算公式如下：

$$静态投资回收期 = \frac{原始总投资}{年现金净流量} \tag{3-10}$$

【**例 3-5**】承例 3-4，要求计算 A 方案的静态投资回收期。

解　　　　　　　　$A方案的静态投资回收期 = \frac{280}{105} = 2.67（年）$

(2) 生产经营期年现金净流量不相等时，需计算逐年累计的现金净流量，然后用插入法计算出投资回收期。

【**例 3-6**】承例 3-4，要求计算 B 方案的静态投资回收期。

表 3-2　**B 方案现金净流量和累计现金净流量**　　　单位：万元

项目计算期	B 方案	
	现金净流量	累计现金净流量
0	−280	−280
1	95	−185
2	98	−87
3	105	18
4	108	126

解　从表中可得出，B 方案第 2 年年末累计现金净流量为 −87 万元，表明第 2 年年末回收额小于第三年回收额 105 万元，静态投资回收期第 2 年与第 3 年之间，用内插法可算出：

$$B方案的静态回收期 = 2 + \frac{87}{105} = 2.83 （年）$$

综上，A 方案的静态回收期小于 B 方案的静态回收期，所以 A 方案优于 B 方案。

投资回收期的优点主要是简单易算，并且投资回收期的长短也是衡量项目风险的一种标志，所以在实务中被广泛使用。其缺点主要有：① 没有考虑资金时间价值；② 仅考虑了回收期以前的现金流量，没有考虑回收期以后的现金流量，而有些长期投资项目在中后期才能得到较为丰厚的收益，投资回收期不能反映其整体的盈利性。

三、贴现投资评价方法

（一）净现值（NPV）

净现值是指在项目计算期内，按行业基准收益率或投资者设定的贴现率计算的各年现金净流量现值的代数和。净现值的基本计算公式如下：

$$NPV = \sum_{t=0}^{n} \frac{NCF_t}{(1+K)^t}$$ (3-11)

式中：n 表示项目计算期（包括建设期与经营期）；NCF_t 表示第 t 年的现金净流量；K 表示行业基准收益率或投资者设定的贴现率。

显然，净现值也可表示为投资方案的现金流入量总现值减去现金流出量总现值的差额，也就是一项投资的未来收益总现值与原始总投资现值的差额。若前者大于或等于后者，即净现值大于或等于零，则投资方案可行；若后者大于前者，即净现值小于零，则投资方案不可行。

(1) 生产经营期内各年现金净流量相等，建设期为零时：

净现值 = 生产经营期每年相等的现金净流量 × 年金现值系数 - 原始总投资现值

(3-12)

【例 3-7】承例 3-4，假定行业基准收益率为 10%。要求：计算投资 A 方案的净现值。

解　　$NPV = 105 \times (P/F, 10\%, 4) - 280 = 105 \times 3.1699 - 280 = 52.84$（万元）

(2) 生产经营期内各年现金净流量不相等时：

净现值 = $\sum$（生产经营期各年的现金净流量 × 各年现金现值系数）- 原始总投资现值

(3-13)

【例 3-8】承例 3-4，假定行业基准收益率为 10%。要求：计算投资 B 方案的净现值。

解　　$NPV = [95 \times (P/F, 10\%, 1) + 98 \times (P/F, 10\%, 2) + 105 \times (P/F, 10\%, 3) +$
　　　　　　$108 \times (P/F, 10\%, 4)] - 280$
　　　　$= (95 \times 0.9091 + 98 \times 0.8264 + 105 \times 0.7513 + 108 \times 0.6830) - 280$
　　　　$= 40$（万元）

A 方案的净现值比 B 方案大，所以 A 方案优于 B 方案。

使用净现值指标进行投资方案评价时，贴现率的选择相当重要，会直接影响到评价的正确性。通常情况下，可用企业筹资的资金成本率或企业要求的最低投资利润率来确定。

净现值是长期投资决策评价指标中最重要的指标之一。其优点是：① 充分考虑了货币时间价值，能较合理地反映投资项目的真正经济价值；② 考虑了项目计算期的全部现金净流量，体现了流动性与收益性的统一；③ 考虑了投资风险性，贴现率选择应与风险大小有关，风险越大，贴现率就可选得越高。其缺点是：① 净现值是一个绝对值指标，无法直接反映投资项目的实际投资收益率水平，当各项目投资额不同时，难以确定投资方案的好坏；② 贴现率的选择比较困难，很难有一个统一标准。

（二）净现值率（NPVR）

净现值率是指投资项目的净现值与原始总投资现值之和的比率。净现值率的基本计算公式如下：

$$净现值率 = \frac{净现值}{原始总投资现值之和} \tag{3-14}$$

净现值率反映每 1 元原始投资的现值未来可以获得的净现值有多少。净现值率大于或等于零，投资方案可行；净现值率小于零，投资方案不可行。净现值率可用于投资额不同的多个方案之间的比较，净现值率最高的投资方案应优先考虑。

【例 3-9】承接例 3-7、例 3-8，计算 A、B 两个方案的净现值率并加以比较。

解

$$NPVR_A = \frac{52.84}{280} \times 100\% = 18.87\%$$

$$NPVR_B = \frac{40}{280} \times 100\% = 14.29\%$$

A 方案的净现值率比 B 方案高，所以 A 方案优于 B 方案。

净现值率可以从动态的角度反映投资方案的资金投入与净产出之间的关系，反映了投资的效率，使投资额不同的项目具有可比性。

（三）现值指数（PI）

现值指数又称获利指数（PI），是指项目投产后按一定贴现率计算的生产经营期内各年现金净流量的现值之和与原始总投资现值之和的比率。

其计算公式如下：

$$现值指数（PI）= \frac{生产经营期内各年现金净流量的现值之和}{原始总投资现值之和} = 1 + 净现值率 \tag{3-15}$$

现值指数反映每 1 元原始投资的现值未来可以获得报酬的现值有多少。现值指数大于或等于 1，投资方案可行；现值指数小于 1，投资方案不可行。现值指数可用于投资额不同的多个相互独立方案之间的比较，现值指数最高的投资方案应优先考虑。

【例 3-10】承接例 3-7、例 3-8，计算 A、B 两个方案的现值指数并加以比较。

解

$$PI_A = \frac{280 + 52.84}{280} = 1.1887$$

$$PI_B = \frac{280 + 40}{280} = 1.1429$$

A 方案的现值指数比 B 方案高，所以 A 方案优于 B 方案。

现值指数同样是贴现的相对数评价指标，可以从动态的角度反映投资方案的资金投入与总产出之间的关系，同样反映了投资的效率，能使投资额不同的项目具有可比性。

（四）内含报酬率（IRR）

内含报酬率又称内部收益率，是指投资方案在项目计算期内各年现金净流量现值之和等于零时的贴现率，或者说是使投资方案净现值为零时的贴现率。显然，内含报酬率应满足以下等式：

$$\sum_{t=0}^{n} \mathrm{NCF}_t \times (P/F, \mathrm{IRR}, n) = 0 \tag{3-16}$$

从式（3-16）可以看出，根据方案整个计算期的现金净流量就可计算出内含报酬率，它是方案的实际收益率。利用内含报酬率对单一方案进行决策时，只要将计算出的内含报酬率与企业的预期报酬率或资金成本率加以比较，若前者大于后者，则方案可行；若前者小于后者，则方案不可行。如果利用内含报酬率对多个方案进行选优，那么在方案可行的条件下，内含报酬率最高的方案是最优方案。计算内含报酬率的过程就是寻求使净现值等于零的贴现率的过程。

【例 3-11】 某方案建设期为零，全部投资 280 万元在第 1 年年初一次投入，生产经营期 4 年内各年现金净流量均为 105 万元，计算该方案的内含报酬率。

解 通过查年金现值系数表，用线性插值方法计算出内含报酬率：

$$105 \times (P/A, \mathrm{IRR}, 4) - 280 = 0$$

$$(P/A, \mathrm{IRR}, 4) = 280/105 = 2.6667$$

查年金现值系数表，在 $n = 4$ 这一行中，查到最接近 2.6667 的两个值：2.6901，对应贴现率为 18%；2.5887，对应贴现率为 20%，则 IRR 应位于 18% 与 20% 之间，如图 3-2 所示。

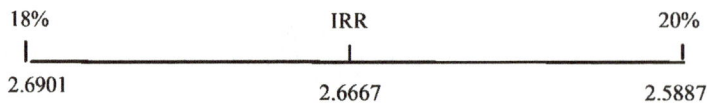

图 3-2　线性插值示意图

利用线性插值法可得

$$\frac{\mathrm{IRR} - 18\%}{20\% - 18\%} = \frac{2.6901 - 2.6667}{2.6901 - 2.5887}$$

$$\mathrm{IRR} = 18.46\%$$

内含报酬率也是长期投资决策评价指标中最重要的指标之一。其优点是：在考虑货币时间价值的基础上，直接反映投资项目的实际收益率水平，而且不受决策者设定的贴现率高低的影响，比较客观。其缺点是：如果投资方案在生产经营期现金净流量不是持续地大于零，而是出现间隔若干年就会有 1 年现金净流量小于零，就有可能计算出若干个内含报酬率。在这种情况下，只能结合其他指标或凭经验加以判断。

第四节　项目投资决策指标的运用

正确地计算主要评价指标是为了在进行项目投资方案的对比与选优中发挥作用。为正确地进行方案的对比与选优，要从不同的投资方案之间的关系出发，将投资方案区分为独立方案和互斥方案两大类。独立方案是指一组相互分离、互不排斥的方案，选择其中一方案并不排斥选择另一方案。例如，新建办公楼、购置生产设备是相互独立的方案。互斥

资源 3-4

方案是指一组相互关联、相互排斥的方案，选择其中一方案，就会排斥其他方案。例如，假设进口设备和国产设备的使用价值相同，都可用来生产同样的产品，购置进口设备就不能购置国产设备，购置国产设备就不能购置进口设备，所以这两个方案是互斥方案。

一、独立方案的可行性评价

若某一独立方案的动态评价指标满足以下条件：

$$\text{NPV} \geq 0, \ \text{NPVR} \geq 0, \ \text{PI} \geq 1, \ \text{IRR} \geq K$$

则项目具有财务可行性；反之，则不具备财务可行性。其中 K 为基准贴现率（即预期报酬率或资金成本率）。

注意：利用以上四个动态评价指标对同一投资方案的财务可行性进行评价，得出的结论完全相同，不会产生矛盾。如果静态评价指标的评价结果与动态评价指标产生矛盾时，应以动态评价指标的结论为准。

【例 3-12】某企业购入机器一台，价值为 50 000 元，预计该机器可使用 5 年，无残值。每年利润 5 000 元。假定贴现率为 12%。

要求：计算该项目的净现值、净现值率、现值指数、内含报酬率，并作出决策。

解　$\text{NCF0} = -50\ 000$（元）

$\text{NCF}_{1\text{-}5} = 5\ 000 + 10\ 000 = 15\ 000$（元）

$\text{NPV} = 15\ 000 \times (P/A, 12\%, 5) - 50\ 000 = 4\ 072$（元）

$$\text{NPVR} = \frac{4\ 072}{50\ 000} = 0.081\ 44$$

$$PI = 1 + 0.08144 = 1.08144 \text{ 或 } PI = \frac{50\,000+4\,072}{50\,000} = 1.08144$$

$$(P/A, \text{IRR}, n) = \frac{50\,000}{15\,000} = 3.3333$$

当 $K = 15\%$ 时，$(P/A，15\%，5) = 3.3522$。

当 $K = 16\%$ 时，$(P/A，16\%，5) = 3.2743$。

利用插值法计算可得

$$\text{IRR} = 15\% + \frac{3.3522 - 3.3333}{3.3522 - 3.2743} \times (16\%-15\%) = 15.24\%$$

由于 NPV > 0，NPVR > 0，PI > 1，IRR $> 12\%$，因此，该项目为可行项目。

■ 二、多个互斥方案的对比和选优

多个互斥方案的对比和选优的过程，就是在每一个入选的投资方案已具备财务可行性的前提下，利用评价指标从各个备选方案中最终选用一个最优方案的过程。

多个互斥方案投资决策依据：

(1) 如果是投资额相同且项目使用期相同的互斥方案比较决策，可选择净现值或内含报酬率大的方案作为最优方案。

(2) 如果是投资额不相同而项目使用期相同的互斥方案比较决策，可选择差额净现值法或差额内含报酬率法来判断方案的优劣。

(3) 如果是投资额与项目使用期都不相同的互斥方案比较决策，可采用年回收额法，年均净现值最大，方案最优。

【例 3-13】某企业现有资金 50 万元可用于固定资产项目投资，有甲、乙、丙三个互相排斥的备选方案可供选择。这三个方案的投资额均为 50 万元，且都能使用 6 年，贴现率为 10%。三个方案的净现值和内含报酬率如下：

$$\text{NPV}_{甲} = 6.12 \text{（万元）}, \quad \text{IRR}_{甲} = 12.3\%$$

$$\text{NPV}_{乙} = 10.25 \text{（万元）}, \quad \text{IRR}_{乙} = 16.35\%$$

$$\text{NPV}_{丙} = 8.36 \text{（万元）}, \quad \text{IRR}_{丙} = 14.11\%$$

要求：试通过比较确定应该选择哪个方案进行投资。

解 因为甲、乙、丙三个备选方案的净现值均大于 0，且内含报酬率均大于贴现率。所以甲、乙、丙三个方案均符合项目可行性的必要条件。

又因为 $\text{NPV}_{乙} > \text{NPV}_{丙} > \text{NPV}_{甲}$，$\text{IRR}_{乙} > \text{IRR}_{丙} > \text{IRR}_{甲}$，所以，乙方案最优，丙方案为次，最差为甲方案。

【例 3-14】某企业有甲、乙两项投资方案，其年现金净流量见表 3-3。

表 3-3 甲、乙两项投资方案各年现金净流量表 单位：万元

年限	甲方案	乙方案
	年现金净流量	年现金净流量
0	−20	−12
1	12	5.6
2	13.2	5.6
3		5.6

要求：该企业要求的最低报酬率为12%，请判断哪个方案较好。

解 因为甲、乙两项方案的投资额不相等且使用年限不相同，所以应采用年回收额法来比较不同方案的优劣，其计算步骤如下：

(1) 计算各方案的净现值。

$$NPV_{甲} = 12 \times (P/F, 12\%, 1) + 13.2 \times (P/F, 12\%, 2) - 20$$
$$= 12 \times 0.8929 + 13.2 \times 0.7972 - 20 = 1.23784（万元）$$
$$NPV_{乙} = 5.6 \times (P/A, 12\%, 3) - 12 = 5.6 \times 2.4018 - 12 = 1.45008（万元）$$

(2) 计算各方案的年回收额即年均净现值。

$$A_{甲} = \frac{1.23784}{(P/A, 12\%, 2)} = \frac{1.23784}{1.6901} = 0.7324（万元）$$

$$A_{乙} = \frac{1.45008}{(P/A, 12\%, 3)} = \frac{1.45008}{2.4018} = 0.6037（万元）$$

甲方案的年回收额高于乙方案，即甲方案为最优方案。

第五节 项目投资的风险分析

在讨论投资决策时，假定现金流量是确定的，避开了投资风险问题，但实际上，投资活动充满了不确定性，若这种不确定性较小，则可以忽略其影响，把决策视为确定条件下的决策；若这种不确定性和风险较大，则应对其进行计量并在决策时加以考虑。项目投资风险分析常用方法有两种，即风险调整贴现率和肯定当量法。

一、风险调整贴现率法

风险调整贴现率法是根据项目的风险程度调整贴现率，然后根据调整后的贴现率计算项目的净现值并判断项目是否可行的一种决策分析方法，计算公式为

$$风险调整后净现值 = \sum_{t=0}^{n} \frac{预期现金流量}{(1+风险调整贴现率)^t} \quad (3\text{-}17)$$

风险调整贴现率法应用的主要问题是，如何根据项目的风险程度来确定风险调整贴现率。风险调整贴现率就是无风险报酬率加上项目的风险报酬率，其常用的确定方法有风险报酬模型和资本资产定价模型。

按风险程度对贴现率调整后，具体的评价方法与无风险时基本相同。这种方法，对风险大的项目采用较高的贴现率，对风险小的项目采用较低的贴现率，简单明了，易于理解，因而被广泛采用。但是它把时间价值和风险价值混在一起，并据此对现金流量进行贴现，意味着风险随着时间的推移而增加，有时与事实不符。

二、肯定当量法

（一）肯定当量法的原理

这种方法的基本思路是先用一个系数（肯定当量系数）把有风险的现金流量调整为与之相当的无风险的现金流量，然后以无风险报酬率作为贴现率来计算项目净现值并判断项目优劣，计算公式为

$$风险调整后净现值 = \sum_{t=0}^{n} \frac{a_t \times 预期现金流量}{(1+无风险调整贴现率)^t} \quad (3\text{-}18)$$

式中：a_t 为第 t 年现金流量的肯定当量系数，它是肯定的现金流量对与之相等的、不肯定的现金流量的比值，再进行评价时，可根据各年现金流量风险的大小，选用不同的肯定当量系数。

肯定当量系数的选取，一般由有经验的分析人员主观判断确定，这样有可能会因人而异，敢于冒险的分析者会选择较高的当量系数，而不愿意冒险的分析者会选择较低的当量系数。为了防止因决策者偏好或主观判断不同而造成决策失误，很多企业根据标准离差来确定肯定当量系数，因为标准离差率是衡量现金流量不确定的一个有效指标。标准离差率与肯定当量系数对照关系如表 3-4 所示。

表 3-4　标准离差率与肯定当量系数对照表

标准离差率	肯定当量系数	标准离差率	肯定当量系数
0.00 ～ 0.07	1.0	0.33 ～ 0.42	0.6
0.08 ～ 0.15	0.9	0.43 ～ 0.54	0.5
0.16 ～ 0.23	0.8	0.55 ～ 0.70	0.4
0.24 ～ 0.32	0.7	...	

通过肯定当量系数对有风险的现金流量调整后，具体的评价方法也与无风险时基本相同。

【例 3-15】某公司准备进行一项投资，其各年的净现金流量和分析人员确定的肯定当量系数已列示在表 3-5，无风险贴现率为 10%，试判断此项目是否可行。

表 3-5　各年现金流量及其肯定当量系数

项目	0	1	2	3	4
NCF_t	−200 00	8 000	8 000	8 000	8 000
a_t	1.0	0.95	0.90	0.80	0.80

解　$NPV = 0.95 × 8\,000 × (P/F,10\%,1) + 0.90 × 8\,000 × (P/F,10\%,2) + 0.8 × 8\,000 × (P/F,10\%,3) + 0.8 × 8\,000 × (P/F,10\%,4) − 1.0 × 20\,000 = 2\,033\,(元)$

根据上述资料，采用净现值法进行分析。

由于按风险程度对现金流量进行调整后，计算所得的净现值为正数，所以项目可行，公司可以进行投资。

肯定当量法通过调整现金流量而不是贴现率来评价风险投资项目，克服了风险调整贴现法人为夸大远期风险的缺点，且易于计算，因此，从理论上讲，它优于风险调整贴现率法，但是，这一方法在操作上存在一定的困难，即合理、准确地估计肯定当量系数。

（二）肯定当量法在无形资产投资决策中的应用

与有形资产相比，无形资产投资则更加复杂，原因如下：

第一，无形资产投资有多种形式。有的需要企业自己投资开发研制，有的可以直接从外部购入，有的可以与其他单位合作开发等。每种情况都需要具体分析。

第二，无形资产投资期及其取得超额收益的事件很难准确预测。例如，发明和申报一项专利，可能需要 3 年，也可能需要 5 年，专利取得后，究竟多长时间内给企业带来超额收益也很难确定。

第三，无形资产所增加的超额收益也存在不确定性。例如一项专利技术可能给企业带来巨额收益，但如果有更先进合理的技术出现，这种巨额收益可能会随之消失。

【例 3-16】某公司拟投资购买一项专利，此专利的初始投资为 180 万元，预计可使用 5 年，5 年中每年的现金净流量估计为 60 万元，但公司主要领导都认为每年的 60 万元现金流量存在较大的不确定性，拟用肯定当量法对现金流量进行调整，公司有关领导所选用的肯定当量系数及其相关权数如表所示，该公司的资本成本为 10%，相关系数和权数如表 3-6 所示，试分析此项投资是否可行。

表 3-6　公司有关领导所选用的肯定当量系数及权数

公司领导成员	肯定当量系数	权　数
董事长	0.90	0.30
总经理	0.80	0.20
财务副总经理	0.85	0.20
总工程师	0.70	0.20
销售经理	0.80	0.10

解 (1) 根据以上资料，计算加权平均的肯定当量系数。

$$a = 0.90 \times 0.30 + 0.80 \times 0.20 + 0.85 \times 0.20 + 0.70 \times 0.20 + 0.80 \times 0.10 = 0.82$$

(2) 利用计算出的肯定当量系数对每年的 60 万元的现金净流量进行调整：

$$60 \times 0.82 = 49.2 （万元）$$

(3) 计算该项无形资产投资的净现值。

$$NPV = 49.2 \times (P/A, 10\%, 5) - 180 = 6.52 （万元）$$

该项无形资产投资项目的净现值为 6.52 万元，所以可以进行投资。

思维导图

思维导图 3

拓展训练

拓展训练 3

第四章
证 券 投 资

▼

学习目标

学习目标	学习难度	重要程度	应掌握的知识点
理解证券投资的含义与种类	☆	★★	证券投资概念
了解证券投资的特点和目的	☆	★★	证券投资特点和目的
熟悉债券投资特点及价格的确定	☆☆	★★★	债券投资
熟悉股票投资特点及价格确定	☆☆☆	★★★	股票投资
理解基金投资的特点	☆☆	★★	基金投资
熟悉投资组合的风险及收益率	☆☆	★★	证券投资组合
了解证券投资组合的策略	☆☆	★★	证券投资组合策略

思政课堂

　　党的二十大报告明确指出，必须坚持科技是第一生产力，创新是第一动力，加快实施创新驱动发展战略，不断塑造发展新动能新优势，实现高水平科技自立自强。在支持科技创新方面，资本市场独特的风险共担、收益共享机制，更加契合科创企业高风险、轻资产的产业特征，更能满足科创企业对长期权益资金的实际需求，从而有力促进"资本—技术—产业"的良性循环。

　　我国资本市场正在迎来新一轮改革提升行动。2023年7月，国务院发布的《私募投资基金监督管理条例》是资本市场投资端改革的重要文件，旨在鼓励私募投资基金行业规范健康发展，更好保护投资者合法权益，促进科技创新。中国证券监督管理委员会先后发布了《上市公司重大资产重组管理办法》《欺诈发行上市股票责令回购实施办法（试行）》《上市公司独立董事管理办法》等，旨在进一步贯彻以信息披露为核心的监管原则，通过完善公司治理，提高信息披露质量等手段，不断加强对上市公司行为的市场约束。针对部分上市公司经营不规范，创新发展能力不强等问题，国务院国有资产监督管理委员会出台

《提高央企控股上市公司质量工作方案》，以促进央企控股上市公司完善治理和规范运作，强化企业内生增长和创新发展能力。

知识框架

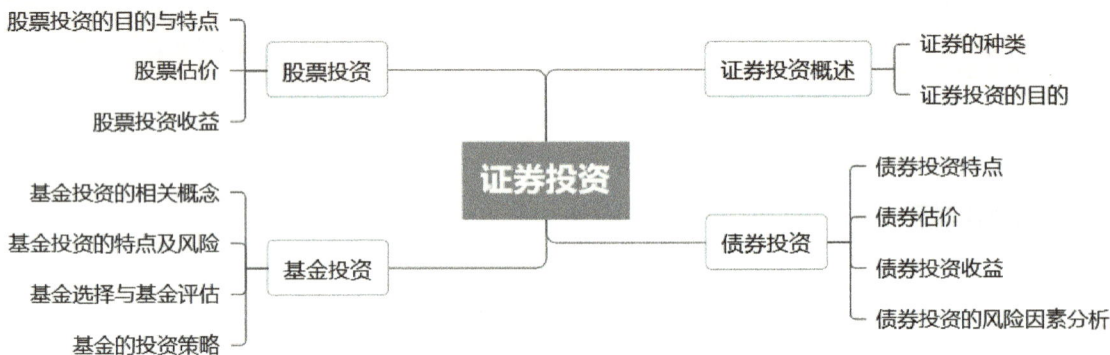

第一节　证券投资概述

一、证券的含义

证券是指票面载有一定金额，代表财产所有权或债权的一种信用凭证或金融工具。证券投资是企业将资金投放于金融市场，用于购买有价证券的一项理财活动。

资源 4-1

二、证券的种类

(1) 证券按照到期日的长短，可分为短期证券和长期证券。短期证券是指期限短于 1 年的证券，如短期国债、商业票据等。长期证券是指期限长于 1 年的证券，如股票、债券等。

(2) 证券按照发行主体不同，可分为政府证券、金融证券和公司证券。政府证券是指中央政府或地方政府为筹集资金而发行的证券。金融证券是指银行或其他金融机构为筹集资金而发行的证券。公司证券也称为企业证券，是指公司为筹集资金而发行的证券。通常来说，政府证券的风险较小，金融证券次之，公司证券的风险则视企业的规模、财务状况和其他情况而定。

(3) 证券按照所体现的权益关系，可分为所有权证券和债权证券。所有权证券是指证券的持有人便是证券发行单位的所有者的证券，这种证券的持有人一般对发行单位都有一定的管理和控制权。股票是典型的所有权证券，股东便是发行股票的企业的所有者。债权证券是指证券的持有人是发行单位的债权人的证券，如公司债券，这种证券的持有人一般无权对发行单位进行管理和控制。当一个发行单位破产时，债权证券要优先清偿，而所有权证券则要在最后清偿，因此，所有权证券一般都要承担比较大的风险。

(4) 证券按照收益状况的不同，可分为固定收益证券和变动收益证券。固定收益证券是指在证券的票面上规定有固定收益率的证券。如债券票面上一般都有固定的利息率，优先股票面一般有固定的股息率，这些证券都属于固定收益证券。变动收益证券是指证券的票面不标明固定的收益率，其收益情况随着企业经营状况而变动的证券。普通股股票是最典型的变动收益证券。一般来说，固定收益证券风险较小，但收益较低；变动收益证券风险大，但收益较高。

■ 三、证券投资的目的

（一）短期证券投资的目的

短期证券投资是指通过购买计划在 1 年内变现的证券而进行的投资。这种投资一般具有操作简便、变现能力强的特点。企业进行短期证券投资一般出于以下目的：

(1) 作为现金的替代品。企业在生产经营过程中，应该拥有一定数量的现金，以满足日常经营的需要，但是现金这种资产不能给企业带来收益，现金余额过多是一种浪费。因此，企业可以利用闲置的现金进行短期证券投资，以获取一定的收益。当企业某一时期的现金流出量超过现金流入量时，可以随时出售证券，以取得经营所需的现金。这样，短期证券投资实际上就成为现金的替代品，它既能满足企业对现金的需要，又能在一定程度上增加企业的收益。

(2) 出于投机的目的。有时企业进行短期证券投资完全是出于投机的目的，以期获取较高的收益。"投机"一词在中国似有贬义，而在西方经济学中是用于表述通过预期市场行情的变化而赚取收益的经济行为。可以说，投机与证券市场是不可分割的，有证券市场必然有证券投机。有的企业为了获取投机利润，也会进行证券投机。因此，这种短期证券投资，从表面上看是一种投资活动，但其实质是一种投机行为。企业出于投机的目的进行证券投资时，一般风险较大，应当用企业较长时期闲置不用的资金进行投资，但也必须控制风险，不能因此损伤企业整体的利益。

(3) 满足企业未来的财务需求。有时企业为了将来要进行的长期投资，或者将来要偿还债务，或者因为季节性经营等原因，会将目前闲置不用的现金用于购买有价证券，进行短期证券投资，以获取一定的收益，待将来需要现金时，再将有价证券出售。这种短期证券投资实际上是为了满足企业未来对现金的需求。

（二）长期证券投资的目的

长期证券投资是指通过购买不准备在 1 年之内变现的有价证券而进行的投资。长期证券投资一般占用的资金量较大，对企业具有深远的影响。通常企业进行长期证券投资主要出于以下目的：

(1) 为了获取较高的投资收益。有的企业可能拥有大量闲置的现金，而该企业在较长的时期内没有大量的现金支出，也没有盈利较高的投资项目，因此，就可以利用这笔资金进行长期证券投资，购买风险较小、投资回报较高的有价证券。

(2) 为了控制被投资企业。有时企业从长远的利益考虑，想要控制某一企业，这时就应对其进行长期证券投资，取得对该企业的控制权。通常这种投资都是股权性投资，即购买被投资企业的股票。例如，A 公司欲取得其重要的材料供应商 B 公司长期稳定的材料供应，就可以购买 B 公司股票，并取得对 B 公司的控制权。

第二节 债券投资

债券是指发行者为筹集资金发行的，在约定时间支付一定比例的利息，并在到期时偿还本金的一种有价证券。

资源 4-2

一、债券投资特点

债券投资的特点与股票投资相比，债券投资特点如表 4-1 所示。

表 4-1 债券投资特点

债券投资优点	债券投资缺点
(1) 本金安全性高； (2) 收益稳定性强	(1) 无法取得债券发行企业的经营决策权； (2) 购买力风险较大

二、债券估价

投资者选择债券进行投资，会发生现金流出和现金流入。债券投资的现金流出是支付的购买价格，现金流入是利息和发行方归还的本金（或出售时得到的价款）。在进行债券投资时，投资者会遇到以下问题：所选择的债券价值是多少，是否值得投资购买。这就需要对债券的价值进行评估，只有债券的价值大于其购买价格，才值得投资。

债券估价是指投资者对债券的价值进行评估，也就是计算债券投资未来现金流入的现值，该现值就代表债券的投资价值（或称内在价值），它实际上表达了投资者现在为取得未来的货币收入而希望投入的资金，它反映了债券的理论价格，不同于债券的市场价格。

$$V = \sum_{t=1}^{n} \frac{I}{(1+K)^t} + \frac{M}{(1+K)^n} \qquad (4\text{-}1)$$

式中：V 表示债券价值；I 表示年利息，它等于面值乘以票面利率；K 表示贴现率（即投资者要求的报酬率或市场利率）；t 表示债券利息期限；M 表示债券面值；n 表示债券期限。

债券价值主要取决于两个因素：债券预期现金流（投资者得到的本金）和贴现率（即

投资者所要求的报酬率），由于不同债券的还本付息方式不同，因此，债券的估价方法各不相同。

(1) 按年支付利息、到期还本债券的估价：

$$V = \sum_{t=1}^{n} \frac{I}{(1+K)^t} + \frac{M}{(1+K)^n} = I \times (P/A, K, t) + M \times (P/F, K, n) \tag{4-2}$$

【例 4-1】某债券面值为 1 000 元，票面利率为 10%，期限为 5 年，每年付息一次，到期还本，某企业要对该债券进行投资，当前的市场利率为 12%，问债券价格为多少时该企业才会进行投资？

解
$$\begin{aligned} V &= 1\,000 \times (P/F, 12\%, 5) + 1\,000 \times 10\% \times (P/A, 12\%, 5) \\ &= 1\,000 \times 0.5674 + 100 \times 3.6048 \\ &= 927.88\ (\text{元}) \end{aligned}$$

即该债券的价格必须低于 927.88 元时，该企业才会购买。

(2) 一次还本付息且不计复利的债券估价：

$$V = \frac{M + I \times t}{(1+K)^n} = (M + I \times t) \times (P/F, K, n) \tag{4-3}$$

【例 4-2】某企业拟购买另一家公司发行的利随本清的债券，该债券的面值为 1 000 元，期限为 5 年，票面利率为 10%，不计复利，当前市场利率为 8%，该债券发行价格为多少时，该企业才会购买？

解
$$V = (1\,000 + 1\,000 \times 10\% \times 5) \times (P/F, 8\%, 5) = 1\,020.90\ （\text{元}）$$

即该债券价格只有低于 1 020.90 元时，该企业才会购买。

三、债券投资收益

（一）债券收益的来源

债券投资的收益是指投资于债券所获得的全部投资报酬，这些报酬来源于三个方面：

(1) 名义利息收益。债券各期的名义利息收益是其面值与票面利率的乘积。

(2) 利息再投资收益。债券投资评价时，有两个重要的假定：第一，债券本金是到期收回的，而债券利息是分期收取的；第二，将分期收到的利息重新投资于同一项目，并取得与本金同等的利息收益率。

(3) 价差收益。价差收益是指债券尚未到期时投资者中途转让债券，在卖价和买价之间的价差上所获得的收益，也称为资本利得收益。

（二）债券到期收益率

债券投资的收益通常用收益率表示，它反映了投资债券的预期报酬状况，是企业进行债券投资决策时必须考虑的重要因素。债券投资收益率的衡量通常分短期投资收益率和长期投资收益率。

1. 短期债券投资收益率的计算

持有一年以内，不考虑资金时间价值的情况下，债券投资收益率可利用以下公式来计算：

$$R = \frac{(P_1 - P_0) + I}{P_0} \times 100\% \tag{4-4}$$

式中：R 表示债券投资收益率；P_0 表示债券购买价格；P_1 表示债券到期还本额或中途出售价格；I 表示持有债券期间的利息收入（它取决于债券付息的方式）。

【例 4-3】某人 2023 年 1 月 1 日以 950 元购入面值为 1 000 元，票面利率为 10%，期限为 4 年，每年付息一次，期满时按面值还本的债券，并于 2024 年 1 月 1 日以 1 000 元出售，此项投资收益率如何？

解

$$R = \frac{(1\,000 - 950) + 1\,000 \times 10\%}{950} \times 100\% = 15.79\%$$

所以，该投资者持有债券投资收益率为 15.79%。

2. 长期债券投资收益率的计算

债券投资大多是长期投资，因为涉及的时间较长，风险较大，在计算投资收益时应当考虑资金时间价值因素。在考虑资金时间价值的情况下，债券投资收益率的计算需要利用债券估价等式反求贴现率的方式进行。

(1) 按年付息，到期还本债券。

【例 4-4】某债券面值为 1000 元，票面利率 10%，期限 4 年，每年付息一次，现发行价格为 950 元，购买该债券持有至到期，在考虑时间价值的情况下，计算此项投资收益率。

解
$$950 = 1\,000 \times 10\% \times (P/A, R, 4) + 1\,000 \times (P/F, R, 4)$$
通过逐步测试并运用内插法可求得 $R = 11.66\%$。

(2) 到期一次还本付息且不计复利债券。

【例 4-5】某投资者于发行日平价购入一张面额 800 元、票面利率 10%、期限 5 年的企业债券，该债券到期一次还本付息且不计复利，该投资者于 3 年后将债券售出，获款 1000 元。在考虑资金时间价值的情况下，计算该投资收益率。

解
$$800 = 1000 \times (P/F, R, 3), \quad (P/F, R, 3) = 0.8$$
查阅复利现值系数表，则有 $(P/F, 8\%, 3) = 0.7938$，$(P/F, 7\%, 3) = 0.8163$，利用内插法求得

$$R = 7\% + \frac{0.8163 - 0.8}{0.8163 - 0.7938} \times (8\% - 7\%) = 7.72\%$$

四、债券投资的风险因素分析

企业在进行债券投资时，除了要正确估计债券的投资价值和衡量债券投资收益，还要考虑债券投资的风险因素。

（一）债券的违约风险

除政府所发行的政府债券可认为无违约风险外，其他债券都在不同程度上存在违约风险。不同债券发行者所发行的债券在违约风险方面有较大的差异，债券投资者在选择债券时，不能一味追求高利率而忽视其违约风险，要通过分析债券发行者的信誉情况、经济实力、企业规模以及所发行的债券是否提供担保来判断债券违约风险的大小。另外，如果债券经有关部门进行信用评级，债券投资者要以债券的信用等级来判断其违约风险的大小。

（二）债券的流动性风险

当企业出于预防动机而将所持有的现金进行短期债券投资时，特别要注意在选择债券时，避免选择流动性较差的企业债券，否则在急需现金时，只能以较低价格出售，从而遭受较大损失。

（三）债券的再投资风险

当企业打算用一笔长期闲置资金购买债券时，要认真分析未来市场利率的走势。如果预计未来市场利率将不断提高，则应避免购买期限较长的债券。如果预计未来市场利率将不断下降，企业应避免购买期限较短的债券。例如，当初有两种债券可以选择：一是利率为5.4%的1年期国债，二是利率为8.6%的2年期国债。投资者若选择购买前一种国债，当1年到期后打算利用这笔资金再购买国债时，却发现1年期国债利率已下调，于是只得购买利率下降后的国债，则债券投资者因当初没有购买2年期国债，使投资收益减少，就称之为债券再投资风险。

第三节 股票投资

股票是由股份有限公司发行的，反映投资者拥有公司所有权的凭证。股票持有者即为公司的股东，一般拥有公司重大决策权、盈余分配要求权、剩余财产求索权和股份转让权。

资源4-3

一、股票投资的目的与特点

（一）股票投资的目的

企业进行股票投资的目的主要有两种：① 获利，即作为一般的证券投资，获取股利收入及股票买卖差价；② 控股，即通过购买某一企业的大量股票达到控制该企业的目的。在第一种情况下，企业仅将某种股票作为其证券投资组合的一个组成部分，不应冒险将大量资金投资于某一企业的股票上。而在第二种情况下，企业应集中资金投资于被控制企业的股票上，这时更多考虑的不应是短期利益—股票投资收益的高低，而应是长远利益—占有多少股权才能达到控制的目的。

（二）股票投资的特点

与其他形式证券投资相比，股票投资具有如表 4-2 所示特点。

表 4-2　股票投资特点

优 点	缺 点
(1) 预期报酬率较高； (2) 享有对所投资公司的经营决策权； (3) 购买力风险小	(1) 每股股利具有较大的不确定性； (2) 股票的市价波动较大； (3) 股票投资者无权要求股票发行公司还本，只能转让； (4) 股东的求偿权位于最后

■ 二、股票估价

与债券投资一样，股票投资也需要对股票进行估价。股票估价实际上是对股票的投资价值进行评估，然后与股票市价比较，视其低于、高于或等于市价，决定是否买入、卖出或继续持有股票。股票估价的方法有很多，最常用的是贴现现金流量模型。该模型基于这样的理论：股票价值应等于股票投资者预期能得到的未来现金流量的现值。股票投资的未来现金流量主要是股票持有期间的股利和将来出售股票的价款收入。所以，可以用以下公式表示股票价值。

$$V = \sum_{t=1}^{n} \frac{D_t}{\left(1+K\right)^t} + \frac{V_n}{\left(1+K\right)^n} \tag{4-5}$$

式中：V 表示股票价值；D_t 表示第 t 期的预计股利；n 表示预计股票持有的期限；V_n 表示未来出售时预计股票的价格；K 表示贴现率

这一模型是股票估价的基本模型，它在实际运用时会面临许多问题。持有期限、股利、贴现率是影响股票价值的重要因素。如果投资者准备永久持有股票，未来的贴现率也是固定不变的，那么未来各期不断变化的股利就成为评价股票价值的难题。为此，我们不得不假定未来的股利按一定的规律变化，从而形成几种常用的股票价值模型。

（一）零成长股票估价

投资者准备永久持有股票的情况下，如果未来每年股利不变，即 $D_1 = D_2 = \cdots = D_n$，$n \to +\infty$，其支付过程是一个永续年金，则股票的估价模型是

$$V = \frac{D}{K} \tag{4-6}$$

式中：V 表示股票价值；D 表示每年股利；K 表示贴现率。

【例4-6】甲股票每股股利2元，投资者要求的报酬率为12%，求甲股票价值。

解
$$V = \frac{2}{12\%} = 16.67 \ (\text{元})$$

(二) 固定成长股票估价

一般来说，公司通常不会把每年的盈余全部作为股利分配出去，留存收益扩大了公司的资本额，不断增长的资本应当创造更多的盈余，又引起下期股利的增长。如公司本期的股利为 D_0，未来各期的股利按上期 g 的速度呈现几何级数增长，根据股票估价的基本模型，股票价值则为

$$V = \frac{D_0(1+g)}{(1+K)} + \frac{D_0(1+g)^2}{(1+K)^2} + \cdots + \frac{D_0(1+g)^n}{(1+K)^n}$$

通常假设 $K > g$，当 $n \to \infty$ 时，

$$V = \frac{D_0(1+g)}{K-g} = \frac{D_1}{K-g} \tag{4-7}$$

式中：D_0 表示基年股利；D_1 表示预期第 1 年股利；g 表示股利年增长率。

【例4-7】某投资者准备购买A公司股票，要求达到12%的收益率，该公司今年每股股利0.8元，预计未来股利会以9%的速度增长，求A股票的价值。

解
$$V = \frac{0.8 \times (1+9\%)}{12\% - 9\%} = 29.07 \ (\text{元})$$

如果A股票目前的购买价格低于29.07元，该公司的股票是值得购买的。

(三) 非固定成长股票的估价

在现实生活中，公司股利是不固定的。例如，在一段时间里高速成长，在另一段时间里正常固定成长或固定不变。在这种情况下，就需要分段计算，才能确定股票的价值。

【例4-8】某投资者准备购买B公司股票，要求达到12%的收益率，该公司今年每股股利0.6元，预计B公司未来3年以15%的速度高速成长，而以后以9%的速度转入正常固定成长，则B股票的价值分两段计算。计算高速成长期股利的现值。

表4-3 前3年股利计算表

年份	股利 / 元	复利现值系数 (12%)	股利现值 / 元
1	$0.6 \times (1+15\%) = 0.69$	0.8929	0.62
2	$0.69 \times (1+15\%) = 0.79$	0.7972	0.63
3	$0.79 \times (1+15\%) = 0.91$	0.7118	0.65
合　计			1.90

解 （1）计算正常成长期股利在第 3 年年末的现值：

$$V_3 = \frac{0.91 \times (1+9\%)}{12\% - 9\%} = 33.06 \ (\text{元})$$

（2）计算该股票的现值：

$$V = 33.06 \times 0.7118 + 1.90 = 25.43 \ (\text{元})$$

三、股票投资收益

股票投资收益主要由股利收益、股票转让的价差收益两部分组成。投资者进行股票投资的最终目的是取得投资收益。股票的投资收益具有较大的不确定性，因为投资者对所投资公司的未来盈利情况和股价的变化只能靠预测来判断，而预测总是难免出现偏差。但是，为了加强股票投资管理，投资者还是要进行投资收益的计算与考核。

依据股票估价的贴现现金流量模型原理，股票的预期收益率相当于股票投资未来现金流入贴现值等于股票目前的购买价格时的贴现率。股票的预期收益率高于投资者所要求的必要报酬率时，投资者才愿意购买该股票。

采用这种方式，股票投资收益率的计算就需要利用股票估价等式通过反求贴现率来进行，同时必须考虑股票的股利变动情况。

（1）在不考虑资金时间价值的情况下，股票投资收益率的计算。

零成长股票的计算公式如下：

$$R = \frac{D}{P} \tag{4-8}$$

固定成长股票的计算公式如下：

$$R = \frac{D_0(1+g)}{P} + g = \frac{D_1}{P} + g \tag{4-9}$$

【例 4-9】假定甲股票现行市价为 15.45 元，预期每股股利 2 元，投资者要求的报酬率为 12%，计算其预期收益率。

解
$$R = \frac{2}{15.45} \times 100\% = 12.94\%$$

因为该股票达到投资者所要求的 12% 的收益率，故值得购买。

【例 4-10】某投资者准备购买甲股票，要求达到 12% 的收益率，该公司今年每股股利 0.8 元，预计未来会以 9% 的速度增长，股票当前市价为 32 元，计算其预期收益率。

解
$$R = \frac{0.8 \times (1+9\%)}{32} + 9\% = 11.73\%$$

显然无法达到投资者所要求的 12% 的收益率，故不值得投资购买。

（2）在考虑资金时间价值的情况下，股票投资收益率的计算。

在考虑资金时间价值的情况下，股票投资收益率计算的基本公式如下：

$$P = \sum_{t=1}^{n} \frac{D_t}{(1+R)^n} + \frac{V_n}{(1+R)^n} \tag{4-10}$$

式中：P 表示股票现行市价（或目前的购买价格）；D_t 表示第 t 年股利；n 表示股票投资期限；V_n 表示第 n 年出售股票的价格；R 表示股票投资收益率。

【例 4-11】某投资者于 2021 年 4 月 1 日以 5 元的价格购入甲股票，在 2022 年、2023 年和 2024 年的 3 月 31 日各分得现金股利 0.5 元、0.6 元和 0.72 元，并于 2024 年 3 月 31 日以 6 元的价格将甲股票出售。计算此项投资的收益率。

解　$P = 5(元)$，$D_1 = 0.5(元)$，$D_2 = 0.6(元)$，$D_3 = 0.72(元)$，$D = 6(元)$，$n = 3(年)$，则有

$$5 = 0.6 \times (P/F,R,1) + 0.6 \times (P/F,R,2) + (0.72+6) \times (P/F,R,3)$$

通过逐步测试并运用内插法可求得 $R = 17.57\%$。

利用市盈率模型预计未来股利，极大地限制了股票价值估价模型使用的广泛性。在实务中，可以利用市盈率大致地估计股票投资的收益率。

第四节　基金投资

一、基金投资的相关概念

（一）证券投资基金

简单地说，证券投资基金是一种利益共享、风险共担的集合证券投资方式。基金可以按不同的标准进行分类：① 按组织形态的不同，分为契约型基金和公司型基金；② 按基金单位是否可以增加或赎回，分为开放式基金和封闭式基金；③ 按投资风险与收益的不同，分为成长型基金、平衡型基金和收益型基金；④ 按投资对象及其比重的不同，分为股票型基金、债券型基金、货币市场基金、指数基金和混合型基金，其中混合型基金又可分为偏股型基金、偏债型基金和配置型基金。

（二）基金净值

基金净值是指在某一时点一个基金单位实际代表的价值。单位基金资产净值的计算公式为

$$单位基金资产净值 = \frac{基金总资产 - 基金总负债}{基金份额} \tag{4-11}$$

基金总资产是指基金拥有的所有资产的价值，包括现金、股票、债券、银行存款和其他有价证券。

（三）基金的认购、申购与赎回

基金的认购是在基金募集期内，投资者到基金管理公司或选定的基金代销机构开设基金账户，按照规定的程序申请购买基金份额的行为。

基金的申购是指投资者按照规定的程序申请购买已经成立的基金单位。基金的赎回是指投资者把手中持有的基金单位，按规定的价格卖给基金管理人并收回现金的过程，是与申购相对应的反向操作过程。申购、赎回价格以当日基金资产净值加减一定手续费为基础计算。

二、基金投资的特点及风险

（一）基金投资的特点

与股票、债券等金融投资工具一样，证券投资基金也为投资者提供了一定的投资获利渠道。但与其他投资相比，基金投资有其特殊性，主要体现在：① 专业理财；② 组合投资，分散风险；③ 投资小，费用低；④ 风险共担，收益共享。

（二）基金投资的风险

一般来讲，基金投资者面临的风险主要来自三个方面：

(1) 市场风险。基金投资通过分散投资，虽然能够降低风险，但毕竟不能将风险降至零，而且分散投资仅能克服非系统性风险。

(2) 基金机构风险。基金管理公司的管理水平将直接影响基金收益水平，经营管理不规范势必给基金投资人带来损失，而不管赔赚，基金管理人都将收取一定的手续费，这样就大大增加了投资人的风险。

(3) 流动性风险。封闭式基金的投资者，很可能在某一价位上无法及时变现；开放式基金的投资者在赎回基金时，可能遇到暂停赎回。

三、基金选择与基金评估

（一）基金选择指标

目前，一般的投资者在选择证券投资基金时仅考察其以往的业绩。实际上，理性的投资者在选择基金时，往往需要考虑基金的结构指标。所谓基金的结构指标，是指影响基金业绩的潜在因素，主要包括：① 基金的规模；② 现金流量；③ 基金的资产结构；④ 基金的股票行业结构。

（二）基金评估的"4R"原则

评估基金的主要目的是服务投资者。一旦投资者发现基金值得投资，就会面临另一个问题：市场上有众多基金，该如何选择呢？基金的业绩排名，对投资者而言是选择基金的重要参考依据。此外，基金管理公司也要对内部业绩进行评比，与同业人员的业绩作比较，实现优胜劣汰。通常评估基金时可以考虑应用"4R"原则，即收益率、评级、风险和支出比率。

■ 四、基金的投资策略

基金的投资策略虽然千变万化，但总体而言可以分为两类：一类是积极的投资策略；另一类是消极的或被动的投资策略。两种迥异的投资策略是基于投资者对市场效率的不同认知。认为市场定价有效率的投资者倾向于支持被动的投资策略，而认为市场定价失效的投资者倾向于支持积极的投资策略。

（一）积极的投资策略

采用积极投资策略的投资者一般会有两种方式构筑投资组合：

(1) 自下而上 (Bottom up)。自下而上的投资组合构筑方法，主要关注个别股票的分析，而对宏观经济和资本市场的周期波动不太重视。

(2) 自上而下 (Top down)。自上而下的投资组合构筑方法：首先，基金管理人要对宏观经济环境进行评估。其次，基金管理人要对股票市场各个板块和行业进行分析。最后，在决定了板块和行业的资金分布之后，再决定具体在相应板块和行业中个别股票的资金分布。

（二）消极的投资策略

根据现代投资组合理论，"市场组合"在定价有效率的市场中，给单位风险提供了最高的收益率水平。市场组合在理论上包含了整个市场的股票。构造市场组合时，每只股票在组合中的权重应该是该股票的资本总额在整个资本市场资本总额中的比例。这种以市场组合为投资组合的消极投资策略称为指数法。

思维导图

思维导图 4

拓展训练

拓展训练 4

第五章
筹 资 管 理

▼

学习目标

学习目标	学习难度	重要程度	应掌握的知识点
复述筹资管理的概念	☆	★★	企业筹资管理的概念
解释企业筹资管理的目的	☆	★★	企业筹资管理的目的
复述企业筹资的分类	☆☆	★	企业筹资的分类
列举企业筹资的渠道	☆	★★	企业筹资的渠道
辨析债务性与权益性筹资方式	☆☆	★★	企业筹资的方式
总结各筹资方式的特点	☆☆	★★★	企业各筹资方式的特点

思政课堂

党的二十大报告提出，"健全资本市场功能，提高直接融资比重"，为优化融资结构、增强金融服务实体经济能力进一步指明了方向。

党的十八大以来，为提高直接融资比重，党中央、国务院出台了一系列政策措施。在经济迈向高质量发展的现阶段，产业结构调整优化、发展方式绿色转型等诸多任务齐驱并进，直接融资特别是股权融资风险共担、利益共享的特点，能够加快创新资本形成，促进科技、资本和产业高水平循环。截至 2021 年末，直接融资存量规模达 98.8 万亿元，约占社会融资规模存量的 31.5%。

(摘自中公网 https://www.workercn.cn/)

要求：请结合以上文字，思考企业如何进行筹资。

知识框架

长期借款 ┐
发行公司债券 ┤── 长期债务筹资 ┐
融资租赁 ┘   ├── 筹资管理 ┬── 企业筹资概述 ┬── 筹资的目的
短期借款 ┐   │   │   ├── 筹资的分类
商业信用 ┤── 短期债务筹资 ┘   │   │   ├── 筹资的渠道
                                              │   ├── 筹资的方式
                                              │   └── 筹资管理的基本原则
                                              └── 权益性筹资 ┬── 吸收直接投资
                                                              ├── 发行普通股
                                                              ├── 发行优先股
                                                              └── 利用留存收益

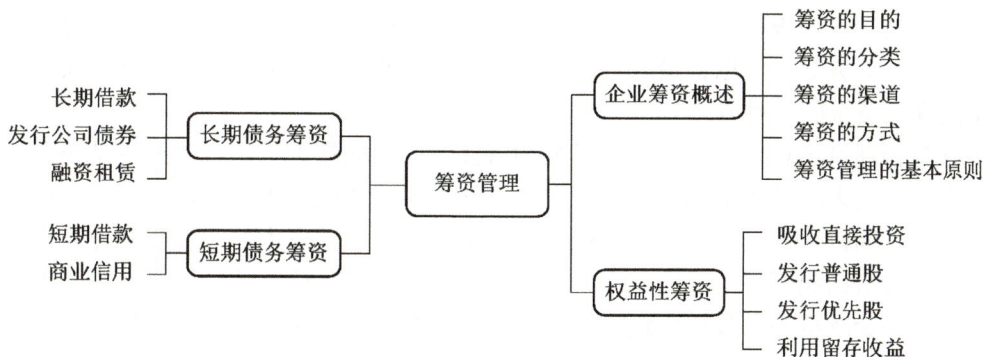

　　企业筹资是指企业为了满足其经营活动、投资活动和资本结构调整等的需要，运用一定的筹资方式，筹措和获取所需资金的一种行为。企业为了满足经营活动、投资活动、资本结构管理和其他需要，运用一定的筹资方式，通过一定的筹资渠道，筹措和获取所需资金的一种财务行为即为筹资管理。本章阐述企业筹资管理的概念和目的，筹资的渠道，筹资的分类，分析企业筹资不同方式的特点，探讨企业财务管理中可能存在的问题以及解决问题的相关方案设计。

　　资金是企业的血液，是企业设立、生存和发展的物质基础，是企业开展生产经营业务活动的基本前提。任何一个企业，为了形成生产经营能力，保证生产经营正常运行，必须拥有一定数量的资金。

第一节　企业筹资概述

一、企业筹资的含义与动机

　　企业筹资的基本目的就是自身的生存和发展。具体来说，企业筹资的动机主要表现在四个方面：

　　(1) 设立性筹资动机。这是企业设立时为了取得资金而产生的筹资动机。

　　(2) 扩张性筹资动机。这是企业为了扩大生产经营规模或增加对外投资而产生的动机。具有良好的前景，处于扩张期的企业一般具有这样的筹资动机。

　　(3) 调整性筹资动机。这是企业因调整现有资金结构的需要而产生的筹资动机。随着企业经营情况的变化，需要对资本结构进行相应的调整。

　　(4) 混合性筹资动机。这是企业为同时实现扩大规模以及调整资金结构等几个目标而产生的筹资动机。

二、筹资的分类

根据资金来源渠道的不同，筹资可以分为权益筹资和债务筹资。权益筹资，也称自有资金筹集，是企业筹集资金的一种方式，主要通过发行股票、吸收直接投资以及内部积累等手段进行。债务筹资，也称借入资金筹资，是企业通过发行债券、向银行借款、融资租赁等手段筹集资金的一种方式。

根据是否通过金融机构，筹资可以分为直接筹资和间接筹资。直接筹资是企业和资金供应者直接协商来融通资本的一种筹资方式。其主要形式包括吸收直接投资、发行股票和发行债券等。间接筹资则是企业借助银行等金融机构来融通资本的一种筹资方式。在这种方式下，金融机构起到了中介的作用，首先聚集资金，然后资金的所有者将资金的使用权让渡给银行等金融机构，最后由这些金融机构将资金提供给企业。向银行借款是间接筹资的基本方式，此外还包括融资租赁等其他筹资方式。

根据所筹集资金使用期限的长短，筹资可以分为短期筹资和长期筹资。短期筹资指的是使用期限在一年以内，或者超过一年的一个营业周期以内的资金。长期筹资指的是使用期限超过一年，或者超过一年的一个营业周期以上的资金。

根据资金的取得方式不同，筹资可以分为内源筹资和外源筹资。内源筹资是企业利用留存收益进行投资的过程。然而，由于资金来源于企业内部，留存收益的数额有限，仅仅依赖内源筹资往往无法满足企业的投资需求。外源筹资则是指企业吸收其他经济主体的闲置资金进行投资的过程。与外源筹资相比，内源筹资在可选筹资渠道、筹资方式灵活性、资金供应量和筹资时间安排等方面具有优势。

三、筹资渠道和筹资方式

（一）筹资渠道

筹资渠道指的是企业获取资金来源的途径和方向，反映了资金的来源和流动情况。不同的筹资渠道在资金供应量上存在着显著的差异。目前，我国企业的主要筹资渠道包括以下六种。

1. 国家财政资金

国家财政资金是国家以财政拨款或注资的方式投入企业的资金。这种融资渠道主要适用于国有企业。

2. 银行信贷资金

银行对企业的各类贷款是我国企业最重要的资金来源。企业通过与银行建立信贷关系，可以获得长期或短期的资金支持。

3. 非银行金融机构资金

除了银行外，还有一些非银行金融机构也可以为企业提供资金。这些金融机构包括信托投资公司、金融租赁公司、保险公司、证券公司、财务公司等。这些金融机构的资金来源广泛，可以为企业提供更加灵活和多样化的资金支持。

4. 其他企业资金

企业间的相互投资和商业信用也是企业资金的重要来源之一。企业间的相互投资可以通过股权或债权的形式实现，这种筹资方式可以实现资源共享和互利共赢。

5. 个人资金

个人资金包括企业职工和居民个人的节余货币，这些资金也可以为企业提供一定的资金来源。但需要注意的是，个人资金的筹集需要遵守相关法律法规和监管要求，防止非法集资等行为。

6. 企业留存收益

留存收益是企业经营过程中产生的利润积累，是企业内部自动生成的资金来源。使用企业自留资金无须通过外部筹资方式获取，可以减少筹资成本和风险，同时也有利于企业的自主发展和壮大。

（二）筹资方式

筹资方式是企业筹集资金时所采取的具体形式和工具，它不仅影响着资本的属性和期限，也与企业资本的组织形式和金融工具的开发利用程度密切相关。

1. 权益资金筹资方式

(1) 吸收直接投资。
(2) 发行股票。
(3) 留存收益。

2. 负债资金筹资方式

(1) 向银行借款。
(2) 利用商业信用。
(3) 发行企业债券。
(4) 融资租赁。

3. 筹资渠道与筹资方式的对应关系

筹资渠道和筹资方式是企业筹资过程中的两个重要概念，它们之间有着密切的对应关系。筹资渠道解决的是资金来源问题，即从哪里筹集资金；而筹资方式则解决的是如何筹集资金的问题，即采取何种具体形式和工具来筹集资金。一定的筹资方式可能只适用于某一特定的筹资渠道；但同一筹资渠道的资本往往可以采取不同的筹资方式获得，而同一筹资方式又往往可以适用于不同的筹资渠道。因此，企业在筹资时，必须注意两者的合理配合，以最大限度地降低筹资成本和风险，提高筹资效率和效益。

四、筹资管理的基本原则

筹资管理是企业财务管理的重要组成部分，其基本要求是在严格遵守国家法律法规的基础上，对各种影响筹资的因素进行深入分析，权衡资金的性质、数量、成本和风险，从而合理选择筹资方式，提高筹资效果。筹资管理应遵循以下基本原则。

（一）合法性原则

企业的筹资行为必须符合国家法律法规的规定，合法筹措资金。不论是直接筹资还是间接筹资，企业都应依法履行法律法规和投资合同约定的责任，合法合规筹资，依法进行信息披露，维护各方合法权益。

（二）合理性原则

企业筹集资金必须与其生产经营规模相适应，合理预测资金需求量。筹资规模应当与资金需求量匹配一致，既要避免因筹资不足影响生产经营的正常进行，又要防止筹资过多造成资金闲置。

（三）及时性原则

企业筹集资金应当合理安排时间，适时获取所需资金。要根据资金需求的具体情况，合理安排资金的筹集时间，使筹资与用资在时间上相衔接，避免过早筹集资金形成的资金闲置，也要防止筹资时间滞后错过资金投放的最佳时机。

（四）经济性原则

企业筹集资金必须考虑不同筹资渠道和筹资方式的资本成本差异，选择经济、可行的筹资渠道和方式。企业应当在考虑筹资难易程度的基础上，针对不同来源资金的成本进行分析，力求降低筹资成本。

（五）优化资本结构原则

企业筹资应当综合考虑股权筹资与债务筹资的关系、长期筹资与短期筹资的关系、内部筹资与外部筹资的关系，合理安排资本结构，保持适当的偿债能力，防范企业财务危机，提高筹资效益。通过优化资本结构，企业可以实现资本成本最低化和企业价值最大化的目标。

第二节　权益资金筹集

权益资金，也被称作自有资金，是企业最基本的资金来源。它代表着企业的净资产，即企业的资产减去负债后的余额。权益资金是企业经营和发展的基石，它不仅为企业的运营提供了必要的资金支持，同时也是企业承担风险和获取收益的重要基础。

一、吸收直接投资

（一）吸收直接投资的概念及类别

1. 吸收直接投资的概念

吸收直接投资是指非股份制企业以协议等形式按照"共同投资、共同经营、共担风险、共享利润"为原则直接吸收国家、法人、个人或外商投资的一种筹资方式。这种筹资方式是企业筹集资金的重要途径之一。企业吸收直接投资的过程如图 5-1 所示。

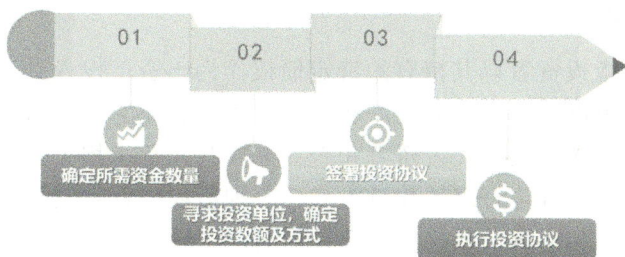

图 5-1 企业吸收直接投资过程图

2.吸收直接投资的类别

按吸收直接投资主体的不同，企业吸收直接投资可分为吸收国家投资、吸收法人投资和吸收个人投资三种。

(1) 吸收国家投资。国家投资是指有权代表国家投资的政府部门或机构，以国有资产投入公司,这种情况下形成的资本叫国有资本。根据《企业国有资本与财务管理暂行办法》的规定，在公司持续期间，公司以盈余公积、资本公积转增实收资本的，国有公司和国有独资公司由公司董事会或经理办公会决定，并报主管财政机关备案；股份有限公司和有限责任公司由董事会决定，并经股东大会审议通过。吸收国家投资一般具有以下特点：① 产权归国家所有；② 资金的运用和处置受国家约束较大；③ 在国有公司中采用比较广泛。

(2) 吸收法人投资。法人投资是指法人单位以其可支配的资产投入企业，这种情况下形成的资本叫法人资本。吸收法人投资一般以参与企业利润分配为目的，且出资方式灵活多样。

(3) 吸收个人投资：个人投资是指社会个人或本企业内部职工以个人合法财产投入企业，这种情况下形成的资本叫个人资本。吸收个人投资一般参加投资的人员较多，且每人投资数额相对较少。

(二) 吸收直接投资的出资方式

1.货币资金出资

货币资产出资是吸收直接投资中的一种筹资方式，指的是投资者以现金、银行存款等货币资产投入企业，形成企业的资本金。

2.实物资产出资

实物资产出资是指投资者以建筑物、厂房、机器设备或其他物资等实物资产作为出资，投入到企业中，从而取得相应的权利。

3.知识产权出资

知识产权出资是指投资者以其拥有的专利权、商标权、著作权等知识产权作为出资，投入到企业中，从而取得相应的权利。知识产权出资是一种重要的筹资方式，可以增加企业的无形资产价值和竞争力，但也需要注意作价方式、产权转移手续、签订投资协议等方面的问题，以确保筹资行为的合法性和合规性。需要注意的是股东或发起人不得以劳务、信用、自然人姓名、商誉和特许经营权出资。

4. 特定债权出资

特定债权出资是指投资者以其持有的特定债权作为出资，投入到企业中，从而取得相应的权利。债权出资可以增加企业的资产和负债，改善企业的财务状况。同时，由于债权的风险性较高，如债务人违约等，投资者和企业需要共同承担相关的风险。在以特定债权出资的过程中，企业需要确定合理的作价方式，办理债权转移手续，与投资者签订详细的投资协议，并加强管理和监督，以确保筹资行为的合法性和合规性。

（三）吸收直接投资的特点

吸收直接投资的优缺点如表 5-1 所示。

表 5-1　吸收直接投资的优缺点

吸收直接投资的优点	吸收直接投资的缺点
(1) 能尽快地形成生产经营能力； (2) 能提高企业的资信和举债能力； (3) 吸收投资的手续相对比较简便，筹资费用较低； (4) 没有固定的还本付息压力，财务风险小； (5) 公司与投资者易于进行信息沟通	(1) 相对股票投资来说，资金成本较高； (2) 不采用证券为媒介，产权关系不够明晰，不便于产权的交易； (3) 可能导致投资者对投资企业控制权集中，不利于企业治理

二、发行普通股

普通股在股份有限公司的资本结构中占据着重要的位置，是公司发行的一种没有附加特别权利的股份。它被视为最基本的、标准的股份形式，代表了股东对公司所有权的基础。换句话说，每一份普通股都象征着股东对公司的一份所有权，是对公司资产和收益的一种权益要求。

（一）普通股股东的权利

1. 经营管理权

股东对公司的管理权主要体现在重大决策参与权、经营者选择权、财务监控权、公司经营的建议和质询权、股东大会召集权等方面。

2. 股权转让权

股东有权将其所持有的股票出售和转让。

3. 收益分配请求权

股东有权通过股利方式获取公司的税后利润，利润分配方案由董事会提出并经过股东大会批准。

4. 优先认股权

原有股东拥有有限认领本公司增发股票的权利。

5. 公司剩余财产分配权

在公司清算或解散时，股东有对清偿债务、清偿优先股股东以后的剩余财产索取的权利。

6. 公司章程规定的其他权利

除了上述权利外，普通股股东还可能享有公司章程规定的其他权利。这些权利可能因公司而异。这些权利有助于保障股东在公司中的合法权益和参与度。

（二）普通股的种类

1. 按股票有无记名划分，普通股可以分为记名股票和不记名股票

记名股票是指在股票票面上记载股东的姓名或名称，并将持股记录保存在公司的股东名册中的股票。

不记名股票不登记股东名称，公司只记载股票数量、编号及发行日期。

我国《公司法》规定，公司向发起人、国家授权投资机构、法人发行的股票，为记名股票；向社会公众发行的股票，可以为记名股票，也可以为不记名股票。

2. 按股东权利和义务划分，分为普通股股票和优先股股票

普通股是最基本的股票，是公司发行的代表着股东享有平等的权利、义务，不加特别限制，股权不固定的股票。

优先股是公司发行的相对于普通股具有一定优先权的股票。其优先权主要表现在股利优先分配权和分配剩余财产优先权上。优先股股东在股东大会上无表决权，在参与公司经营管理上受到一定限制，仅对涉及优先股权利的问题有表决权。

3. 按发行对象和上市地区划分，普通股可以分为 A 股、B 股、H 股和 N 股等

A 股是供我国大陆地区个人或法人买卖的股票。这些股票以人民币标明票面金额，并以人民币进行认购和交易。

B 股主要是供外国和我国的港、澳、台地区投资者买卖的股票。这些股票以人民币标明票面金额，但以外币进行认购和交易。

H 股注册地在内地、上市在香港的股票。

以此类推，在纽约和新加坡上市的股票，就分别称为 N 股和 S 股。

（三）普通股股票的发行

股票发行是指公司将自己的股份向社会公众公开出售的行为。按照我国《公司法》的有关规定，股份有限公司发行股票，必须满足以下条件：

第一，每股金额相等。同次发行的股票，每股的发行条件和价格应当相同。

第二，股票发行价格可以等于或超过票面金额，但不得低于票面金额。

第三，股票必须明确载明公司名称、公司成立日期、股票种类、票面金额及代表的股份数、股票的编号等主要事项。

第四，公司向发起人、国家授权投资机构、法人发行的股票，必须为记名股票；对社会公众发行的股票，可以为记名股票，也可以为不记名股票。

公司发行新股，必须具备下列条件：具备健全且运行良好的组织机构，具有持续经营能力，最近三年财务报告被出具无保留意见审计报告，发行人及其控股股东、实际控制人

最近三年不存在贪污、贿赂、侵占财产、挪用财产或者破坏社会主义市场经济秩序的刑事犯罪，经国务院批准的国务院证券监督管理机构规定的其他条件。

公司发行新股，应由股东大会作出有关下列事项的决议：新股种类及数额，新股发行价格，新股发行的起止日期，向原有股东发行新股的种类及数额。

股票的发行程序一般包括以下步骤，如图5-2所示。

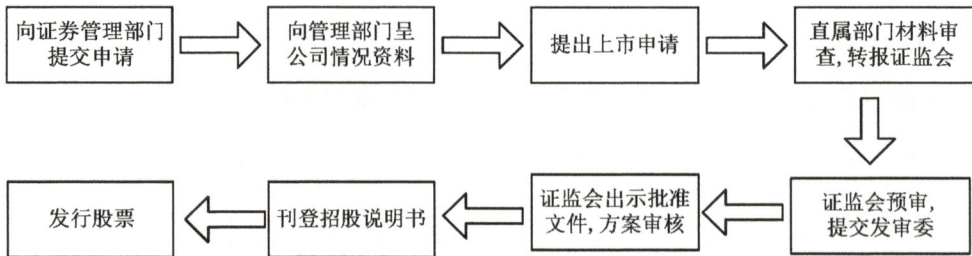

图5-2　企业发行股票的一般流程

（四）普通股筹资的特点

普通股筹资的优缺点如表5-2所示。

表5-2　普通股筹资的优缺点

普通股筹资的优点	普通股筹资的缺点
(1) 没有固定的利息负担； (2) 能增加公司的信誉； (3) 筹资风险小； (4) 便于股权的流通和转让，便于吸收新的投资者	(1) 与债务筹资相比，资金成本较高； (2) 容易分散控制权； (3) 筹资费用较高，手续复杂； (4) 不易尽快形成生产能力

三、发行优先股

优先股是一种特殊的股票，它与普通股在多个方面存在相似之处，但同时也具有债券的某些特点。从法律的角度来看，优先股被视为公司的自有资金。

（一）发行优先股的动机

发行优先股的动机包括：防止股权分散化，调剂现金余缺，改善资金结构，维持举债能力。

（二）优先股的性质

优先股与普通股一样，都是公司股本的一部分，代表着股东对公司的所有权。然而，优先股在某些方面享有优先权，使其与普通股有所区别。

(1) 优先股股东在公司分配利润时具有优先权，他们有权在普通股股东之前获得固定的股息。这意味着在公司面临困境时，优先股股东的权益更有保障。

(2) 优先股还具有债券的某些特征。例如，优先股通常具有固定的股息支付，类似于债券的利息支付。此外，优先股也可能具有到期日，届时公司需要按照面值赎回优先股，类似于债券的本金偿还。

(3) 从法律的角度来讲，优先股属于公司的自有资金。这是因为优先股股东对公司资产和利润的分配享有优先权，其投资风险相对较低。这使得优先股在某些情况下可以作为公司资本的一种补充，为公司提供额外的资金来源。

（三）优先股筹资的特点

优先股筹资的优缺点如表 5-3 所示。

表 5-3　优先股筹资的优缺点

优先股筹资的优点	优先股筹资的缺点
(1) 没有固定到期日，不用偿还本金； (2) 股利支付既固定，又有一定弹性； (3) 保持普通股股东的控制权； (4) 降低负债比例，增强举债基础	(1) 筹资成本高； (2) 财务负担重； (3) 筹资限制多

四、利用留存收益

留存收益是企业内部筹资的重要方式之一，它是指将企业的留存收益转化为股东的追加投资。留存收益来源于当年的未分配利润和按照法律规定提取并累积的盈余公积。企业既可以将其用于发放股利，也可以作为扩大再生产的资金来源。

（一）留存收益来源

1. 提取盈余公积

盈余公积是企业依法提取并累积的留存收益，其中包括法定公积金和任意公积金。根据我国现行《公司法》的规定，公司在分配当年税后利润时，必须提取利润的 10% 作为法定公积金。当公司法定公积金的累计额达到公司注册资本的 50% 时，可以不再继续提取。此外，公司还可以在提取法定公积金后，根据股东会或股东大会的决议，提取任意公积金。企业提取的盈余公积可用于弥补亏损、扩大生产经营规模、转增资本或派发股利，具有多种用途。

2. 未分配利润

未分配利润是企业历年结存的利润，经过弥补亏损、提取盈余公积和向投资者分配利润后，剩余的未规定用途的留存收益。它属于企业所有者（股东），但未分配给所有者，因此，企业在使用未分配利润上享有较大的自主权，受到国家法律、法规的限制较少。未分配利润可用于多种用途，如扩大生产经营规模、弥补以前年度的经营亏损、转增股本和以后的年度利润分配。

（二）利用留存收益筹资的特点

留存收益筹资的优缺点如表 5-4 所示。

表 5-4 留存收益筹资的优缺点

留存收益筹资的优点	留存收益筹资的缺点
(1) 有利于提升企业信誉； (2) 有利于降低财务风险； (3) 有利于保持企业控制权	(1) 资本成本相对较高； (2) 筹资数额有限； (3) 可能影响未来外部筹资

第三节 长期债务资金筹集

由于负债需要归还本金和利息，因此称为企业的借入资金或债务资金。本节介绍长期借款、发行债券、融资租赁三种长期债务性筹资方式。

一、长期借款

长期借款是指企业向银行或其他非银行金融机构借入的使用期超过 1 年的借款，主要用于购建固定资产和满足长期流动资金占用的需要。

（一）长期借款的种类

我国目前的长期借款主要由各金融机构提供，这些借款根据不同的分类方式，可以分为以下几种。

1. 按用途分类

长期借款可以分为固定资产投资借款、更新改造借款、科技开发和新产品试制借款等。这些借款的用途各不相同，企业可以根据自身的投资计划和经营需求选择合适的借款类型。

2. 按提供贷款的机构分类

长期借款可以分为政策性银行贷款和商业银行贷款等。政策性银行提供的贷款通常具有较低的利率和较长的还款期限，而商业银行提供的贷款则相对灵活，可以根据企业的具体情况制定个性化的贷款方案。

3. 按企业有无担保分类

长期借款可以分为信用贷款和抵押贷款。信用贷款是指不需要企业提供抵押品，仅凭其信用或担保人信誉而发放的贷款，而抵押贷款则要求企业以抵押品作为担保。这两种贷款方式各有利弊，企业需要根据自身的资产情况和信用状况选择合适的贷款方式。

（二）长期借款的程序

1. 提出借款申请

企业必须先向银行递交借款申请报告，说明借款原因、借款时间、借款数额、使用计划、还款计划等内容。同时，企业还应准备必要的、说明企业具备上述借款条件的资料。

2. 银行审批

银行接到借款申请后，依据按计划发放、择优扶植、有物资保证、按期归还的原则，审核企业的借款条件，以确定是否给予贷款。

3. 签订借款合同

借款申请被批准后，借贷双方应就贷款条件进行谈判，然后签订借款合同。

4. 取得借款

借款合同签订后，企业即可在核定的指标范围内，根据用款计划或实际需要，一次或分次将借款转入企业的存款结算户进行支用。

5. 归还借款

贷款到期时，借款企业应按照借款合同的规定，按期清偿贷款本金与利息或续签合同，否则银行可根据合同规定，从借款企业的存款户中扣还贷款本息及罚息。

企业进行长期借款的一般程序如图5-3所示。

| 提出借款申请 | ➡ | 银行审批 | ➡ | 签订借款合同 | ➡ | 取得借款 | ➡ | 归还借款 |

图5-3 长期借款的一般程序

（三）长期借款合同的内容

1. 借款合同的基本条款

借款合同应具备以下基本条款：借款种类与借款用途；借款金额、借款利率与借款期限；还款资金来源及还款方式；保证条款；违约责任。

2. 借款合同的限制条款

银行避免和降低贷款风险的一个重要措施是，要求借款人接受基本条款以外的其他限制性条款，主要包括：对借款企业流动资金保持量的规定，其目的在于保持借款企业资金的流动性和偿债能力；对支付现金股利和再购入股票的限制，其目的在于限制现金外流；对资本支出规模的限制，其目的在于减少企业日后不得不变卖固定资产以偿还贷款的可能性，保持借款企业资金的流动性；限制其他长期债务，其目的在于防止其他贷款人取得对企业资产的优先求偿权。

（四）长期借款筹资的特点

长期借款筹资的优缺点如表5-5所示。

表5-5 长期借款筹资优缺点

长期借款筹资的优点	长期借款筹资的缺点
(1) 筹资速度快，手续简便； (2) 资金成本低； (3) 借款弹性大	(1) 财务风险大； (2) 限制条款多

二、发行公司债券

公司债券是公司为筹集资金而发行的，约定在一定期限还本付息的有价证券，它反映了企业与债券持有人之间的债权债务关系。发行公司债券是企业向社会筹集资金的重要方式。债券的基本要素有以下四个方面：

一是债券面值，即债券的票面金额，是债券到期时偿还债务的金额。二是债券的期限，债券都有明确的到期日，债券期限从数天到几十年不等。三是利率和利息，债券上通常都载有利率，一般为固定利率，近些年也有浮动利率，债券的利率一般是年利率。四是债券的价格，理论上，债券的面值就应是它的价格，但由于市场利率等因素的影响，债券的市场价格常常脱离它的面值。

（一）公司债券的种类

公司债券有很多形式，大致有如下五种分类：

1. 按债券上是否记有持券人的姓名或名称，公司债券可分为记名债券和不记名债券

记名债券是指企业发行债券时，债券购买者姓名和地址在发行债券企业登记的一种债券，偿付本息时，按名册付款。不记名债券即带有付息票的债券，企业发行这种债券时无须登记购买者姓名，持有人凭息票领取到期利息，凭到期债券收回本金。

2. 按能否转换为公司股票，公司债券可分为可转换债券和不可转换债券

可转换债券是指债券持有人按规定的条件将债券转换为股票。不可转换债券是指债券持有人不能把持有的债券转换为股票。

3. 按有无特定的财产担保，公司债券可分为抵押债券和信用债券

抵押债券是以企业特定财产为抵押担保的债券。其中，这里的"特定资产"可以是动产、不动产或其他企业股票等。如果发行企业无力偿还到期本息，持有人或作为其他代表的信托人有权处置抵押品作为补偿。信用债券是凭借企业信用而发行的债券。由于这种债券无抵押，因此债券持有人要承担一定的风险。同时，这种债券的利率往往高于有抵押担保的债券利率。

4. 按利率的不同，公司债券可分为固定利率债券和浮动利率债券

固定利率债券是指利率在发行时即已确定并载于债券券面，即使市场利率发生了变化也不调整的债券。浮动利率债券是指利率水平在发行债券之初不固定，在发行期内按某一基准利率（如银行存款利率、政府债券利率）的变动方向进行调整的债券。

5. 按偿还方式的不同，公司债券可分为定期还本债券和分期还本债券

定期还本债券是指规定在将来某到期日一次偿还本息的债券。分期还本债券是指在约定期限内分次偿还本息的债券。

（二）发行公司债券的资格与条件

根据《公司法》的规定，只有股份有限公司、国有独资公司以及由两个以上的国有

企业或其他两个以上的国有投资主体投资设立的有限责任公司,才有资格发行公司债券。这一规定明确了公司债券发行主体的资格要求,保证了公司债券市场的规范化和健康发展。

有资格发行债券的公司,通常需要具备以下条件:

(1) 股份有限公司的净资产额不低于人民币 3000 万元,有限责任公司的净资产额不低于人民币 6000 万元。

(2) 累计债券余额不超过公司净资产额的 40%。

(3) 最近 3 年平均可分配利润足以支付公司债券 1 年的利息。

(4) 筹集的资金投向符合国家产业政策。

(5) 债券的利率不超过国务院限定的利率水平。

(6) 国务院规定的其他条件。

(三) 发行公司债券的一般程序

1. 发行公司债券的决议或决定

股份有限公司和符合要求的有限责任公司发行公司债券事宜,由股东(大)会依公司章程规定的议事方式和表决程序做出决议;国有独资公司发行公司债券事宜,由国家授权投资的机构或者国家授权的部门做出决定;由董事会提出发行申请。

2. 经主管部门批准

国务院证券监督管理部门对公司提交的发行公司债券的申请进行审查,对符合《公司法》规定的予以批准;对不符合规定的不予批准。

3. 制定募集办法并予公告

发行公司债券的申请被批准后,公司(发行人)应制定公司募集办法,并公告社会。

4. 募集借款

公司(发行人)公告债券募集办法后,即可开始募集工作。公司(发行人)应当配置公司债券应募书。债券认购人应填写应募书,并缴纳债券款项,领取公司债券。

(四) 公司债券的发行价格

公司债券的发行价格是指公司债券在发行市场上发行时所使用的价格。公司债券的发行价格有平价发行、溢价发行和折价发行三种。当债券按面值发行时叫平价发行;当债券按高于面值的价格发行时叫溢价发行;当债券按低于面值的价格发行时叫折价发行。

在确定公司债券的发行价格时,不仅应考虑债券票面利率与市场平均利率之间的关系,还应考虑债券资金所包含的时间价值。据此,公司债券发行价格可按下列公式计算:

$$发行价格 = \sum_{i=1}^{n} \frac{年利息}{(1+市场利率)^t} + \frac{面值}{(1+市场利率)^n} \tag{5-1}$$

式中:n 为债券期限;t 为付息期数;市场利率为债券发行时的市场利率。

（五）公司债券筹资的特点

发行公司债券筹资的优缺点如表 5-6 所示。

表 5-6　公司债券筹资的优缺点

债券筹资优点	债券筹资缺点
(1) 资金成本低； (2) 筹资对象广，市场大； (3) 可获得财务杠杆利益	(1) 财务风险大； (2) 限制条件多

▍三、融资租赁

（一）融资租赁

融资租赁，亦被称为财务租赁，是一种与经营租赁有所区别的长期租赁形式。由于其能够满足企业对资产的长期需求，有时也被称为资本租赁。融资租赁已成为现代租赁业的主要形式。

融资租赁的特点主要体现在以下几个方面：

(1) 租赁设备一般是出租人根据承租人的要求购买的，企业租赁的目的是为融通资金，是融资和融物为一体的筹资行为。

(2) 租赁期限较长，一般接近资产的经济寿命。租赁合约不可解除。

(3) 租赁期满，按事先约定的方法处理设备，包括退还租赁公司，或继续租赁，或企业留购。通常采用企业留购方法，即以很少的"名义价格"（相当于设备残值）买下设备。

(4) 由承租企业负责设备的维修保养支出、保险费等。

（二）融资租赁的形式

融资租赁可分为如下三种形式：

1. 售后租回

售后租回是指根据协议，企业将某资产卖给出租人，再将其租回使用。从事售后租回的出租人为租赁公司等金融机构。如图 5-4 所示。

2. 直接租赁

直接租赁是指承租人直接向出租人租入所需要的资产，并付出租金。直接租赁的出租人主要是制造厂商、租赁公司。如图 5-5 所示。

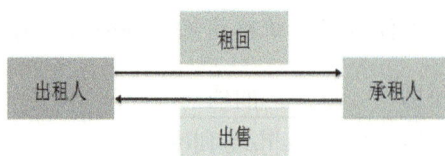

图 5-4　售后回租

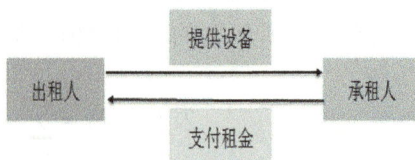

图 5-5　直接租赁

3. 杠杆租赁

杠杆租赁涉及承租人、出租人和资金出借者三方当事人。从承租人的角度来看，这种租赁与其他租赁形式并无区别，但对出租人的要求却不同。出租人只出购买资产所需的部分资金（如 30%)，作为自己的投资；另外以该资产作为担保向资金出借者借入其余资金（如 70%)，如图 5-6 所示。

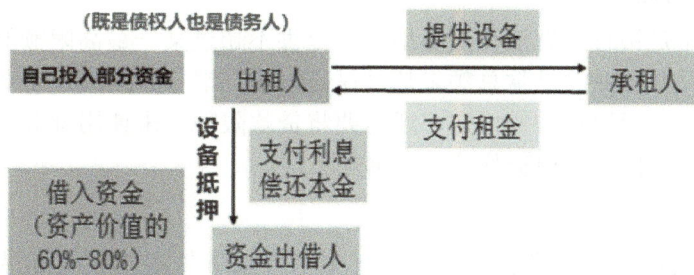

图 5-6 杠杆租赁

（三）融资租赁筹资的特点

融资租赁筹资的优缺点如表 5-7 所示。

表 5-7 融资租赁筹资的优缺点

融资租赁筹资优点	融资租赁筹资缺点
(1) 企业能迅速获得所需资产； (2) 设备淘汰风险小； (3) 限制条件较少； (4) 租金费用可在税前扣除，承租企业能享受税收收益	(1) 资本成本较高； (2) 不利于资产的改良； (3) 财务风险较高

第四节 短期债务资金筹集

短期债务资金筹集是一种筹资策略，其主要目的是满足企业在短期内对流动资金的需求。这种筹资方式的优点在于其灵活性，能够满足企业短期内快速获取资金的需求，但同时也存在一定的风险，如利率波动和偿还压力等。因此，企业在进行短期债务资金筹集时需要充分考虑其利弊，并谨慎制定筹资策略。

一、短期借款

短期借款是指企业向银行或其他非银行金融机构借入的偿还期在 1 年之内的各种款项。短期借款主要包括生产周转借款、临时借款、结算借款等。

（一）短期借款的信用条件

1.信贷限额

信贷限额是银行对借款人规定的无担保贷款的最高额。如果企业信誉恶化，即使有信贷限额，也可能得不到借款。

2.周转信贷协定

周转信贷协定是银行具有法律义务地承诺提供不超过某一最高限额的贷款协定。在协定的有效期内，只要企业的借款总额未超过最高限额，银行必须满足企业在任何时候提出的借款要求。企业享用周转信贷协定，通常要将贷款限额的未使用部分付给银行一笔承诺费，这是银行向企业提供此项贷款的一种附加条件。

3.补偿性余额

补偿性余额是银行要求借款企业在银行中保持按贷款限额或实际借用额一定百分比（一般为10%～20%）计算的最低存款余额。补偿性余额有助于银行降低贷款风险，但对借款企业来说，补偿性余额提高了借款的实际利率，加重了企业的利息负担。

4.借款抵押

银行向财务风险较大的企业或对其信誉不甚有把握的企业发放贷款，有时需要有抵押品担保，以减少自己蒙受损失的风险。

5.偿还条件

贷款的偿还有到期一次性偿还和在贷款期内定期（每月、季）等额偿还两种方式。

6.其他承诺

银行有时还要求企业为取得借款而做出其他承诺。比如，及时提供财务报表以及保持适当的财务水平（如特定的流动比率）等。

（二）短期借款的成本

短期借款成本由于受到本息偿还方式及其他附加条件的影响，短期借款的实际利率与名义利率常常会产生差异。因此，考虑短期借款成本必须结合本息偿还方式及其他附加条件，才能做出正确的评价。

1.收款法下的借款成本

收款法是到期一次性支付本息的方法。在收款法下，借款的本息都在到期时一次性清偿，这时借款的名义利率与实际利率一致。因此，收款法下的借款成本就是借款的名义利率。但是，如果有其他附加条件，则应另行考虑。

2.贴现法下的借款成本

贴现法是银行向企业发放贷款时，先从本金中扣除利息部分，而到期时借款企业则要偿还贷款全部本金的一种计息方法。采用这种方法，企业可利用的贷款额只有本金减去利息部分后的差额。因此，贴现法下的借款实际利率高于名义利率。

$$实际利率 = \frac{利息额}{实际可用借款数额} \tag{5-2}$$

【例 5-1】某企业从银行取得借款 10 000 元，期限 1 年，年利率（名义利率）为 8%，利息额为 800 元。按贴现法付息，企业实际可利用的贷款为 9200 元，该项借款的实际利率为多少？

解　　　　　　　　该项借款的实际利率 $= \dfrac{800}{9200} \times 100\% \approx 8.7\%$

3. 加息法下的借款成本

加息法是分期等额偿还本息的方法。在分期等额偿还贷款的情况下，银行将根据名义利率计算的利息加到贷款本金上，计算出贷款的本息和，要求企业在贷款期内分期偿还本息之和的金额。加息法的本质是银行用一次还本付息的方法计算利息，却用等额偿还本息的方法收取利息和本金。利息计算方法与收取方法的错配造成了有效年利率与名义利率的巨大差距。由于贷款分期均衡偿还，借款企业实际上只平均使用了贷款本金的半数，却支付了全额利息。这样，企业所负担的实际利率约为名义利率的两倍。

（三）短期借款筹资的特点

短期借款筹资的优缺点如表 5-8 所示。

表 5-8　短期借款筹资的优缺点

短期借款筹资优点	短期借款筹资缺点
(1) 筹资速度快； (2) 资本成本较低； (3) 筹资弹性较大； (4) 有利于企业获得财务杠杆利益	(1) 限制条款多； (2) 筹资数额有限； (3) 财务风险高

二、商业信用

商业信用是一种在商品交易过程中形成的直接短期信用行为，主要发生在企业间的延期付款或预收货款等交易活动中。它代表了企业之间因商品交换而产生的借贷关系。商业信用的具体表现形式多种多样，主要包括应付账款、应付票据和预收账款等，这些都是企业在日常经营活动中常见的信用交易方式。

（一）商业信用筹资的种类

1. 应付账款筹资

应付账款，作为企业购买货物时暂未支付的款项，体现了卖方对企业的信用。

1) 应付账款的成本

通过应付账款的形式获得的资金可能是免费的，也可能是有代价的，这取决于销售方的信用条件。如果企业无论提前付款还是按信用期付款均没有现金折扣，则通过应付账款形式获得的资金为免费使用资金；如果销售方规定企业在折扣期内付款即可获得一定比率的现金折扣，则企业放弃现金折扣获得资金延期使用权是有代价的。一般而言，放弃现金折扣的成本可用如下公式求得：

$$放弃现金折扣的资本成本 = \frac{折扣百分比}{1-折扣百分比} \times \frac{360}{信用期-折扣期} \times 100\% \qquad (5\text{-}3)$$

2) 利用现金折扣的决策

在附有信用条件的情况下，因为获得不同信用要负担不同的代价，所以买方企业要在利用哪种信用之间做出决策。一般来说，利用现金折扣的决策应从如下方面考虑：

(1) 如果企业能以低于放弃折扣的隐含利息成本（实质上是一种机会成本）的利率借入资金，则应在现金折扣期内用借入的资金支付货款，享受现金折扣。

(2) 如果企业在折扣期内将应付账款用于短期投资，所得的投资收益高于放弃折扣的隐含利息成本，则应放弃折扣而去追求更高的收益。

(3) 如果企业因缺乏资金而欲展延付款期，则应在降低了的放弃折扣成本与展延付款带来的损失之间做出选择。

(4) 如果企业面对两家以上提供不同信用条件的卖方，则应通过衡量放弃折扣成本的大小，选择信用成本最低的一家。

【例 5-2】某企业按"2/10，n/40"的条件购入一批货物，即企业如果在 10 日内付款，则可享受 2% 的现金折扣；倘若企业放弃现金折扣，货款应在 40 天内付清。

要求：

① 计算企业放弃该项现金折扣的成本。

② 若另一家供应商提出"1/20，n/40"的信用条件，计算放弃现金折扣的成本。

③ 若企业准备享受现金折扣，则选择哪一家供应商有利？

④ 若企业准备放弃现金折扣，则选择哪一家供应商有利？

解 以上问题可通过下列步骤计算：

① 企业放弃该项现金折扣的成本为

$$放弃现金折扣的资金成本 = \frac{2\%}{1-2\%} \times \frac{360}{40-10} \times 100\% \approx 24.49\%$$

② 放弃现金折扣的成本为

$$放弃现金折扣的资金成本 = \frac{1\%}{1-1\%} \times \frac{360}{40-20} \times 100\% \approx 18.18\%$$

③ 若企业准备享受现金折扣，则应当选择放弃现金折扣的成本高的一家（本例中即应选择放弃现金折扣成本为 24.49% 的一家）。

④ 若企业决定放弃现金折扣，则应当选择放弃现金折扣的成本低的一家（本例中即应选择放弃现金折扣成本为 18.18% 的一家）。

2. 应付票据

应付票据作为企业在进行延期付款商品交易时开具的票据，是反映债权债务关系的重要工具。与应付账款类似，应付票据同样是一种卖方信贷的形式。其最长支付期限不超过 6 个月，并可根据需要选择带息或不带息。若企业选择开具无息票据，则可在不增加额外成本的情况下获得信用支持；而若选择开具带息票据，则需支付一定的利息费用，但通常这种利率会比银行借款的利率更为优惠。值得一提的是，带息票据无须企业维持相应的补偿余额或支付协议费。然而，企业必须注意，一旦票据到期，必须按时归还，否则将承担支付罚金的风险。因此，企业在运用应付票据时，应充分考虑其优缺点，并作出明智的决策。

3. 预收账款

预收账款是企业在进行商品销售时，通过提前收取部分或全部货款的方式所获得的信用形式。与应付账款形成鲜明对比的是，预收账款主要体现了一种买方信用。这种方式相当于企业向买方借用资金，随后通过交付货物进行抵偿。预收账款往往适用于生产周期长、资金需求大的商品销售场景。若以预收账款方式销售的商品价格低于正常市场价格，这种信用将产生一定的代价，其信用成本即为商品价格与正常市场价格的差额；若价格与正常市场价格相同，则这种信用可视作免费信用。

除了上述与商品交易直接相关的信用形式外，还存在一些非商品交易中产生但同样具备自发性融资特性的应付费用，如应付工资、应交税费和其他应付款等。这些应付费用允许企业在享受相关服务或资源后，再行支付相应费用，从而在一定程度上缓解了企业的资金压力，为企业的稳健运营提供了支持。

（二）商业信用筹资的特点

商业信用筹资的优缺点如表 5- 9 所示。

表 5-9 商业信用筹资的优缺点

商业信用筹资优点	商业信用筹资缺点
(1) 筹资方便； (2) 限制条件少，一般不用提供担保； (3) 资金成本低	(1) 期限短； (2) 风险大，容易恶化企业的信用水平

思维导图

思维导图 5

拓展训练

拓展训练 5

第六章
资本成本与资本结构

学习目标

学习目标	学习难度	重要程度	应掌握的知识点
复述资本成本的概念	☆	★	资本成本的概念
复述资本结构的概念	☆	★	资本结构的概念
概述各资本成本的理论内涵	☆☆	★★	资本结构理论的演进
分析各筹资方式的个别资本成本	☆☆	★★★	资本成本的计算
评估企业的边际资本成本	☆☆	★★	边际资本成本的计算
分析财务杠杆对企业的影响	☆☆	★★	杠杆的计量
辨析财务杠杆与企业风险的关系	☆☆	★★	杠杆与企业风险的关系原理
比较不同筹资方案加权平均资本成本	☆☆	★★★	资本结构优化
辨析资本成本对每股收益的影响	☆☆	★★★	资本结构优化
树立成本节约的管理理念	☆☆☆	★	资本结构优化案例分析

思政课堂

当今中国正处于实现中华民族伟大复兴的关键时期，国家强盛、民族复兴需要物质文明的积累，更需要精神文明的升华。前进道路不可能是一片坦途，我们必然要面对各种重大挑战、重大风险、重大阻力、重大矛盾，决不能丢掉革命加拼命的精神，决不能丢掉谦虚谨慎、戒骄戒躁、艰苦奋斗、勤俭节约的传统，决不能丢掉不畏强敌、不惧风险、敢于斗争、敢于胜利的勇气。

——2021 年 6 月 25 日，习近平总书记在十九届中央政治局第三十一次集体学习时的讲话

(摘自求是网 http://www.qstheory.cn//)

要求：请结合以上文字，思考企业应当节约哪些成本？

知识框架

个别资本成本 ── 综合资本成本 ── 资本成本 ── 资本成本与资本结构 ── 杠杆原理 ── 经营杠杆 / 财务杠杆 / 复合杠杆
边际资本成本 ── 资本结构 ── 资本结构理论 / 资本结构优化

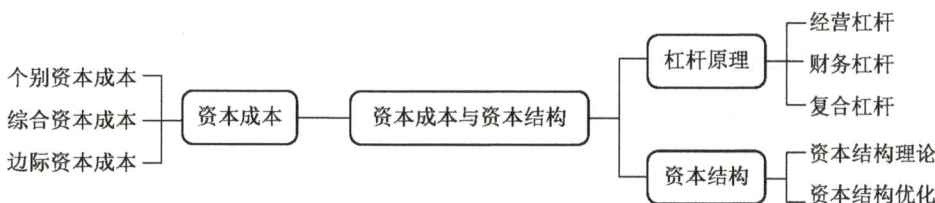

第一节 资 本 成 本

资本成本是企业制定筹资决策的重要依据。企业在选择筹资渠道和方式时需要充分考虑资本成本的高低。如果资本成本过高，将会增加企业的财务风险和成本，降低企业的盈利能力。因此，企业应根据自身情况选择合适的筹资方式，以降低资本成本，提高盈利能力。

资本成本在企业财务管理中起着核心作用。在筹资决策过程中，企业面临多种筹资方案的选择，通常涉及筹资风险、速度、难易程度、控制权以及资本成本等多个方面的考量。在其他条件相当的情况下，企业往往倾向于选择成本较低的资金来源。企业的财务结构由长期债务资本和权益资本构成，合理的财务结构有助于降低财务风险、提高偿债能力和信用评级。资本成本是确定长期债务资本和权益资本比例的重要因素。

一、资本成本的含义和作用

(一) 资本成本的含义

资本成本也称资金成本，是指企业为筹集和使用资本而付出的代价。从广义上讲，企业筹集和使用任何资本都要付出代价。然而，由于企业资本中的长期资本所占比重较大，且成本较高，因而，狭义的资本成本仅指筹集和使用长期资本的成本。

资本成本包括用资费用和筹资费用两部分。用资费用是指企业为使用资本而付出的代价，如债务资本的利息和权益资本的股利、分红等，其特点是分次支付，且数额较大。筹资费用是指企业在筹资阶段而支付的代价，如债券的发行费用、股票的发行费用及手续费等，其特点是一次性支付，且数额较小。

资本成本可以用绝对数表示，也可以用相对数表示，但是因为绝对数不利于不同资本规模的比较，所以在财务管理中，一般采用相对数表示。资本成本率的基本计算公式为

资源 6-1

$$K = \frac{D}{P-F} \times 100\% = \frac{D}{P(1-f)} \tag{6-1}$$

式中：D 为资本使用费；P 为筹资总额；F 为资本筹集费用；f 为筹资费用率。

（二）资本成本的作用

首先，资本成本是企业确定筹资方案和进行资本结构决策的重要依据。企业在筹资过程中，经常面临多种筹资方案的选择问题，其中资本成本是一个重要的决定因素。例如，通过计算个别资本可以比较各种筹资方式的成本代价的高低；通过计算综合资本成本可以衡量企业资本结构是否合理；通过计算边际资本成本可以选择追加筹资的方案。

其次，资本成本是评价投资方案和进行投资决策的重要依据。企业在投资决策中要衡量投资方案是否具有投资可行性，主要考察其是否可以为股东增加财富，即首先要看投资项目的预期收益率能否超过其资本成本，若投资收益弥补资本成本后还有剩余，则该项目可行；否则，该项目不可行。

最后，资本成本是评价企业经营业绩的重要依据。在衡量企业经营业绩时，若投资经营利润高于资本成本，则可以认为企业经营有利，若投资经营利润低于资本成本，则表明企业业绩欠佳，需要改善经营管理。

■ 二、资本成本的计算

资本成本包括个别资本成本、加权平均资本成本和边际资本成本。

（一）个别资本成本的计算

个别资本成本是指使用各种长期资本的成本，主要包括长期借款的资本成本、债券的资本成本、优先股的资本成本、普通股的资本成本和留存收益的资本成本等。

资源 6-2

1. 长期借款的资本成本

长期借款的资本成本是指借款利息和筹资费用。由于借款利息一般允许在所得税前支付，因此，企业实际负担的利息为税后利息。企业长期借款的资本成本的计算公式为

$$K_L = \frac{I_L(1-T)}{L(1-f)} \times 100\% = \frac{R_L(1-T)}{(1-f)} \times 100\% \tag{6-2}$$

式中：I_L 为长期借款年利息；T 为所得税税率；L 为长期借款总额；f 为筹资费用率；R_L 为长期借款的年利率。

在长期借款附加补偿性余额的情况下，长期借款筹资总额应扣除补偿性余额，从而导致长期借款成本升高。

【例 6-1】某公司向银行取得 500 万元的 3 年期借款，年利率为 5%，每年付息一次，到期一次还本，借款手续费率为 0.3%，所得税税率为 25%，计算该银行借款的资本成本。

解 $$K_L = \frac{500 \times 5\% \times (1-25\%)}{500(1-0.3\%)} \times 100\% = \frac{5\% \times (1-25\%)}{(1-0.3\%)} \times 100\% \approx 3.76\%$$

2. 债券的资本成本

债券的资本成本是指债券利息和筹资费用，其计算公式为

$$K_b = \frac{I_b(1-T)}{B(1-f)} \times 100\% \tag{6-3}$$

式中：I_b 为债券年利息；T 为所得税税率；B 为债券筹资总额；f 为筹资费用率。

值得注意的是：由于债券可以按面值发行，也可以折价或溢价发行，但无论何种价格发行债券，其年利息均按照面值乘以票面利率来确定，其筹资总额均按实际发行价格计算。

【例 6-2】某公司发行面值为 1 000 元、票面利率为 8% 的 3 年期长期债券，利息每年支付一次。发行费为发行价格的 5%，公司所得税税率为 25%，分别计算该债券按 1 000 元、1 200 元以及 900 元发行时的资本成本。

解　债券按 1 000 元发行时的资本成本为

$$K_b = \frac{1\ 000 \times 8\% \times (1-25\%)}{1\ 000 \times (1-5\%)} \times 100\% \approx 6.32\%$$

债券溢价发行时的资本成本为

$$K_b = \frac{1\ 000 \times 8\% \times (1-25\%)}{1\ 200 \times (1-5\%)} \times 100\% \approx 5.26\%$$

债券折价发行时的资本成本为

$$K_b = \frac{1\ 000 \times 8\% \times (1-25\%)}{900 \times (1-5\%)} \times 100\% \approx 7.02\%$$

3. 优先股的资本成本

权益资本的资本占用费是向股东分派的股利和股息，而股息是以所得税税后净利支付的，不能抵减所得税。优先股属于权益资本，所以优先股股利不能抵税。优先股的资本成本的计算公式为

$$K_p = \frac{D_p}{P_p(1-f)} \times 100\% \tag{6-4}$$

式中：D_p 为优先股年利息；P_p 为优先股筹资总额；f 为筹资费用率。

由于股利是同股同权、同股同利（每一股具有相同的权利，股利相同）的，所以优先股的资本成本可以根据单股资本计算。

【例 6-3】某企业为了进行一项投资，按面值发行优先股 300 万元，预计年利率为 10%，筹资费用率为 7%，计算企业优先股的资本成本。

解
$$K_p = \frac{300 \times 10\%}{300 \times (1-7\%)} \times 100\% \approx 10.75\%$$

4. 普通股的资本成本

普通股的筹资费用是指发行普通股时发生的相关费用，包括发行费、印刷费、律师费、财产评估费、公证费等。普通股股利支付的情况比较复杂，它取决于企业的获利水平和股利政策。因此，普通股的使用费用为支付给股东的股利，普通股的资本成本的计算也比较复杂，下面介绍三种常用的普通股资本成本的计算方法。

1) 固定股利模型法

如果股份制企业采用固定股利政策，每年每股股票获得金额相同的股利，由于普通股股利在缴税后才进行支付，不具有抵税作用，因此，在固定股利政策下，普通股资本成本的计算与优先股资本成本的计算相同。

2) 固定增长股利模型法

如果股份制企业的收益每年按一个固定的比率增长，并采用固定股利率分配政策，则股利也会每年按一个固定的比率增长，此时普通股资本成本的计算公式为

$$K_C = \frac{D_1}{P_0(1-f)} + g \tag{6-5}$$

式中：D_1 为第 1 年的预计股利；P_0 为普通股筹资总额，按发行价格计算；f 为筹资费用率；g 为股利的预计年增长率。

【**例 6-4**】某公司发行面额为 1 元的普通股 1 000 万股，每股发行价格为 12 元，筹资费用为筹资额的 5%，预计第 1 年每股股利为 0.8 元。以后每年递增 6%，计算普通股的资本成本。

解　　　　　$$K_C = \frac{1\ 000 \times 0.8}{1\ 000 \times 12 \times (1-5\%)} + 6\% \approx 13.02\%$$

3) 资本资产定价模型法

资本资产定价模型法实质上是一种将股东预期的投资收益率作为企业资本成本的方法。在假定资本市场有效的前提下，股票价值与股票价格相等。股东领取的股利和企业发放的股利是一个事物的两个方面，对股东来说它是投资收益，对企业来说它则是资本成本。而股东的预期投资收益率可以分为无风险收益率和风险收益率两部分，其计算公式为

$$K_C = R_f + \beta(R_m - R_f) \tag{6-6}$$

式中：K_C 为普通股资本成本；R_m 为股票市场平均必要报酬率；R_f 为无风险报酬率；β 为某种股票风险程度的指标。

【**例 6-5**】某公司股票的 β 为 1.2，无风险报酬率为 8%，股票市场平均必要报酬率为 15%，计算该股票的资本成本。

解　　　　　$$K_C = 8\% + 1.2 \times (15\% - 8\%) = 16.4\%$$

5. 留存收益的资本成本

从表面上看，公司的留存收益似乎没有成本。但实际上，留存收益属于全体普通股股

东，除法定盈余公积外，普通股股东可以要求公司分配股利，或留存公司不作为股利发放，但需要获得相应收益，因此，利用留存收益进行筹资也需要计算相关资本成本。其要求收益与普通股股利相同，可以使用与普通股股利相同的成本计算方式，由于其源自公司内部资金，因此不需要考虑筹资费用。留存收益资本成本的计算公式为

$$K_s = \frac{D_1}{P_0} + g \tag{6-7}$$

式中：D_1 为第 1 年的预计股利；P_0 为普通股筹资总额；g 为股利的预计年增长率。

思考：为什么股票筹资资本成本与债券筹资资本成本有较大差异？

与债券投资相比，股票投资的风险更大，主要表现在：① 股利分配金额不确定；② 资本收益具有不确定性；③ 普通股股东只对剩余财产享有分配权；④ 股息在税后支付，不具有抵税作用。因此，股票筹资的资本成本比债券筹资的资本成本要高。股票资本成本可以用债券资本成本加上一定的风险溢价率表示。根据历史经验，风险溢价率通常在 3% ～ 5%。

【例 6-6】某公司债券的资本成本为 5%，根据历史经验，预计风险溢价率为 3%，计算股票的资本成本。

解 该普通股的资本成本为

$$K_s = 5\% + 3\% = 8\%$$

（二）加权平均资本成本的计算

当企业通过多种方式筹资时，综合资本成本比个别资本成本更为重要。综合资本成本即加权平均资本成本，是衡量企业筹资的总体代价。加权平均资本成本是企业全部长期资本的总成本，通过对个别资本成本进行加权平均而确定。加权平均资本成本的计算公式为

资源 6-3

$$K_w = \sum_{j=1}^{n} K_j W_j \tag{6-8}$$

式中：K_w 为加权平均资本成本；K_j 为第 j 种筹资方式的资本成本；W_j 为第 j 种筹资方式筹集的资本占筹资总额的比重；n 为公司筹资方式的种类数。

对于权重的计算，可以以账面价值为基础，也可以以市场价值为基础，还可以以目标价值为基础。但是如果不特指，一般都以账面价值为基础计算权重。

【例 6-7】某公司共有长期资本 1000 万元，其中长期借款 150 万元、债券 150 万元、优先股 100 万元、普通股 400 万元、留存收益 200 万元，其个别资本成本分别为 7%、8%、10%、15%、14%，计算该公司的加权平均资本成本。

解 该公司的加权平均资本成本为

$$K_w = 7\% \times 15\% + 8\% \times 15\% + 10\% \times 10\% + 15\% \times 40\% + 14\% \times 20\% = 12.05\%$$

（三）边际资本成本的计算

企业在追加筹资时，不能仅仅考虑目前所使用资本的成本，还要考虑薪酬及资金的成本，即边际资本成本。边际资本成本是企业追加筹资的成本，是企业进行追加筹资的决策依据。

边际资本成本属于增量资本成本的范畴，是指企业每增加一单位资本而增加的资本成本。

边际资本成本的具体分析过程如下。

1. 确定目标资本结构

目标资本结构应该是企业的最优资本结构，即资本成本最低、企业价值最大时的资本结构。企业筹资时，应首先确定目标资本结构，并按照这一结构确定各种筹资方式的筹资数量。

【例 6-8】 假定某企业理想的资本结构债务性资本占比为 50%，其中长期借款为 20%、长期债券为 30%、普通股为 50%。当企业筹资总额为 20 000 万元时，计算各种方式的筹资额。

解 各种方式的筹资额分别为

长期借款：20 0000 × 20% = 4000（万元）

长期债券：20 0000 × 30% = 6000（万元）

普通股：20 000 × 50% = 10 000（万元）

2. 确定各种资本不同筹资范围的资本成本

每种筹资方式的资本成本不是一成不变的，往往是筹资数量越多，资本成本就越高。因此，在筹资时要确定不同筹资范围内的资本成本水平。

根据例题 6-8 的资料，假定企业财务人员根据资本市场状况和企业筹资能力，测算出的随筹资增加而不断变化的个别资本成本的资料见表 6-1。

表 6-1 不同筹资方式的资本成本

筹资方式	目标资本结构	筹资数量范围	资本成本
长期借款	20%	50 万元以内	5%
		50 万元 ~ 500 万元	6%
		500 万元及以上	7%
长期债券	30%	500 万元以内	7%
		500 万元 ~ 2000 万元	8%
		2000 万元及以上	10%
普通股	50%	5000 万元以内	12%
		5000 万元 ~ 10 000 万元	14%
		10 000 万元及以上	16%

3. 计算筹资总额突破点

随着企业筹资总额的不断增加，每种筹资方式的筹资额也会相应增加。然而，当筹资总额达到一定程度时，个别资本成本和综合资本成本将会发生变化。此时的筹资数额即为筹资总额突破点。这意味着，企业需要在筹资总额突破点之前充分考虑各种筹资方式的成本和效益，以制定出最优的筹资策略。

筹资总额突破点的计算公式为

$$BP_i = \frac{TF_i}{W_i} \tag{6-9}$$

式中：BP_i 为筹资总额突破点；TF_i 为个别资本成本发生变化时的筹资临界点；W_i 为个别资本的目标结构。

根据表 6-1 的内容，计算不同资本筹资总额突破点，如表 6-2 所示。

表 6-2　不同筹资方式下筹资总额突破点

筹资方式	目标资本结构 (W_i)	个别资本成本发生变化时的筹资额 (TF_i)	筹资总额突破点 (BP_i)
长期借款	20%	50	50÷20%＝250
		500	500÷20%＝2500
长期债券	30%	500	500÷30%≈1667
		2000	2000÷30%≈6667
普通股	50%	5000	5000÷50%＝10 000
		10 000	10 000÷50%＝20 000

4. 计算边际资本成本

根据上述内容计算出的筹资总额突破点排序，可以列出预期新增资本的范围及相应的综合资本成本。值得注意的是：此时的综合资本成本的实质就是边际资本成本，即每增加单位筹资而增加的成本。该企业边际资本成本的计算过程见表 6-3。

表 6-3　不同筹资范围的边际资本成本计算表

新增资本范围 /万元	新增资本种类及筹资额范围 / 万元		目标资本结构	个别资本结构	加权平均资本成本	
小于 250	长期借款	小于 50	20%	5%	20%×5%＝1%	9.10%
	长期债券	小于 75	30%	7%	30%×7%＝2.1%	
	普通股	小于 125	50%	12%	50%×12%＝6%	
250～1667	长期借款	50～333.4	20%	6%	20%×6%＝1.20%	9.30%
	长期债券	75～500.1	30%	7%	30%×7%＝2.10%	
	普通股	125～833.5	50%	12%	50%×12%＝6%	
1667～2500	长期借款	333.4～500	20%	6%	20%×6%＝1.20%	9.60%
	长期债券	500.1～750	30%	8%	30%×8%＝2.40%	
	普通股	833.5～1250	50%	12%	50%×12%＝6%	

续表

新增资本范围/万元	新增资本种类及筹资额范围/万元		目标资本结构	个别资本结构	加权平均资本成本	
2500～6667	长期借款	500～1333.4	20%	7%	20%×7%＝1.40%	9.80%
	长期债券	750～2000.1	30%	8%	30%×8%＝2.40%	
	普通股	1250～3333.5	50%	12%	50%×12%＝6%	
6667～10 000	长期借款	1333.4～2000	20%	7%	20%×7%＝1.40%	10.40%
	长期债券	2000.1～3000	30%	10%	30%×10%＝3.00%	
	普通股	3333.5～5000	50%	12%	50%×12%＝6%	
10 000～20 000	长期借款	2000～4000	20%	7%	20%×7%＝1.40%	11.40%
	长期债券	3000～6000	30%	10%	30%×10%＝3.00%	
	普通股	5000～10 000	50%	14%	50%×14%＝6%	
大于 20 000	长期借款	大于4000	20%	7%	20%×7%＝1.40%	12.40%
	长期债券	大于6000	30%	10%	30%×10%＝3.00%	
	普通股	大于10 000	50%	16%	50%×16%＝6%	

计算结果表明，当新增资本在6667万～10 000万元时，新增资本的加权平均资本成本为10.40%。假定明年企业有一个投资项目所需资本为8 000万元，那么要使该项目具有财务可行性的最低投资报酬率应为10.40%。

第二节 杠杆原理

企业的筹资管理不仅要合理选择筹资方式，而且要科学安排资本结构。资本结构优化是企业筹资管理的基本目标，也会对企业的生产经营安排产生制约性的影响。资本成本是资本结构优化的标准，不同性质的资本所具有的资本成本特性带来了杠杆效应。

▍一、杠杆原理的相关概念

（一）成本习性、分类及模型

1. 成本习性及分类

成本习性，也称成本性态，它揭示了成本总额与业务量之间在数量上的依存关系。根据成本习性的不同特点，企业的成本可以分为固定成本、变动成本和混合成本。

固定成本是指在一定时期内，不随业务量的增减而变动的成本。这些成本通常是企业在生产或运营过程中必须支付的固定费用，如房租、折旧费用、管理人员工资、利息等。固定成本的一个重要特点是，在业务量的变动范围内，其总额保持不变。

变动成本则与业务量的变动成正比关系，即当业务量增加时，变动成本也会相应增加；反之，当业务量减少时，变动成本也会相应减少。变动成本通常与企业的生产活动直接相关，如直接材料、直接人工等。

混合成本是介于固定成本和变动成本之间的一种成本类型。这类成本既包含固定部分，也包含变动部分。

2. 成本习性模型

成本习性模型可以用公式表示如下：

$$y = a + bx$$

式中：y 是总成本，a 是固定成本，b 是单位变动成本，x 是产销量。

（二）边际贡献

边际贡献是指销售收入减去变动成本之后的差额。边际贡献在财务分析中是一种十分有用的指标，具体公式如下：

$$M = px - bx = (p - b)x = mx$$

式中：M 是边际贡献，m 是单位边际贡献，p 是销售单价。

（三）息税前利润（EBIT）

息税前利润是指不扣利息和所得税之前的利润，具体公式表示如下：

$$息税前利润 = 销售收入 - 变动成本 - 固定成本 = 边际贡献 - 固定成本$$

$$EBIT = px - bx - a = (p - b)x - a = mx - a \tag{6-10}$$

【例 6-9】　某公司生产某种产品，单价为 10 元，单位变动成本为 4 元，固定成本为 5 000 元，计算当销售量为 1 000 件时的边际贡献与息税前利润。

解　　　　　　　　　　　$M = (10 - 4) \times 1\,000 = 6\,000（元）$

$$EBIT = 6\,000 - 5\,000 = 1\,000（元）$$

二、经营杠杆

（一）经营杠杆的概念

经营杠杆描述的是企业在其生产经营活动中，因固定成本的存在和相对稳定性，所导致的息税前利润变动幅度超越销售变动幅度的经济效应。基于成本习性，当销量在一定范围内增加时，固定成本总额维持不变，这会导致单位产品的成本有所降低。这种降低的成本结构进一步放大了息税前利润的增长幅度，从而增强了企业的经营杠杆效应。这种杠杆效应不仅反映了企业运营的效率，也揭示了企业面临的经营风险。因此，在财务管理中，理解和控制经营杠杆对于企业的稳健运营至关重要。

【**例 6-10**】某企业生产 A 产品，基期产销量为 10 万件，单价为 12 元，单位变动成本为 7 元，固定成本总额为 30 万元。利息费用为 10 万元，所得税税率为 25%，该企业普通股股数为 10 万股。计划下年产销量提高 10%，即增加到 11 万件，其他因素不变。分别计算该企业基期息税前利润、计划期息税前利润、息税前利润变动率。

解 计算步骤如下：

$$基期息税前利润 = 100\,000 \times (12 - 7) - 300\,000 = 200\,000（元）$$

$$计划期息税前利润 = 110\,000 \times (12 - 7) - 300\,000 = 250\,000（元）$$

$$息税前利润变动率 = \frac{250\,000 - 200\,000}{200\,000} \times 100\% = 25\%$$

由上述计算可以看出，产销量增加 10%，导致息税前利润增加了 25%，这种现象称为经营杠杆。

（二）经营杠杆的计量

经营杠杆系数作为衡量企业息税前利润变动率与销售额变动率之间关系的比率，其经济意义在于揭示销售量或销售额变动对息税前利润变动的影响倍数。这个系数凸显了固定成本在企业运营中的作用，即只要有固定成本存在，经营杠杆就会产生效应。然而，由于不同行业和企业的规模、固定资产规模存在显著差异，经营杠杆的作用程度各不相同。因此，为了有效评估和管理这种杠杆效应，必须对经营杠杆进行精确地计量。经营杠杆系数的计算成为了最常用的量化指标，它有助于企业更深入地理解其运营风险，并为制定合理的财务和战略决策提供重要依据。

经营杠杆系数的计算公式如下：

$$经营杠杆系数 = \frac{息税前利润变动率}{销售额变动率}$$

即

$$DOL = \frac{\Delta EBIT / EBIT}{\Delta S / S} \tag{6-11}$$

式中：DOL 为经营杠杆系数；$\Delta EBIT$ 为息税前利润变动额；EBIT 为基期息税前利润；ΔS 为销售额变动数；S 为基期销售额。

上述公式是计算经营杠杆系数的常用公式，利用该公式进行计算，必须依据息税前利润和销售额变动前与变动后的有关资料。也可以根据基期资料计算经营杠杆系数，其计算公式为

$$经营杠杆系数 = \frac{基期边际贡献}{基期息税前利润}$$

或写成：

$$\text{DOL} = \frac{Q(p-b)}{Q(p-b)-a} = \frac{M}{\text{EBIT}} \tag{6-12}$$

式中：p 为产品单位销售价格；Q 为销售数量；b 为产品单位变动成本；a 为总固定成本；M 为基期边际贡献；EBIT 为基期息税前利润。

【例 6-11】某公司生产甲产品，当年销售额为 100 000 元，变动成本率为 60%，固定成本为 20 000 元，计算经营杠杆系数。

解　　　　　　$$\text{DOL} = \frac{100\ 000(1-60\%)}{100\ 000(1-60\%) - 20\ 000} = 2$$

思考：什么时候经营杠杆系数最大？此时经营杠杆系数的经济含义是什么？

理解要点：息税前利润为零时，经营杠杆系数为无穷大。也就是说，保本时，经营杠杆系数最大。此时经营杠杆系数的经济含义为，销售收入有任何微小的变化都会带来企业营利性质的改变。

（三）经营杠杆和经营风险

经营风险主要源自市场需求和成本等不确定性因素。尽管经营杠杆本身并非利润不稳定的直接原因，但它在产销量变动时，会放大息税前利润的变动幅度。具体而言，当产销量增加时，息税前利润将以经营杠杆倍数的幅度增长；而产销量减少时，息税前利润同样会以该倍数的幅度下降。这一现象表明，经营杠杆加剧了市场和生产等不确定性因素对利润变动的影响。经营杠杆系数的高低直接关联到企业利润变动的剧烈程度，从而决定了企业的经营风险大小。一般而言，在其他条件不变的情况下，固定成本越高，经营杠杆系数越大，企业的经营风险也随之增大；销售额（销售量）越大，经营杠杆系数越小，经营风险则相应降低；同样，变动成本（单位变动成本）的增加也会导致经营杠杆系数上升，从而增大经营风险。因此，理解和控制经营杠杆对于管理企业经营风险至关重要。

三、财务杠杆

（一）财务杠杆的概念

财务杠杆描述的是由于债务存在而引发的普通股每股收益变动幅度超越息税前利润变动幅度的经济效应。在企业的资本总额和负债总额保持不变的情况下，随着息税前利润的增长，利息费用保持相对固定，这导致单位息税前利润所负担的利息减少，进而推动每股收益以更大的幅度增长。相反，如果息税前利润下滑，利息费用依然保持相对稳定，这将使得单位息税前利润所负担的利息增加，导致每股收益以更大的幅度下降。这种财务杠杆效应增加了企业每股收益的不确定性，从而加剧了企业的财务风险。因此，在财务管理中，合理控制和利用财务杠杆对于保持企业的财务稳健至关重要。

【例6-12】某企业生产 A 产品，基期产销量为 10 万件，单价为 12 元，单位变动成本为 7 元，固定成本总额为 30 万元。利息费用为 10 万元，所得税税率为 25%。企业普通股股数为 10 万股。计划下年产销量提高 10%，即增加到 11 万件。在销售额增加 10%、息税前利润提高 20% 的情况下，计算其净收益增长幅度。

解

$$基期每股收益 = (200\ 000 - 100\ 000) \times \frac{1 - 25\%}{100\ 000} = 0.75(元)$$

$$计划期每股收益 = (250\ 000 - 100\ 000) \times \frac{1 - 25\%}{100\ 000} = 1.125(元)$$

$$每股收益增长率 = \frac{1.125 - 0.75}{0.75} \times 100\% = 50\%$$

（二）财务杠杆的计量

财务杠杆系数是衡量企业财务杠杆作用大小的关键指标。它表示普通股每股收益变动率与息税前利润变动率之间的倍数关系。当企业采用包含固定财务支出的债务和优先股等筹资方式时，财务杠杆效应随之产生。然而，不同行业和企业的财务杠杆作用程度存在显著差异。因此，为了有效评估和管理这种杠杆效应，我们需要对财务杠杆的作用程度进行精确计量。这种计量有助于企业更深入地理解其财务风险，并为制定合理的财务策略提供重要参考。

其计算公式为

$$财务杠杆系数 = \frac{普通股每股收益变动率}{基期息税前利润率}$$

即

$$DFL = \frac{\Delta EPS / EPS}{\Delta EBIT / EBIT} \tag{6-13}$$

式中：DFL 为财务杠杆系数；ΔEPS 为普通股每股收益变动额；EPS 为基期普通股每股收益；$\Delta EBIT$ 为息税前利润变动额；EBIT 为基期息税前利润。

或写成：

$$财务杠杆系数 = \frac{息税前利润}{息税前利润 - 利息 - \dfrac{优先股股利}{1 - 所得税税率}}$$

即

$$DFL = \frac{EBIT}{EBIT - I - \dfrac{D_P}{1 - T}} \tag{6-14}$$

式中：I 为利息；D_P 为优先股股利；T 为所得税税率；EBIT 为基期息税前利润。

【例6-13】某企业 20×2 年到 20×3 年销售利润情况如表 6-4 所示，请计算财务杠杆系数。

表6-4　某公司 20×2 年—20×3 年销售利润情况

项目	20×2 年	20×3 年	变动比率
销售收入	100 000	110 000	10%
EBIT	20 000	24 000	20%
利息 (10%)	5 000	5 000	—
税前利润	15 000	19 000	26.67%
所得税 (25%)	3 750	4 750	26.67%
税后利润	11 250	14 250	26.67%
优先股股息	3 500	3 500	—
普通股净收益	7 750	10 750	38.71%
普通股股数	500	500	—
每股收益	15.5	21.5	38.71%

解　根据息税前利润计算出财务杠杆系数为

$$DFL = \frac{EBIT}{EBIT - I - \dfrac{D_P}{1-T}} = \frac{20\ 000}{20\ 000 - 5000 - \dfrac{3500}{1-25\%}} \approx 1.94$$

也可以通过变化率计算得出：

$$DFL = \frac{38.71\%}{20\%} \approx 1.94$$

（三）财务杠杆与财务风险

财务风险源于企业在追求财务杠杆利益时，通过利用负债资本所增加的破产风险或普通股每股利润的大幅波动。由于财务杠杆的效应，当息税前利润下滑时，税后利润会以更大的幅度减少，这给企业的所有者带来了显著的财务风险。具体来说，利息费用越高，财务杠杆系数就越大，导致每股利润变动幅度超过息税前利润变动幅度，从而获得的财务杠杆利益越多，但同时也伴随着更大的财务风险。因此，在财务管理中，企业需要在追求财务杠杆利益的同时，充分考虑并控制财务风险，以确保企业的稳健运营和可持续发展。

■ 四、总杠杆

（一）总杠杆的概念

总杠杆，亦称为复合杠杆，源于固定生产经营成本和固定财务费用的共同作用，导致每股利润的变动幅度超越产销量的变动幅度。产销量的变动是触发每股利润变动的核心因素。当产销量出现波动时，首先影响的是息税前利润，随后这种利润变动会进一步传导至每股利润。这种杠杆效应的存在正是固定成本和固定财务费用共同作用的结果，构成了总杠杆的核心。因此，在财务管理中，对总杠杆的深入理解和有效管理，对于维护企业的财务稳健和持续盈利至关重要。

（二）总杠杆的计量

只要企业同时存在固定的生产经营成本和固定的利息费用等财务支出，总杠杆效应就会发挥作用。然而，这种效应在不同企业间的表现程度并非完全一致，因此，对总杠杆作用程度的量化评估变得尤为关键。在评估过程中，最常用的指标是总杠杆系数。该系数表示每股利润变动率与产销量变动率之间的倍数关系，它揭示了总杠杆效应的强度，有助于企业更准确地了解自身的财务风险和经营效率。

$$总杠杆系数 = \frac{每股利润变动率}{产销量变动率} \tag{6-15}$$

$$总杠杆系数 = 经营杠杆系数 \times 财务杠杆系数 \tag{6-16}$$

上式还可以表示为

$$DTL = \frac{M}{EBIT - I - \dfrac{D_P}{1-T}} \tag{6-17}$$

式中：I 为利息；D_P 为优先股股利；T 为所得税税率；M 为基期边际贡献；EBIT 为基期息税前利润。

【例 6-14】某企业只生产和销售甲产品，其总成本习性模型为 $Y = 20\,000 + 4Q$。假定该企业 2021 年度 A 产品销售量为 50 000 件，每件售价为 6 元。预测 2022 年 A 产品的销售数量将增长 20%。要求：

(1) 计算 2021 年该企业的边际贡献总额。

(2) 计算 2021 年该企业的息税前利润。

(3) 计算 2022 年的经营杠杆系数。

(4) 计算 2022 年息税前利润增长率。

(5) 假定企业 2021 年负债利息为 30 000 元，优先股股息为 7500 元，所得税税率为 25%，计算 2022 年的总杠杆系数。

解 (1) 2021 年该企业的边际贡献总额为

$$边际贡献总额 = 50\,000 \times (6 - 4) = 100\,000（元）$$

(2) 2021 年该企业的息税前利润为

$$息税前利润 = 50\,000 \times (6 - 4) - 20\,000 = 80\,000（元）$$

(3) 2022 年的经营杠杆系数为

$$经营杠杆系数 = \frac{100\,000}{80\,000} = 1.25$$

(4) 2022 年息税前利润增长率为

$$息税前利润增长率 = 1.25 \times 20\% = 25\%$$

(5) 2022 年的总杠杆系数为

$$财务杠杆系数 = \frac{80\,000}{80\,000 - 30\,000 - \dfrac{7\,500}{1-25\%}} = 2$$

$$总杠杆系数 = 1.25 \times 2 = 2.5$$

（三）总杠杆与企业风险

从以上分析可以看到，在总杠杆的作用下，当企业经济效益好时，每股利润会大幅度上升；当企业效益差时，每股利润会大幅度下降。企业总杠杆系数越大，每股利润的波动幅度越大。由于总杠杆作用而使每股利润大幅度波动而造成的风险称为总风险。在其他因素不变的情况下，总杠杆系数越大，总风险越大。

【例6-15】某企业20×2年和20×3年部分财务数据如表6-5所示。请根据以下资料分析该公司总风险构成及如何降低总风险。

表6-5　企业20×2—20×3年部分财务数据

项　目	20×2年	20×3年	变动比率
销售收入	20 000 000	24 000 000	20%
变动成本（变动成本率50%）	10 000 000	12 000 000	20%
固定成本	8 000 000	8 000 000	—
息税前利润	2 000 000	4 000 000	100%
利息	1 200 000	1 200 000	0
税前利润	800 000	2 800 000	250%
所得税（税率20%）	160 000	560 000	250%
净利润	640 000	2 240 000	250%
每股收益	64	224	250%

解

$$经营杠杆系数 = \frac{100\%}{20\%} = 5$$

$$财务杠杆系数 = \frac{250\%}{100\%} = 2.5$$

$$总杠杆系数 = 5 \times 2.5 = 12.5$$

其经营杠杆系数是财务杠杆系数的2倍，由此可见，该公司的经营风险明显大于财务风险。相对而言，经营风险更加不可控制。因此，为了降低总风险，应该降低财务风险，即降低资产负债率。

思考：企业如何搭配经营风险和财务风险？

经营风险的大小是由特定的经营战略决定的，财务风险的大小是由资本结构决定的，它们共同决定了企业的总风险。经营风险与财务风险的结合方式，从逻辑上可以分为四种类型。

1. 高经营风险与高财务风险搭配

这种搭配具有很高的总体风险。例如，一个处于初创期的高科技企业，假设能够通过借款取得大部分资本，其破产的可能很大，而成功的可能很小。这种搭配符合风险投资者的要求，他们只需要投入很小的权益资本，就可以开始冒险活动。

2. 高经营风险与低财务风险搭配

这种搭配具有中等的总体风险。例如，一个处于初创期的高科技企业，主要使用权益筹资，而较少使用或不使用负债筹资。这种资本结构对于权益投资人来说有较高的风险，也会有较高的预期报酬，符合他们的要求。

3. 低经营风险与高财务风险搭配

这种搭配具有中等的总体风险。例如，一个处于成熟期的公用企业，大量使用借款筹资。这种资本结构对于权益投资人来说经营风险低，投资报酬率也低。

4. 低经营风险与低财务风险搭配

这种搭配具有很低的总体风险。例如，一个处于成熟期的公用企业，只借入很少的负债资本。对于债权人来说，这是一个理想的资本结构，可以放心地为该企业提供贷款。企业有稳定的现金流，而且债务不多，偿还债务有较好的保障。权益投资人很难认同这种搭配，其投资报酬率和财务杠杆系数都较低，自然权益报酬率也不会高。

第三节 资 本 结 构

资本结构对企业的深远影响体现在多个维度。它不仅确保企业短期内的财务稳健性，降低财务风险，还通过优化融资成本来增强企业的市场竞争力。同时，资本结构在平衡债务和权益比例的过程中，确保了企业控制权的稳定，为企业长期发展提供了坚实的基础。

一、资本结构的含义

资本结构是指企业各种资本的构成及其比例关系，是企业一定时期筹资组合的结果。广义的资本结构是指企业全部资本的构成及其比例关系，不仅包括权益资本和长期债务资本之间的比例关系，还涉及企业资本内部的构成比例。而狭义的资本结构则更专注于企业各种长期资本的构成及其比例关系，特别是长期债务资本与长期股权资本之间的构成及其比例关系。

资本结构反映了企业的债务与股权的比例关系，在很大程度上决定了企业的偿债和再融资能力，以及企业未来的盈利能力。它是企业财务状况的一项重要指标，合理的资本结构可以降低融资成本，发挥财务杠杆的调节作用，使企业获得更大的自有资金收益率，从而提高企业的市场价值。

为了保持合理的资本结构，企业需要根据自身的实际情况和市场环境，制定合适的筹资策略，平衡债务和权益的比例，以实现财务稳健、成本控制、控制权稳定和市场价值提升等多重目标。这样，企业才能在激烈的市场竞争中立于不败之地，实现持续稳健的发展。

二、资本结构的影响因素

企业的资本结构受到多种因素的影响，包括企业经营状况、成长率、财务状况、信用等级、资产结构、投资人和管理当局的态度、行业特征、发展周期以及经济环境的税务政策和货币政策等。企业在制定资本结构调整方案时需要综合考虑这些因素，以实现最佳的资本结构调整和优化。

(1) 企业经营状况和成长率。企业经营状况的稳定性和成长率会对资本结构产生影响。若产销业务稳定，则企业可以承担更多的固定财务费用；若产销业务量和盈余有周期性，则负担固定财务费用会带来较大的财务风险。此外，如果产销业务量能够以较高的水平增长，企业就可以采用高负债的资本结构，以提升权益资本的报酬。

(2) 企业的财务状况和信用等级。企业的财务状况和信用等级也会影响其资本结构。财务状况好、信用等级高的企业更容易获得债务资本；而财务状况欠佳、信用等级不高的企业，债权人投资风险大，会降低其获得信用的能力，进而加大债务资金筹集的资本成本。

(3) 企业资产结构。企业资产结构的不同也会影响其资本结构。拥有大量固定资产的企业主要通过发行股票融通资金；而拥有较多流动资产的企业则更多地依赖流动负债融通资金。此外，资产适合于抵押的企业负债较多，以研发为主的企业则负债较少。

(4) 企业投资人和管理当局的态度。企业投资人和管理当局的态度也会影响资本结构。从所有者角度看，如果企业股权分散，可能更多采用权益资本以分散企业风险；而如果企业为少数股东控制，为防止控股权稀释，一般尽量避免普通股筹资，采用优先股或债务筹资方式。从管理当局角度看，稳健的管理当局偏好于选择负债比例较低的资本结构。

(5) 企业行业特征。不同行业的特征也会影响企业的资本结构。产品市场稳定的成熟产业可以提高债务资金比重，发挥财务杠杆作用；而高新技术企业的产品、技术、市场尚不成熟，经营风险高，因此可以降低债务资金比重，控制财务杠杆风险。

(6) 企业发展周期。企业发展周期的不同阶段也会影响其资本结构。在企业初创阶段，经营风险高，应控制负债比例；而在企业发展成熟阶段，产品产销业务量稳定和持续增长，经营风险低，可适度增加债务资本比重，发挥财务杠杆效应。在企业收缩阶段，产品市场占有率下降，经营风险逐步加大，应逐步降低债务资本比重，保证经营现金流量能够偿付到期债务，保持企业持续经营能力，减少破产风险。

(7) 经济环境的税务政策和货币政策。经济环境的税务政策和货币政策同样会影响企业的资本结构。所得税率高时，债务资本抵税作用大，企业可以充分利用这种作用以提高企业价值；而在紧缩的货币政策下，市场利率高，企业债务资本成本加大。

三、资本结构理论演进

（一）现代资本结构理论

1. MM 理论提出

1958 年，美国学者莫迪格莱尼 (Modigliani) 和米勒 (Miller) 在《美国经济评论》上发表了论文《资本成本、公司财务与投资理论》(The cost of capital, Corporation Finance and the Theory of Investment)，他们提出：公司价值是由全部资产的盈利能力决定的，而与实现资产融资的负债与权益资本的结构无关。这一令人意外的结论在理论界引起很大反响，被称为 MM 理论，标志着现代资本结构理论的创建。

2. 无税收的 MM 理论

早期的 MM 理论认为，资本结构与资本成本和企业价值无关。如果不考虑公司所得税和破产风险，且资本市场充分发育并有效运行，则负债企业的价值与无负债企业的价值相等，无论企业是否有负债，企业的资本结构与企业价值无关。企业资本结构的变动，不会影响企业的加权资本成本，也不会影响到企业的市场价值。以低成本借入负债所得到的杠杆收益会被权益资本成本的增加而抵消，最终使有负债与无负债企业的加权资本成本相等，即企业的价值与加权资本成本都不受资本结构的影响。米勒以比萨饼为例解释了 MM 理论：把公司想象成一个巨大的比萨饼，被分成了四份。如果现在你把每一份再分成两份，那么四份就变成了八份。MM 理论想要说明的是你只能得到更多的两份，而不是更多的比萨饼。值得一提的是，该观点是基于资本市场充分运行、无税收、无交易成本等完美市场的假设条件提出的。

3. 有公司所得税的 MM 理论

早期的 MM 理论是在不考虑企业所得税等条件而得出资本结构的相关结论的，而这显然不符合实际情况。因此，米勒等人对之前的 MM 理论进行了修正，他们于 1963 年发表的《公司所得税和资本成本：一项修正》中提出，考虑所得税因素后，尽管股权资金成本也会随负债比率的提高而上升，但上升速度却会慢于负债比率的提高。修正后的 MM 理论认为，在考虑所得税后，公司使用的负债越高，其加权平均成本就越低，公司收益乃至价值就越高。在加入所得税因素之后，MM 理论更加与企业的实际经营状况相符合。

4. 权衡理论

权衡理论通过放宽 MM 理论完全信息以外的各种假定，考虑在税收、财务困境成本、代理成本分别或共同存在的条件下，资本结构如何影响企业市场价值。因此，权衡理论认为企业最优资本结构就是在负债的税收利益和预期破产成本之间权衡。

权衡理论认为，虽然负债可以利用税收屏蔽的作用，通过增加债务来增加企业价值。但随着债务的上升，企业陷入财务困境的可能性也增加，甚至可能导致破产，如果企业破产，不可避免地会发生破产成本。即使不破产，但只要存在破产的可能，或者说，只要企业陷入财务困境的概率上升，就会给企业带来额外的成本，这是制约企业增加负债的一个重要因素。而随企业债务上升而不断增大的企业风险制约企业无限追求提高负债率所带来的免税优惠或杠杆效应，因此，企业最优资本结构是权衡免税优惠收益和因陷入财务危机而导致的各种成本的结果。或者说，企业最佳资本结构应该是在负债价值最大化和债务上升带来的财务危机成本及代理成本之间的平衡，此时企业价值才能最大化。

权衡理论不仅注意到了公司所得税存在下的负债抵税收益，也注意到了负债的财务拮据成本和代理成本，认为二者相权衡下，企业存在一个最优资本结构。权衡理论提出的是相对较为科学的资本结构理论，较符合学术界大多数专家关于企业存在一个最优资本结构的看法，相对客观地揭示了负债与企业价值的关系。

（二）新资本结构理论

在新资本结构理论的研究中，学者们把信息不对称和道德风险等概念引入资本结构理论的研究中，把传统资本结构的权衡难题转化为结构或制度设计问题，给资本结构理论问题开辟了新的研究方向。

1. 代理成本理论

1976 年，詹森 (Jensen) 和麦克林 (Meckling) 发表了论文《企业理论：管理者行为、代理成本和资本结构》，这篇论文首次将企业理论与产权理论相结合，深入探讨了资本结构对公司价值的影响。他们指出，在股份公司中，存在两种主要的代理关系：管理者与股东之间的股权代理成本，以及股东与债权人之间的债权代理成本。这两种代理成本之间的权衡，决定了企业的最优资本结构。

詹森和麦克林将代理成本定义为：为解决管理者与股东、股东与债权人之间的利益冲突，而设计、监督和约束代理人之间契约所必须付出的成本，以及执行契约时成本超过利益所造成的剩余损失。这些成本反映了企业内部各种利益主体之间的不协调和摩擦。

代理成本理论是新资本结构理论的核心之一，它引入代理成本这一关键概念，深入分析了企业最优资本结构的决定因素。随着债务比例的增加，股东的代理成本会减少，但债务的代理成本会增加。这是因为债务的增加可能会使股东更倾向于冒险投资，从而损害债权人的利益。

此外，当企业发行新股时，现有所有者通过股权换取新所有者的资金。这会导致新旧所有者之间产生利益冲突。为了保护自己的利益，新所有者必须付出监督费用等代理成本。这些成本不仅增加了企业的运营负担，还可能影响企业的长期竞争力。

因此，企业在制定资本结构决策时，必须综合考虑各种代理成本的影响，以寻求最优的资本结构，从而实现企业价值的最大化。

2. 信息传递理论

在金融市场中，除了代理成本，还存在一个显著的信息不对称问题。企业家通常掌握着比投资者更多的关于企业项目投资的内部信息。信息传递理论研究了在企业管理者与投资者之间存在的这种信息不对称现象。根据该理论，市场的投资者往往只能依赖企业表面的信息来估计其收益。这为企业管理者提供了一个机会，通过精心选择资本结构来改变市场对企业收益的评价，进而调整企业的市场价值。

研究表明，可将负债和资本比率视为一种向市场传递内部信息的信号工具。当企业管理者持有股权并且作为风险厌恶者时，如果他们选择增加企业的负债率，这将导致他们所持有的股权在企业总股权中的比例上升。这种情况下，管理者将面临更大的风险，因此，他们通常只在认为企业价值较大时才会采取这一策略。对于价值较小的企业，管理者通常不会冒险提高负债率，因为这可能导致企业面临破产的风险。

由于信息不对称的存在，投资者只能依赖企业管理者传递的信息来间接评估企业的市场价值。企业债务比例或资产负债结构就是这样一种信息工具。当负债比例上升时，可将其视为一种积极信号，表明企业管理者对企业未来的收益有较高的期望，并传递出他们对企业的信心。因此，在信息不对称的背景下，高负债率实际上是向投资者传递企业价值较大的信号。这意味着企业的价值与负债率的高低呈现出正相关的关系。

3. 优序融资理论

1984 年，美国经济学家梅耶·迈尔斯 (Myers) 在其著作《企业知道投资者所不知道信息时的融资和投资决策》中，基于信号传递原理提出了著名的优序融资假说。该假说指出，企业在融资时通常会遵循一定的顺序：首先倾向于采用内部筹资，当内部资金不足时，会优先考虑债券筹资，最后才会选择其他外部股权筹资。这种筹资顺序的选择并不会对公司股价产生直接的比例影响。

根据信息传递理论，公司之所以会遵循这种融资顺序，是因为不对称信息对融资成本有着显著影响。盈利能力强的公司倾向于保持较低的债权比率，这并非因为他们事先设定了这一目标，而是因为这类公司通常不需要依赖外部筹资。相比之下，盈利能力较差的公司则可能更倾向于选择债权筹资，这是因为他们可能没有足够的留存收益来满足资金需求。在外部筹资的选择中，债权筹资往往成为首选。

迈尔斯 (Myers) 和麦吉勒夫 (Majluf) 进一步研究了不对称信息对融资成本的影响。他们发现，这种信息不对称现象会促使企业在融资时尽可能少用股票融资。这是因为当企业通过发行股票进行融资时，市场可能会误解这一行为，认为公司的前景不佳，从而导致股价下跌。然而，过度依赖债券融资也可能使企业面临财务危机的风险。因此，企业在确定资本结构时，通常会遵循以下顺序：首先是内源融资，其次是债务融资，最后才是股权融资。这种融资顺序旨在最小化信息不对称对融资成本的影响，同时确保企业的财务稳健和可持续发展。

■ 四、资本结构的优化

最优资本结构指的是在维持适度财务风险的前提下，企业能够达到加权平均资本成本最低且企业价值最大的资本配置状态。理论上，这样的最优资本结构是存在的，然而，由于企业内部和外部环境的不断变化，寻找并持续维持这种理想状态却极具挑战性。

资源 6-4

在实际操作中，企业常常运用比较资本成本法和每股收益无差别点分析法等策略来进行资本结构的决策。这些方法使得企业能够在多个资本结构调整方案中进行比较和筛选，以期实现最优的资本结构，从而最大化企业价值和股东权益。通过这样的策略，企业可以更加精准地管理其资本，确保其在复杂的商业环境中保持竞争力和稳健发展。

（一）比较资本成本法

比较资本成本法是一种评估并优化企业资本结构的科学方法。它通过对不同筹资方案的加权平均资本成本进行细致的比较和分析，从而识别出具有最低加权平均资本成本的方案，并将其确定为最优资本结构。这种方法不仅帮助企业精确地量化了不同筹资方案的成本效益，还为企业实现资本成本的最小化和企业价值的最大化提供了明确的路径。通过运用比较资本成本法，企业能够更加明智地进行筹资决策，优化资本配置进而提升整体竞争力和盈利能力。

【例 6-16】某企业现有三个资本结构方案可供选择，有关资料如表 6-6 所示。根据资料，按照比较资本成本法，可进行资本结构决策。

表 6-6　各方案的资本构成及资本成本情况表

筹资方式	甲方案		乙方案		丙方案	
	资金数额	资本成本	资金数额	资本成本	资金数额	资本成本
长期借款	3000	4%	4000	5%	2000	3%
公司债券	4000	6%	3000	6%	3000	5%
普通股	3000	10%	3000	10%	5000	8%
合计	10 000	—	10 000	—	10 000	—

解析：如表 6-7 所示。

表 6-7　各方案加权平均资本成本　　　　　　　　　　　　　　单位：%

筹资方式	甲方案			乙方案			丙方案		
	资本比重	个别资本成本	加权平均资本成本	资本比重	个别资本成本	加权平均资本成本	资本比重	个别资本成本	加权平均资本成本
长期借款	30	4	1.2	40	5	2.0	20	3	0.6
公司债券	40	6	2.4	30	6	1.8	30	5	1.5
普通股	30	10	3.0	30	10	3.0	50	8	4.0
合计	100	—	6.6	100	—	6.8	100	—	6.1

比较以上三个方案的加权平均资本成本，丙方案的加权平均资本成本最低。因此，在不考虑其他因素的情况下，丙方案是最优资本结构方案。

（二）每股收益无差别点分析法

每股收益即每股盈利（EPS），又称每股税后利润、每股盈余，指税后利润与股本总数的比率。是普通股股东每持有一股所能享有的企业净利润或需承担的企业净亏损。每股收益通常被用来反映企业的经营成果，衡量普通股的获利水平及投资风险，是投资者等信息使用者据以评价企业盈利能力、预测企业成长潜力、进而做出相关经济决策的重要的财务指标之一。

每股收益无差别点分析法是一种通过深入探究资本结构与每股收益之间关系的方法，旨在为企业确定合理的资本结构。其核心在于识别每股收益无差别点，即息税前利润水平在何种情况下，不同的筹资方式不会对每股收益产生影响，或者说能够使不同资本结构的每股利润达到相等。这一分析方法的运用有助于企业更加精准地理解不同筹资方式对企业收益的影响，从而作出更加明智的资本结构决策，优化企业的资本配置，进而提升企业的盈利能力和市场竞争力。

其计算公式如下：

$$EPS = \frac{(EBIT - I)(1 - T) - D_P}{N} \tag{6-18}$$

式中：I 为负债利息；T 为所得税税率；D_P 为优先股股息；N 为流通在外的普通股股数。

单纯使用普通股资本或负债资本，其息税前利润和每股收益的关系如图 6-1 所示。

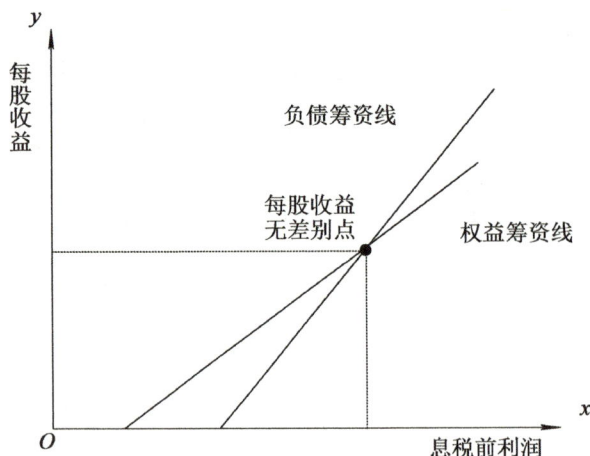

图 6-1　每股收益无差别点分析图

在每股收益无差别点上，无论采用负债筹资，还是采用权益筹资，每股收益都是相等的。若 EPS_1 代表负债筹资，EPS_2 代表权益筹资，则有：$EPS_1 = EPS_2$，能使等式成立的 EBIT 为每股收益无差别点的息税前利润，列式如下：

$$\frac{(\overline{EBIT} - I_1)(1 - T) - D_{P1}}{N_1} = \frac{(\overline{EBIT} - I_2)(1 - T) - D_{P2}}{N_2}$$

计算出上式中的 EBIT，即可求出每股收益无差别点的息税前利润。

【例 6-17】某企业目前拥有资本 1 000 万元，其结构为：债券资本为 20%（年利息为 20 万元）、普通股权益资本为 80%（发行普通股 10 万股，每股面值 80 元）。现准备追加筹资 400 万元，有两种筹资方案选择：

方案一：全部发行普通股，增发 5 万股，每股面值 80 元。

方案二：全部筹措长期债务，利率为 10%，利息为 40 万元。

企业适用的所得税税率为 25%，计算每股收益无差别点及此时的每股收益；如果企业追加筹资后，息税前利润预计为 160 万元，请说明企业应该如何选择。

解　每股收益无差别点及此时的每股收益可通过下列步骤分别计算：

$$\frac{(\overline{EBIT} - 20)(1 - 25\%)}{15} = \frac{(\overline{EBITS} - 60)(1 - 25\%)}{10}$$

计算求出每股收益无差别点息税前利润：

$$\overline{EBIT} = 140（万元）$$

代入方案一计算每股收益：

$$EPS = \frac{(\overline{EBIT} - 20)(1 - 25\%)}{15} = 6（元/股）$$

此时，每股收益为 6 元，每股收益无差别点的息税前利润为 140 万元。

当企业预计息税前利润为 160 万元时，高于两种方案计算出的每股收益无差别点的息税前利润，此时运用负债筹资可获得较高的每股收益，采用负债筹资方式较好。

思维导图

思维导图 6

拓展训练

拓展训练 6

第七章
营运资金管理

学习目标

学习目标	学习难度	重要程度	应掌握的知识点
能够正确认知企业的营运资金	☆	★★	企业营运资金的含义和特点
了解企业流动资产（负债）构成	☆	★★	流动资产与流动负债管理特点
掌握企业现金管理基本内容	☆☆	★★★	持有动机、成本及日常管理
可以做出现金管理决策	☆☆☆	★★★	现金管理目标及现金持有量
掌握企业应收账款管理基本内容	☆☆	★	管理成本、信用政策
可以提供应收账款管理决策依据	☆☆	★	应收账款信用政策制定依据
掌握企业存货管理基本内容	☆☆	★★	管理方式、最佳采购量计量
可以提供存货管理决策依据	☆☆☆	★★★	采购方式、采购批量的决策
描述短期借款的类型和特点	☆☆	★★	短期借款管理
能够恰当给出应付账款的决策	☆☆☆	★	应付账款管理

思政课堂

关于白云山的"百亿应收、大存大贷"

广州白云山制药股份有限公司在医药行业95%的交易都是以信用销售方式完成的情况下，通过强化内部信用风险管理，采取事前、事中和事后的全过程信用管理，有效地控制了拖欠账款的发生，同时保证销售额的稳步增长。该公司自实行信用管理以来，销售额每年增长30%～40%，而逾期应收账款却每年下降4%，真正使销售与回款由"两难"变成了"双赢"。应收账款既是企业财务"风险源"，也是企业发展"推动器"，对企业来说是一把"双刃剑"，只有企业加强内部管理，建立起了科学规范的信用管理制度，完善坏账准备金指导，制定合理的收账政策，才能从根本上解决整个经济体系中的债务拖欠问题，实现经济社会稳定和谐。

——节选整理自雪球APP(https：//xueqiu.com/1842086983/195984836?)

请结合上述文字，思考分析企业对待应收账款的管理态度。

知识框架

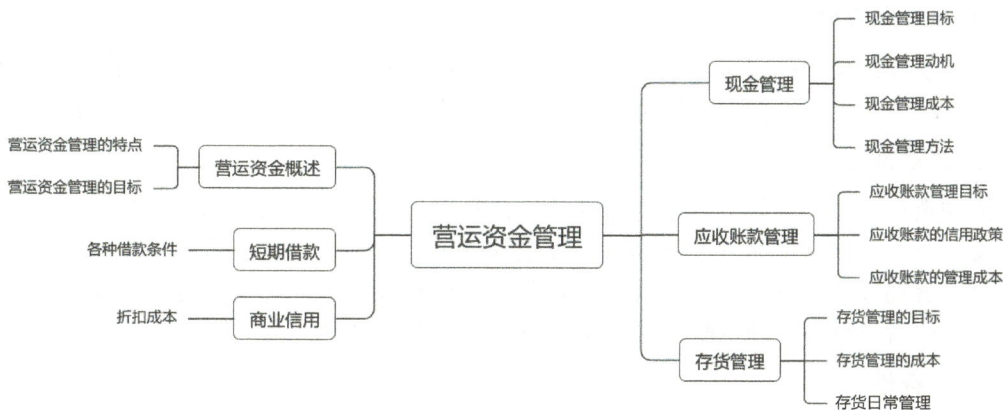

第一节　营运资金管理概述

营运资金即通常所称的营运资本，营运资本管理是一个越来越受到重视的领域。由于竞争加剧和环境动荡，营运资本管理对于企业盈利能力以及生存能力的影响越来越大。财务经理的大部分时间被用于营运资本管理，而不是长期决策。营运资本管理比较复杂，涉及企业的所有部门，尤其需要采购、生产、销售和信息处理等部门的配合与努力。

一、营运资金的含义

营运资本又称营运资金或流动资金，有广义和狭义之分，广义的营运资本是总营运资本，狭义的营运资本是净营运资本。当会计人员谈到营运资本的时候，通常指的是总营运资本，即流动资产，它一般用来衡量企业避免发生流动性问题的程度。流动资产是指可以在1年或者超过1年的一个营业周期内变现或耗用的资产，包括现金、交易性金融资产、应收账款、存货等。流动负债是指将在1年内或者超过1年的一个营业周期内须偿还的债务，主要有短期借款、应付账款、应付票据、预收账款等。然而，财务管理人员谈到营运资本时却指的是流动资产减去流动负债的差额，他们关注的焦点是净营运资本。因为，净营运资本对于帮助财务经理随时准确地提供公司所需要的流动资产的数量是非常重要的，所以我们采纳净营运资本的概念。当我们谈到营运资本管理时，主要考虑的是公司流动资产的管理，也就是现金和有价证券、应收账款、存货以及为维持这些流动资产而进行的融资活动的管理。本书中讨论的营运资金管理是基于狭义上的理解。

二、营运资金的特点

（一）流动资产的特点

1. 投资回收期短

投资于流动资产的资金一般在 1 年或一个营业周期内收回，对企业影响的时间比较短。因此，流动资产投资所需要的资金一般可通过商业信用、短期银行借款等加以解决。

2. 流动性强

流动资产在循环周转过程中，经过供应、生产、销售三个阶段，其占用形态不断变化，即按现金→材料→在产品→产成品→应收账款→现金的顺序转化。这种转化循环往复、川流不息。流动性使流动资产的变现能力较强，如遇意外情况，可迅速变卖流动资产，以获取现金。这对于财务上满足临时性资金需求具有重要意义。

3. 并存性

在流动资产的周转过程中，每天不断有资金流入，也有资金流出，流入和流出总要占用一定的时间，从供、产、销的某一瞬间看，各种不同形态的流动资产同时存在。因此，合理地配置流动资产各项目的比例，是保证流动资产得以顺利周转的必要条件。

4. 波动性

占用在流动资产的投资并非一个常数，随着供产销的变化，其资金占用时高时低、起伏不定，季节性企业如此，非季节性企业也如此。随着流动资产占用量的变动，流动负债的数量也会相应地变化。

（二）流动负债的特点

1. 筹资速度快

申请短期借款往往比申请长期借款更容易、更便捷，通常在较短时间内便可获得。因此，当企业急需资金时，往往首先寻求短期借款。

2. 弹性高

与长期债务相比，短期贷款给债务人更大的灵活性。长期债务债权人为了保护自己的利益，往往要在债务契约中对债务人的行为加以种种限制，使债务人丧失某些经营决策权。而短期借款契约中的限制条款比较少，使企业有更大的行动自由。对于季节性企业，短期借款比长期借款具有更大的灵活性。

3. 成本低

在正常情况下，短期负债筹资所发生的利息支出低于长期负债筹资的利息支出。而某些"自然融资"（如应交税费、应计费用等）则没有利息负担。

4. 风险大

尽管短期债务的成本低于长期债务，但对于债务人来说，其风险却大于长期债务。这主要表现在：

① 长期债务的利息相对比较稳定，即在相当长一段时间内保持不变。而短期债务的借款利率则随市场利率的变化而变化，时高时低，使企业难以适应。

② 如果企业过多地筹措短期债务，当债务到期时，企业不得不在短期内筹措大量资金还债，这极易导致企业财务状况恶化，甚至会使企业因无法及时还债而破产。

（三）营运资金的管理目标

营运资金是企业进行日常生产经营活动的重要基础，持有一定数量的营运资金对企业顺利开展经营活动是十分必要的。企业对营运资金的管理目标是：在经营过程中要使营运资金保持一个适当的量，既要满足生产经营的需要，又要避免持有过多。因为营运资金虽然流动性较强，持有的营运资金数量越多，风险越小，但持有过多却会降低企业资金的总体收益；而持有过少，会对企业的生产经营带来不利影响，可能会增加企业经营风险。因此，企业要在风险和收益之间进行权衡，将营运资金的持有量控制在适当的范围内。

第二节　现 金 管 理

现金是流动性最强的资产，拥有足够的现金对降低企业财务风险，增强企业资金的流动性具有十分重要的意义。

一、现金及其管理目标

现金是指可以立即用来购买物品，支付各项费用或用来偿还债务的交换媒介或支付手段。主要包括企业的库存现金、各种形式的银行存款以及银行本票、银行汇票等其他货币资金。

现金在企业所有的资产中流动性最强，具有普遍的可接受性。企业持有一定数量的现金不仅能满足日常生产经营开支的各种需要，而且能缴纳税款，购入机器设备，偿还借款等。但是，现金属非营利性资产，即使是银行存款，其收益也是最低的。因此，企业现金管理的目标是：在保证企业生产经营活动所需现金的同时，尽量节约使用资金，并从暂时闲置的现金中获得较多的利息收入。现金管理应力求做到既保证企业经营所需资金，降低风险，又不致使企业有过多的闲置现金，从而影响企业的总体收益。

二、企业持有现金的动机

企业持有现金的动机主要有如下三个方面：

（一）交易性动机

交易性动机是指企业持有现金以便满足日常交易的需要，如用于购买材料、支付工资、缴纳税款、偿还到期债务、支付股利等，这是企业持有现金最主要的动机。企业每天的现金收入和现金支出很少同时等额发生，保留一定的现金余额可使企业在现金支出大于现金收入时，不致中断交易。企业为满足交易动机需要所持有的现金余额主要取决于企业的销售水平。企业销售扩大，销售量增加，则所需现金的余额也会随之增加；反之，随之减少。

（二）预防性动机

预防性动机是指企业持有现金以应付意外事件对现金的需求，这是企业持有现金余额的重要动机。现实生活中，企业经常会碰到一些无法预见的意外事件，如地震、水灾、火灾等自然灾害；生产事故；主要客户未能及时付款等。这些事件的发生对企业的现金收支会产生重大的影响。因此，企业持有较多的现金，便可更好地应对这些意外事件的发生，同时又不会影响生产经营活动。预防性动机所需现金余额的多少，主要取决于企业预测现金收支的可靠程度、企业的借款能力以及企业愿意承担的风险程度。

（三）投机性动机

投机性动机是指企业持有现金以寻求一些不寻常的购买机会，这是企业持有现金的次要动机。例如，当证券价格剧烈波动时，从事投机活动，从中获得收益；或遇到廉价原材料大批量购进等。通常，企业为投机性动机而保存的现金数量一般很少，遇到不同寻常的购买机会，大都会设法临时筹集资金。

需要说明的是，由于各种动机所需的现金可以调剂使用，且上述动机所需保持的现金，并不一定要求必须是货币形态，因此，企业持有的现金余额并不完全等于上述三种动机所需现金余额的简单加总，前者一般小于后者。

三、现金管理的成本

企业持有现金的成本一般由以下三部分组成：

（一）机会成本

现金的机会成本是指企业因持有一定数量的现金余额而丧失的再投资收益。现金作为企业的一项资金占用，是有代价的，这种代价就是它的机会成本。假定某企业的资本成本为10%，年均持有现金20万元，则该企业每年现金的成本为2万元（20万元×10%）。现金持有额越大，机会成本越高。企业为了经营业务，需要拥有一定的现金，付出相应的机会成本代价是必要的，但现金拥有量过多，机会成本代价大幅度上升，就不合算了。

（二）管理成本

企业拥有现金，会发生管理费用，如现金管理人员的工资、安全措施费等。这些费用是现金的管理成本。管理成本是一种固定成本，与现金持有量之间无明显的比例关系。

（三）短缺成本

现金的短缺成本是指因现金余额不足并又无法及时弥补而给企业带来的损失，包括直接损失和间接损失。直接损失是由于现金短缺致使企业的生产经营及投资活动受到影响而造成的损失。如由于现金短缺而不能购进急需的材料，从而使企业生产经营中断而遭受的损失。间接损失是由于现金短缺而给企业造成的无形损失，如由于现金短缺而不能及时足额偿付本息，从而影响企业的信用和企业形象，由此产生的经济损失。

短缺成本是否属于现金管理决策的相关成本，主要取决于企业是否允许出现现金短缺。如果企业不允许出现现金短缺，则该项成本不存在，属无关成本；如果企业允许出现现金短缺，则该项成本就属于相关成本，而且与现金持有量成反比例关系。通常，企业持有的现金越多，则短缺成本越小；反之，越大。

四、最佳现金持有量的确定方法

（一）成本分析模式

成本分析模式是通过分析公司持有现金的相关成本，寻求使持有现金的相关总成本最低的现金持有量的模式。该模式涉及的现金的相关成本只包括持有现金而产生的机会成本和短缺成本，而不包括管理成本。即

$$现金管理相关总成本 = 机会成本 + 短缺成本 \tag{7-1}$$
$$机会成本 = 现金持有量 \times 机会成本率（有价证券利率或投资报酬率）\tag{7-2}$$

在成本分析模式下，最佳现金持有量就是持有现金所产生的机会成本与短缺成本之和最小时的现金持有量，如图 7-1 所示。

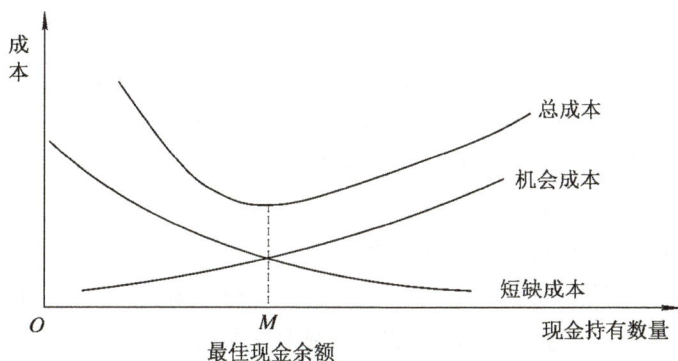

图 7-1　成本分析模式示意图

实际工作中，运用该模式确定最佳现金持有量的具体步骤为：

(1) 根据不同的现金持有量测算并确定有关成本数值。

(2) 按照不同的现金持有量及其有关成本资料编制最佳现金持有量预测表。

(3) 在测算表中找出相关总成本最低的现金持有量，即最佳现金持有量。

成本分析模式的优点是相对简单、易于理解，但要求能够比较准确地确定相关成本与现金持有量的函数关系。

【例 7-1】某企业现有甲、乙、丙、丁四种备选方案，有关成本资料如表 7-1 所示。采用成本分析模式确定哪种方案为最佳方案。

表 7-1　现金持有量备选方案表　单位：元

项目	甲	乙	丙	丁
现金持有量	25 000	50 000	75 000	100 000
机会成本	3 000	6 000	9 000	12 000
短缺成本	12 000	6 750	2 500	0

注：该企业机会成本率为12%。

解　根据表7-1，采用成本分析模式可编制该企业最佳现金持有量测算表，如表7-2所示。

表 7-2　最佳现金持有量预测表　单位：元

方案	机会成本	短缺成本	相关总成本
甲	3 000	12 000	15 000
乙	6 000	6 750	12 750
丙	9 000	2 500	11 500
丁	12 000	0	12 000

通过表7-2测算结果比较可知，丙方案的相关总成本为11 500元，在四种方案中最低，故该方案下的现金持有量75 000元，即为企业最佳现金持有量。

（二）存货模式

存货模式又称Baumol model，它是由美国经济学家William J.Baumol首先提出的。他认为企业现金持有量在许多方面与存货相似，存货经济订货批量模型可用于确定目标现金持有量，并以此为出发点，建立了Baumol模型。

存货模式的着眼点也是现金有关成本最低。在这些成本中，最相关的是现金持有机会成本和转换成本。机会成本如前文所述，转换成本则是指企业用现金购入有价证券以及转让有价证券换取现金时付出的交易费用，即现金与有价证券之间相互转换的成本，如委托买卖佣金、委托手续费、证券过户费、实物交割手续费等。证券转换成本与现金持有量的关系是：在现金需要量既定的前提下，每次现金持有量即有价证券变现额的多少，必然会对有价证券的变现次数产生影响，即现金持有量越少，进行证券变现的次数越多，相应的转换成本就越大；相反，现金持有量越多，证券变现的次数就越少，需要的转换成本也就越小。因此，现金持有量的不同必然通过证券变现次数的多少而对转换成本产生影响。

$$现金管理相关总成本 = 持有现金的机会成本 + 固定性转换成本 \tag{7-3}$$

在存货模式中，只对机会成本和转换成本进行考虑，它们随着现金持有量的变动而呈现出相反的变动趋向：现金持有量增加，持有机会成本增加，而转换成本减少。这就要求企业必须对现金和有价证券的分割比例进行合理安排，从而使机会成本与转换成本保持最佳组合。换言之，能够使现金管理的机会成本与转换成本之和保持最低的现金持有量，即为最佳现金持有量。

运用存货模式确定最佳现金持有量时，是以下列假设为前提的：

① 企业所需的现金可以通过证券变现取得，且证券变现的不确定性很小；

② 企业预算期内现金需求总量可以预测；

③ 现金的支出过程比较稳定、波动较小，而且每当现金余额降至零时，均可通过部分证券变现得以补足；

④ 证券的利率或报酬率以及每次固定性交易费用可以获悉。如果这些条件基本得到满足，企业便可以利用存货模式来确定现金的最佳持有量。

假设：T——特定时间内的现金需求总量。

　　　M——最佳现金持有量。

　　　b——每次的转换成本。

　　　TC——持有现金的相关总成本。

　　　i——有价证券的年利率。

则

$$TC = \frac{M}{2}i + \frac{T}{M}b \tag{7-4}$$

式中：机会成本是按现金持有量的一半来计算的，因为随着生产经营活动的不断进行，现金持有量逐步减少，它不可能始终保持在最高持有水平上，因此对其进行平均计算较为合理。

现金管理相关总成本与机会成本、固定性转换成本的关系如图 7-2 所示。

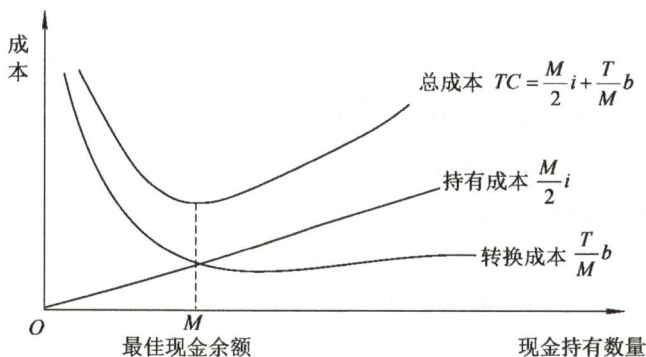

图 7-2　存货模式示意图

从图 7-2 可以看出，TC 是一条凹形曲线，由数学定理可证明当机会成本与固定性转换成本相等时，现金管理的相关总成本最低，该点所对应的现金持有量便是最佳现金持有量。也可用求导方法得出最小值，令 TC 的一阶导数等于零，可以得出令总成本 TC 最小的 M 值，即

$$最佳现金持有量 \ M = \sqrt{\frac{2Tb}{i}} \tag{7-5}$$

$$最低现金管理总成本 \ TC = \sqrt{2Tbi} \tag{7-6}$$

【例 7-2】某企业预计全年需要现金 6 000 元，现金与有价证券的转换成本为每次 100 元，有价证券的年利息率为 30%，求最佳现金持有量和最低现金管理总成本。

解 最佳现金持有量 $M = \sqrt{\dfrac{2 \times 6\,000 \times 100}{30\%}} = 2\,000$（元）

最低现金管理相应总成本 $TC = \sqrt{2 \times 6\,000 \times 100 \times 30\%} = 600$（元）

其中，有价证券转换次数 = $6\,000 \div 2\,000 = 3$（次）。

需要说明的是，采用存货模式确定最佳现金持有量，是以下列假设为前提的：

(1) 企业预算期内现金总量可以预测。

(2) 企业所需要的现金可以通过证券变现取得，且证券变现的不确定性很小。

(3) 现金的支出过程比较稳定，波动较小，且不允许出现现金短缺。

(4) 证券利率或报酬率及每次固定性交易费用可以获悉。

如果以上条件得不到满足，则不能采用该模式。

【例 7-3】 已知某公司现金收支平衡，预计全年（按 360 天计算）现金需要量为 250 000 元，现金与有价证券的转换成本为每次 500 元，有价证券年利率为 10%。要求：

(1) 计算最佳现金持有量。

(2) 计算最佳现金持有量下的全年现金管理总成本、现金转换成本和现金持有机会成本。

(3) 计算最佳现金持有量下的全年有价证券交易次数和有价证券交易间隔期。

解 ① 计算最佳现金持有量。

$$最佳现金持有量 = \sqrt{\dfrac{2 \times 250\,000 \times 500}{10\%}} = 50\,000（元）$$

② 计算最佳现金持有量下的全年现金管理总成本、现金转换成本和现金持有机会成本。

全年现金管理总成本 = $\sqrt{2 \times 250\,000 \times 500 \times 10\%} = 5\,000$（元）。

全年现金转换成本 = $(250\,000/50\,000) \times 500 = 2500$（元）。

全年现金持有机会成本 = $(50\,000/2) \times 10\% = 2500$（元）。

③ 计算最佳现金持有量下的全年有价证券交易次数和有价证券交易间隔期。

全年有价证券交易次数 = $250\,000/50\,000 = 5$（次）。

有价证券交易间隔期 = $360/5 = 72$（天）。

（三）现金周转期模式

现金周转期模式是根据现金周转期来确定最佳现金持有量的一种方法。

现金周转期是指从现金投入生产经营活动开始，经过生产经营过程，到最终销售转化为现金的时间。如图 7-3 所示，它主要包括以下三个方面：

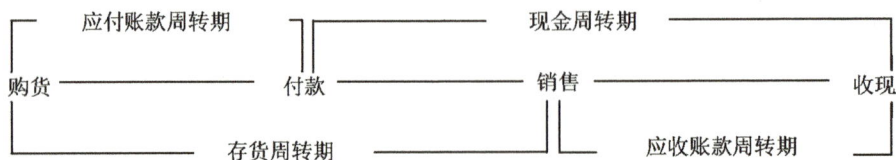

图 7-3 现金周转模式

1. 存货周转期

存货周转期是指将原材料转化成产成品并出售所需要的时间。

2. 应收账款周转期

应收账款周转期是指将应收账款转换为现金所需要的时间，即从产品销售到收回现金的期间。

3. 应付账款周转期

应付账款周转期是指从收到尚未付款的材料开始到现金支出之间所用的时间。其数量关系用公式表示为

$$现金周转期 = 存货周转期 + 应收账款周转期 - 应付账款周转期 \qquad (7\text{-}7)$$

现金周转期确定后，便可计算最佳现金持有量。其计算公式为

$$最佳现金持有量 = \frac{年现金需求总额}{360} \times 现金周转期 \qquad (7\text{-}8)$$

【例 7-4】某企业预计存货周转期为 90 天，应收账款周转期为 40 天，应付账款周转期为 30 天，预计全年需要现金 720 万元，计算最佳现金持有量。

解
$$现金周转期 = 90 + 40 - 30 = 100（天）$$

$$最佳现金持有量 = \frac{720}{360} \times 100 = 200（万元）$$

采用现金周转期模式确定最佳现金持有量简单明了，易于计算。但是这种方法假设材料采购与产品销售产生的现金流量在数量上一致，企业的生产经营过程在 1 年中持续稳定地进行，即现金需要和现金供应不存在不确定的因素。如果以上假设条件不存在，则求得的最佳现金持有量将发生误差。

五、现金日常管理

现金的日常管理是现金管理中一项非常重要的内容，其主要目的是尽快收回现金，尽可能延迟支付现金，以加快现金的周转速度。同时要严格遵守现金管理的有关规定，合理地使用现金，提高其利用效果。

现金的日常管理主要包括以下几个方面：

（一）加速收款

为了提高现金的使用率，加速现金周转，公司应尽快加速收款，即在不影响销售的前提下，尽可能加快现金回笼。公司加速收款的任务不仅在于尽量让客户早付款，而且还要尽快地使这些付款转化为现金。为此，公司应做到：

(1) 缩短客户付款的邮寄时间。

(2) 缩短公司收到客户支票的兑换时间。

(3) 加速资金存入自己往来银行的过程。

为了达到以上要求，可采取以下措施：

1. 集中银行法

集中银行法是指通过设立多个收款中心来加速账款回收的一种方法。其目的是缩短从客户寄出账款到现金收入企业账户这个阶段的时间。

具体做法是企业设立若干收款中心，并指定一个主要开户行为集中银行（通常是公司总部所在地）；客户收到结算单据后直接邮寄给当地的收款中心，中心收款后立即存入当地银行；当地银行在票据交换后直接转给总部的银行。这种方法缩短了客户邮寄的票据到达的时间，也就缩短了款项从客户到企业的间隔时间。但该种方法的缺点是，开设的收款中心的相关开支成为此种决策的相关成本，企业要综合权衡后，才能做出是否采用这种方法的决策。在该种方法下企业要计算分散收账收益净额，其计算公式为

$$\begin{pmatrix}\text{分散收账}\\\text{收益净额}\end{pmatrix}=\begin{pmatrix}\text{分散收账前应}\\\text{收账款数额}\end{pmatrix}-\begin{pmatrix}\text{分散收账后应}\\\text{收账款数额}\end{pmatrix}\times\begin{pmatrix}\text{企业综合}\\\text{资金成本率}\end{pmatrix}-\begin{pmatrix}\text{因增设收款中心}\\\text{每年增加的费用额}\end{pmatrix} \quad (7\text{-}9)$$

若分散收账收益净额大于零，则企业可以采用银行集中法；否则，不能采用该方法。

【例 7-5】某公司现在平均占用资金 2 000 万元，公司准备改变收账办法，采用集中银行方法收账。经研究测算，公司增加收账中心预计每年多增加支出 17 万元，但是可节约现金 200 万元，公司加权平均资本成本为 9%。问是否应采用集中银行制？

采用集中银行制度，公司从节约资金中获得的收益是 18 万元 (200 万元 × 9%)，比增加的支出 17 万元多 1 万元。因此，采用集中银行制度比较有利。

2. 锁箱法

锁箱法又称邮政信箱法，企业可以在业务比较集中的地区租用专门的邮政信箱，并开立分行存款户，通知客户把付款邮寄到指定的信箱，授权当地银行每日开启信箱，在取得客户票据后立即予以结算，将款项拨给企业所在地银行。

采用锁箱系统的优点是大大地缩短了公司办理收账、存储手续的时间，即公司从收到支票到完全存入银行之间的时间差距消除了。这种方法的主要缺点是需要支付额外费用。由于银行提供多项服务，因此要求有相应的报酬。这种费用支出一般来说与存入支票的张数成一定比例。所以，如果平均汇款数额较小，采用锁箱系统并不一定有利。是否采用锁箱系统法要看节约资金带来的收益与额外支出的费用孰大孰小。如果增加的费用支出比收益要小，则可采用该系统；反之，就不宜采用。

（二）付款控制

现金支出管理一般是尽可能延缓现金的支付时间，在不违背合同支付期的情况下，企业尽量推迟货款的支付，以增加现金的利用效率。在财务管理实务中，付款控制的方法有以下几种：

1. 现金浮游量

所谓现金的浮游量是指企业账户上现金余额与银行账户上所示的现金余额之间的差额。有时，企业账簿上的现金余额已为零或负数，而银行账簿上该企业的现金余额还有很

多。这是因为有些企业已开出的支票由于客户的原因尚未送达银行，因此银行并未付款出账。如果能正确预测浮游量并加以利用，可节约大量资金。

2. 控制支出时间

为了最大限度地利用现金，合理地控制现金支出的时间是十分重要的。例如，企业在采购材料时，如果付款条件是"1/10，n/30"，应安排在发票开出日期后的第10天付款，这样，企业可以最大限度地利用现金而又不丧失现金折扣。如果由于资金上的原因无意取得现金折扣，也应在最后一天，即第30天付款，以最大限度地利用资金。

3. 利用员工工资

许多公司都为支付工资而单独开设一个存款账户。为了最大限度地减少这一存款数额，公司可以合理预测所开出支付工资的支票到银行兑现的具体时间。例如，某公司在每月6日支付工资，根据历史资料，其6日、7日、8日、9日及9日以后的兑现比率分别为30%、40%、20%、5%和5%。这样，公司就不必在6日存够全部工资所需资金。

（三）现金收支的综合控制

1. 力争现金流入与流出同步

如果企业能尽量使它的现金流入与现金流出发生的时间趋于一致，就可以使其所持有的交易性现金余额降到较低水平，从而减少有价证券与现金的转换次数，节约转换成本。

2. 实行内部牵制制度

在现金管理中，要实行管钱的不管账，管账的不管钱，使出纳人员和会计人员互相牵制，互相监督。凡有库存现金收付，应坚持复核制度，以减少差错，堵塞漏洞。出纳人员调换时，必须办理交接手续，做到责任清楚。

3. 及时进行现金的清理

在现金管理中，要及时进行现金的清理。库存现金的收支应做到日清月结，确保库存现金的账面余额与实际库存余额相互符合；银行存款账户余额与银行对账单余额相互符合；现金、银行存款日记账数额分别与现金、银行存款总账数额相互符合。

4. 对银行存款进行统一管理

企业超过库存现金限额的现金，应存入银行，由银行统一管理。

5. 适当进行证券投资

企业库存现金没有利息收入，银行活期存款的利息率也比较低，因此，当企业有较多闲置不用的现金时，可投资于国库券、大额定期可转让存单、企业债券、企业股票，以获取较多的利息收入，而当企业现金短缺时，再出售各种证券获取现金。这样，既能保证有较多的利息收入，又能增强企业的变现能力，因此，进行证券投资是调整企业现金余额的一种比较好的方法。

第三节 应收账款管理

■ 一、应收账款及其管理目标

应收账款是企业因对外赊销商品、材料、供应劳务等而向购货或接受劳务的单位收取的款项。应收账款是企业流动资产的一个非常重要的项目。随着市场经济的不断发展，商业竞争的日趋加剧，公司的应收账款数额明显增多，因此，应收账款管理已成为流动资产管理中的重要内容。企业提供商业信用，采用赊销方式，可以扩大产品销售，提高产品的市场占有率，从而增加销售收入和利润，但企业在销售收入增加的同时，由于应收账款数额大大增加，也必然会增加相关的成本费用，如机会成本、管理成本和坏账成本等。因此，应收账款管理的目标是：正确衡量信用成本和信用风险，合理确定信用政策，及时回收账款，保证流动资产价值的真实性。

■ 二、应收账款的功能与成本

（一）应收账款的功能

1. 促进销售

企业在进行赊销时，实质上是给客户提供了两项交易内容：一是商品；二是资金。在市场竞争日益激烈的情况下，作为客户一方，为了自身利益往往不愿进行现金交易，而愿接受信用交易，这样既可克服资金不足达到无成本自然融资的目的，又可以在享受现金折扣方面得到好处，因而作为一种促销方式，采用信用销售，对于扩大销售会起到直接作用。

2. 降低存货

扩大销售与减少存货实质上是相辅相成的，销售量上去了，存货量自然也会下降。在企业存货量较大的情况下，作为一种促销手段，对客户提供信用销售，就可以达到减少存货的目的，存货量减少不仅可以降低存货成本，而且对流动资产变为速动资产，提高企业偿债能力，改善企业的财务状况都有好处。

（二）应收账款持有成本

1. 机会成本

应收账款作为一项流动资金投入，虽然会给扩大销售带来好处，但也同时由于为客户提供了信用，占用了企业一定量的资金，势必造成这部分资金丧失了投资于其他项目获取利润的机会而对企业造成损失，由于赊销付出的这种代价就是应收账款的机会成本。应收账款的机会成本取决于应收账款资金占用额和平均投资收益率的大小，计算公式为

$$应收账款机会成本 = 应收账款占用资金 \times 资金成本率 \qquad (7\text{-}10)$$

$$应收账款占用资金 = 应收账款平均余额 \times 变动成本率 \qquad (7\text{-}11)$$

$$应收账款平均余额 = 每日赊销额 \times 平均收账期 \qquad (7\text{-}12)$$

式中：资金成本率可按有价证券利息率表示；变动成本率为变动成本总额与销售收入的比例；每日赊销额为年赊销总额除以 360 天（假定 1 年以 360 天计算）；平均收账期按以享受和不享受折扣的客户比例为权数加权平均计算。

如果企业不提供现金折扣，则平均收账期即为信用期。因此，上述公式也可表达为

$$应收账款机会成本 = \frac{年赊销额}{360} \times 平均收账期 \times 变动成本率 \times 资金成本率 \qquad (7\text{-}13)$$

【例 7-6】某企业预计本年度赊销总额为 300 万元，应收账款平均收账天数为 60 天，变动成本率为 60%，设资本成本率为 10%，计算应收账款的机会成本。

解　　　$$应收账款机会成本 = \frac{300}{360} \times 60 \times 60\% \times 10\% = 3（万元）$$

2. 坏账成本

企业进行赊销时，对客户的信用很难做到详细了解，特别是对新客户和中小客户的信用很难判断，导致这部分款项可能由于客户的财务状况恶化、不讲诚信，甚至破产解散等原因成为坏账无法收回。这就成为应收账款的又一项成本，即坏账成本。坏账成本的大小与应收账款数额、企业的信用政策有关。

$$坏账成本 = 年赊销额 \times 预计坏账损失率 \qquad (7\text{-}14)$$

3. 管理成本

应收账款是企业采用信用销售形成的资金占用，是为客户提供的一项短期信用。对应收账款资金占用必须强化管理，否则，将会使企业受到损失，达不到投资目的。企业为维持和管理应收账款所发生的各项费用就是应收账款的管理成本。应收账款管理成本主要包括对客户信用的调查费用、分析评价费用、收账费用等项内容。在一定范围内，管理成本应视为一项固定费用。

三、应收账款的信用政策

信用政策也称应收账款的管理政策，是指企业对应收账款进行管理与控制而制定的基本方针和策略，包括信用标准、信用条件和收账政策三部分内容。在成本效益分析的基础上制定适当的应收账款信用政策，是企业财务决策的一个重要组成部分。

(一) 信用标准

信用标准是指企业同意向客户提供商业信用而提出的基本要求。如果客户达不到企业的信用标准，便不能获得企业提供的商业信用，或者只能享受较低的信用优惠。企业究竟采用什么样的信用标准，是采用较为宽松的信用标准，还是采用较为保守的信用标准，应

根据企业的实际情况，权衡利弊做出决策。

信用标准通常以客户信用等级和预计坏账损失率作为判别标准。坏账损失率越高，信用等级越低，要求的信用标准就越高；坏账损失率越低，信用等级越高，要求的信用标准就越低。

【例 7-7】某企业原来的信用标准是只对预计坏账损失率在 10% 以下的客户提供商业信用。目前，企业为适应形势需要，拟修改信用标准，现有 A、B 两个信用标准方案可供选择，有关资料如表 7-3 所示。

表 7-3　信用标准备选方案表　　　　　　　　　　　　　　　　单位：元

项　　目	方案 A	方案 B
信用标准（预计坏账损失率）	5%	15%
年赊销额	800 000	1 000 000
变动成本总额	500 000	700 000
固定成本	120 000	120 000
平均收账期	60 天	90 天
管理成本	20 000	40 000

假定该企业的资金成本率为 10%，要求选择对企业有利的信用标准。根据表 7-3 资料，计算 A、B 两种信用标准方案净收益。

解　如表 7-4 所示。

表 7-4　两种信用标准方案净收益计算表　　　　　　　　　　　单位：元

年项目	方案 A	方案 B
年赊销额 减：变动成本总额 　　固定成本	800 000 500 000 120 000	1 000 000 700 000 120 000
毛利	180 000	180 000
减：机会成本	$(800\ 000 \div 360) \times 60 \times 60\% \times 10\%$ $= 8\ 000$	$(1\ 000\ 000 \div 360) \times 90 \times 60\% \times 10\%$ $= 15\ 000$
管理成本 　　坏账成本	20 000 $800\ 000 \times 5\% = 40\ 000$	40 000 $1\ 000\ 000 \times 15\% = 150\ 000$
收益	112 000	−25 000

通过表 7-4 计算结果可知，方案 A 净收益 112 000 元，高于方案 B 净收益 −25 000 元，因此，应选择方案 A 的信用标准，即采用较严格的信用标准。

（二）信用条件

信用条件是指企业提供信用时对客户提出的付款要求，主要包括信用期限、折扣期限和现金折扣率等。

信用条件的表示方法是"1/10，n/30"，其含义为：若客户在发票开出后的 10 天内付款，可以享受 1% 的现金折扣；如果放弃现金折扣，则全部货款必须在 30 天内支付。该表示方法中，30 天是信用期限，10 天是折扣期限，1% 是现金折扣率。

1. 信用期限

信用期限是指企业允许客户从购货到支付货款的时间间隔。企业产品销售量与信用期限之间存在着一定的依存关系。通常延长信用期限，可以在一定程度上扩大销售量，从而增加毛利。但不适当地延长信用期限，会给企业带来不良后果：一是使平均收账期延长，占用在应收账款上的资金相应增加，引起机会成本增加。二是引起坏账损失和收账费用的增加。因此，企业是否给客户延长信用期限，应视延长信用期限增加的边际收入是否大于增加的边际成本而定。

2. 现金折扣和折扣期限

延长信用期限会增加应收账款占用的时间和金额。许多企业为了加速资金周转，及时收回货款，减少坏账损失，往往在延长信用期限的同时，采用一定的优惠措施。即在规定的时间内提前偿付货款的客户可按销售收入的一定比率享受折扣。现金折扣实际上是对现金收入的扣减，企业决定是否提供以及提供多大程度的现金折扣，着重考虑的是提供折扣后所得的收益是否大于现金折扣的成本。

企业究竟应当核定多长的现金折扣期限，以及给予客户多大程度的现金折扣优惠，必须将信用期限及加速收款所得到的收益与付出的现金折扣成本结合起来考察，同延长信用期限一样，采取现金折扣方式在有利于刺激销售的同时，也需要付出一定的成本代价，即给予现金折扣造成的损失。如果加速收款带来的机会收益能够绰绰有余地补偿现金折扣成本，企业就可以采取现金折扣或进一步改变当前的折扣方针，如果加速收款的机会收益不能补偿现金折扣成本的话，现金优惠条件便被认为是不恰当的。

3. 信用条件备选方案的评价

虽然企业在信用管理政策中，已对可接受的信用风险水平做了规定，当企业的生产经营环境发生变化时，就需要对信用管理政策中的某些规定进行修改和调整，并对改变条件的各种备选方案进行认真的评价。

【例 7-8】某企业预测的下一年度赊销额为 3 600 万元，其信用条件是：n/30，变动成本率为 60%，资金成本率（或有价证券利息率）为 10%。假设企业收账政策不变，固定成本总额不变。该企业准备了两个信用条件的备选方案：

A：维持 n/30 的信用条件。

B：将信用条件放宽到 n/60。

为这两种备选方案估计的赊销水平、坏账百分比和收账费用等有关数据见表 7-5。

表 7-5　信用条件备选方案

项　　目	信用条件	
	A 方案	B 方案
	n/30	*n*/60
年赊销额 / 万元	3 600	3 960
应收账款平均收账天数 / 天	30	60
应收账款平均余额 / 万元	3 600÷360×30＝300	3 960÷360×60＝660
维持赊销业务所需资金 / 万元	300×60%＝180	660×60%＝396
坏账损失占年赊销额的百分比 /(%)	2	3
坏账损失 / 万元	3 600×2%＝72	3 960×3%＝118.8
收账费用 / 万元	36	60

根据以上资料，可计算如下指标，见表 7-6。

表 7-6　信用条件备选方案　　　　　　　　　　　　　　　　　单位：万元

项　　目	信用条件	
	A 方案	B 方案
	n/30	*n*/60
年赊销额	3 600	3 960
变动成本	2 160	2376
信用成本前收益	1 440	1 584
应收账款机会成本	180×10%＝18	390×10%＝39.6
坏账损失	72	118.8
收账费用	36	60
小计	126	218.4
信用成本后收益	1 314	1365.6

根据表 7-6 中的资料可知，在这两种方案中，B 方案 (*n*/60) 的获利最大，它比 A 方案 (*n*/30) 增加收益 51.6 万元。因此，在其他条件不变的情况下，应选择 B 方案。

（三）收账政策

收账政策是指客户违反信用条件时企业采取的措施和收账策略。企业在对客户提供商业信用时，必须考虑三个问题：其一，客户是否会拖欠或拒付账款，程度如何。其二，怎样最大限度地防止客户拖欠账款。其三，一旦账款遭到拖欠甚至拒付，企业应采取怎样的对策。一、二两个问题主要靠信用调查和严格信用审批制度；第三个问题则必须通过制定完善的收账方针，采取有效的收账措施予以解决。而这主要是通过制定合理、行之有效的收账政策来解决的。从理论上讲，履约付款是客户不容置疑的责任与义务，债权企业有权通过法律途径要求客户履约付款。但如果企业对所有客户拖欠或拒付账款的行为均付诸法律解决，往往并不是最有效的办法，因为企业解决与客户账款纠纷的目的，主要不是争论

谁是谁非,而在于怎样最有成效地将账款收回。一般而言,收账政策主要包括以下几个方面:

1. 收账计划

在实施收账程序之前,应首先编制收账计划,收账计划的内容应该包括要账对象、收账人员、针对不同类型客户的不同方针与措施、收账费用计划、回收金额计划等。

2. 收账程序

收账程序是针对不同客户采用的不同收账方式,或者针对某一客户收账的系列做法。一般收账程序为:首先,用信函的方式发送过期通知书,要求言辞委婉;其次,信函无效则应采用电话垂询的方式表明态度;再次,电话无效则应上门催讨;最后,诉诸法律。

3. 收账策略

针对不同逾期欠款户的实际情况和个性特点,为了达到收回账款的目的,应采用不同的收账策略。概括来讲,收账策略有积极收账策略和消极收账策略两种。积极收账策略能收回较多的账款,但会导致收账费用增加。因此,企业在选择收账策略时要遵循成本效益原则,权衡收益与应收账款成本之间的关系。

除上述收账政策外,有些国家还兴起了一种新的收账代理业务,即企业可以委托收账代理机构催收账款。但由于委托手续费往往较高,许多企业,尤其是那些资财较小、经济效益差的企业很难采用。

企业对拖欠的应收账款,无论采用何种方式进行催收,都需要付出一定的代价,即收账费用,如收款所花的邮电通信费、派专人收款的差旅费和不得已时的法律诉讼费等。如果企业制定的收款政策过宽,会导致逾期未付款项的客户拖延时间更长,对企业不利;收账政策过严,催收过急,有可能伤害无意拖欠的客户,影响企业未来的销售和利润。因此,企业在制定收账政策时,要权衡利弊,掌握好宽度界限。

一般而言,企业加强收账管理,可以减少坏账损失,减少应收账款上的资金占用,但会增加收账费用。因此,制定收账政策就是要在增加收账费用与减少坏账损失,减少应收账款机会成本之间进行权衡,若前者小于后者,则说明制定的收账政策是可取的。

【例 7-9】收账政策的确定。已知某企业应收账款原有的收账政策和拟改变的收账政策见表 7-7。

表 7-7　收账政策备选方案资料

项　　目	现行收账政策	拟改变的收账政策
年收账费用 / 万元	90	150
应收账款平均收账天数 / 天	60	30
坏账损失占赊销额的百分比 (%)	3	1
赊销额 / 万元	7 200	7 200
变动成本率 (%)	60	60

假设资金利润率为10%,根据表 7-7 中的资料,计算两种方案的收账总成本,如表 7-8所示。

表 7-8　收账政策分析评价

项　目	现行收账政策	拟改变的收账政策
赊销额 / 万元	7 200	7 200
应收账款平均收账天数 / 天	60	30
应收账款平均余额 / 万元	7 200 ÷ 360 × 60 = 1 200	7 200 ÷ 360 × 30 = 600
应收账款占用的资金 / 万元	1 200 × 60% = 720	600 × 60% = 360
应收账款机会成本 / 万元	720 × 10% = 72	360 × 10% = 36
坏账损失 / 万元	7 200 × 3% = 216	7 200 × 2% = 144
年收账费用 / 万元	90	150
收账总成本 / 万元	378	330

表 7-8 的计算结果表明，拟改变的收账政策较现行收账政策减少的坏账损失和减少的应收账款机会成本之和 108 万元 [(216 − 144) + (72 − 36)]，大于增加的收账费用 60 万元 (150 − 90)，因此，改变收账政策的方案是可以接受的。

影响企业信用标准、信用条件及收账政策的因素很多，如销售额、赊销期限、收账期限、现金折扣等的变化。这就使得信用政策的制定更为复杂，一般来说，理想的信用政策就是为企业带来最大收益的政策。

■ 四、信用政策的确定方法

信用政策收益是某一信用政策方案下的销售收入与变动成本的差额。由于不考虑所得税因素，且未扣除固定成本、信用成本，因此该收益实际为边际收益。在没有现金折扣的情况下，计算公式为

$$信用成本前的收益 = 赊销净额 − 变动成本 − 有变化的固定成本 \qquad (7\text{-}15)$$

$$-信用成本\begin{cases} 应收账款的机会成本 = 维持赊销业务所需资金 × 机会成本率 \\ \qquad\qquad\qquad = 应收账款的平均余额 × 变动成本率 × 机会成本率 \\ \qquad\qquad\qquad = 日赊销额 × 平均收现期 × 变动成本率 × 机会成本率 \\ 坏账成本 = 赊销额 × 预计坏账损失率 \\ 收账费用 \end{cases}$$

= 信用成本后的收益

决策原则：选择信用成本后收益最大的方案。

【例 7-10】信用条件决策。

某企业预测的 2025 年赊销额为 3 600 万元，其信用条件是：n/30，变动成本率为 60%，资金成本率（或有价证券利息率）为 10%。假设企业收账政策不变，固定成本总额不变。该企业准备了三个信用条件的备选方案：

A. 维持 n/30 的信用条件。

B. 信用条件放宽到 n/60。

C. 信用条件放宽到 n/90。

为各种备选方案估计的赊销水平、坏账百分比和收账费用等有关数据见表7-9、表7-10。

表 7-9 信用条件备选方案表

项 目	信用条件		
	A 方案	B 方案	C 方案
	n/30	n/60	n/90
年赊销额 / 万元	3 600	3 960	4 200
应收账款平均收账天数 / 天	30	60	90
应收账款平均余额 / 万元	3 600÷360×30 = 300	3 960÷360×60 = 660	4 200÷360×90 = 1 050
维持赊销业务所需资金 / 万元	300×60% = 180	660×60% = 396	1 050×60% = 630
坏账损失 / 年赊销额 / 万元	2%	3%	6%
坏账损失 / 万元	3600×2% = 72	3 960×3% = 118.8	4 200×6% = 252
坏账损失收账费用 / 万元	36	60	144

表 7-10 收账分析评价表

项 目	信用条件		
	A 方案	B 方案	C 方案
	n/30	n/60	n/90
年赊销额 / 万元	3 600.0	3 960.0	4 200.0
变动成本 / 万元	2 160.0	2 376.0	2 520.0
信用成本前收益 / 万元	1 440.0	1 584.0	1 680.0
信用成本:			
应收账款机会成本 / 万元	180×10% = 18.0	396×10% = 39.6	630×10% = 63.0
坏账损失 / 万元	72.0	118.8	252.0
收账费用 / 万元	36.0	60.0	144.0
小计 / 万元	126.0	218.4	450.0
信用成本后收益 / 万元	1 314.0	1 365.6	1 221.0

【例 7-11】信用条件决策。

仍以例 7-10 所列资料为例，如果企业为了加速应收账款的回收，决定在 B 方案的基础上将赊销条件改为"2/10，1/20，n/60"（D 方案），估计约有 60% 的客户（按赊销额计算）会利用 2% 的折扣；15% 的客户将利用 1% 的折扣。坏账损失率降为 1.5%，收账费用降为 42 万元。根据上述资料，有关指标可计算如下：

应收账款平均收账天数 = 60%×10 + 15%×20 + (1 − 60% − 15%)×60 = 24(天)。

应收账款平均余额 = 3 960÷360×24 = 264(万元)。

维持赊销业务所需要的资金 = 264×60% = 158.4(万元)。

应收账款机会成本 = 158.4×10% = 15.84(万元)。

坏账损失 = 3960×1.5% = 59.4(万元)。

现金折扣 = 3960 × (2% × 60% + 1% × 15%) = 53.46(万元)。

表 7-11　信用条件决策分析表

项　　目	信用条件	
	B 方案	D 方案
	n/60	2/10, 1/20, n/60
年赊销额 / 万元	3 960.00	3 960.00
减：现金折扣 / 万元	—	53.46
年赊销净额 / 万元	3 960.00	3 906.54
减：变动成本 / 万元	2 376.00	2 376.00
信用成本前收益 / 万元	1 584.00	1 530.54
减：信用成本		
应收账款机会成本 / 万元	39.60	15.84
坏账损失 / 万元	118.80	59.40
收账费用 / 万元	60.00	42.00
小计 / 万元	218.40	117.24
信用成本后收益 / 万元	1 365.60	1 413.30

【例 7-12 】收账政策的确定。

已知某企业应收账款原有的收账政策和拟改变的收账政策如表 7-12-1 所示。

假设资金利润率 10%，根据表中的资料，计算两种方案的收账总成本如表 7-12-2 所示。

表 7-12-1　收账政策备选方案资料

项　　目	现行收账政策	拟改变的收账政策
年收账费用 / 万元	90	150
应收账款平均收账天数 / 天	60	30
坏账损失占赊销额的百分比 (%)	37	27
赊销额 / 万元	200	200
变动成本率 (%)	60	60

表 7-12-2　收账政策分析评价表

项　　目	现行收账政策	拟改变的收账政策
赊销额 / 万元	7 200	7 200
应收账款平均收账天数 / 天	60	30
应收账款平均余额 / 万元	7 200 ÷ 360 × 60 = 1200	7 200 ÷ 360 × 30 = 600
应收账款占用的资金 / 万元	1 200 × 60% = 720	600 × 60% = 360
收账成本：		
应收账款机会成本 / 万元	720 × 10% = 72	360 × 10% = 36
坏账损失 / 万元	7 200 × 3% = 216	7 200 × 2% = 144
年收账费用 / 万元	90	150
收账总成本 / 万元	378	330

【例 7-13】某企业 2024 年 A 产品销售收入为 4 000 万元，总成本为 3 000 万元，其中固定成本为 600 万元。2002 年该企业有两种信用政策可供选用：

甲方案给予客户 60 天信用期限 (n/60)，预计销售收入为 5 000 万元，货款将于第 60 天收到，其信用成本为 140 万元；

乙方案的信用政策为 (2/10，1/20，n/90)，预计销售收入为 5400 万元，将有 30% 的货款于第 10 天收到，20% 的货款于第 20 天收到，其余 50% 的货款于第 90 天收到 (前两部分货款不会产生坏账，后一部分货款的坏账损失率为该部分货款的 4%)，收账费用为 50 万元。

该企业 A 产品销售额的相关范围为 3 000 ~ 6 000 万元，企业的资金成本率为 8%(为简化计算，本题不考虑增值税因素)。

要求及计算：

(1) 计算该企业 2024 年的下列指标：

① 变动成本总额；

② 以销售收入为基础计算的变动成本率。

解　变动成本总额 = 3 000 - 600 = 2400(万元)

以销售收入为基础计算的变动成本率 = 2 400/4 000 × 100% = 60%

(2) 计算乙方案的下列指标：

① 应收账款平均收账天数；

② 应收账款平均余额；

③ 维持应收账款所需资金；

④ 应收账款机会成本；

⑤ 坏账成本；

⑥ 采用乙方案的信用成本。

解　应收账款平均收账天数 = 10 × 30% + 20 × 20% + 90 × 50% = 52(天)

应收账款平均余额 = (5 400/360) × 52 = 780(万元)

维持应收账款所需资金 = 780 × 60% = 468(万元)

应收账款机会成本 = 468 × 8% = 37.44(万元)

坏账成本 = 5 400 × 50% × 4% = 108(万元)

采用乙方案的信用成本 = 37.44 + 108 + 50 = 195.44(万元)

(3) 计算以下指标：

① 甲方案的现金折扣；

② 乙方案的现金折扣；

③ 甲乙两种方案信用成本前收益之差；

④ 甲乙两种方案信用成本后收益之差。

解　甲方案的现金折扣 = 0

乙方案的现金折扣 = 5 400 × 30% × 2% + 5 400 × 20% × 1% = 43.2(万元)

甲乙两种方案信用成本前收益之差

$$= 5000 \times (1 - 60\%) - [5400 \times (1 - 60\%) - 43.2] = -116.8(万元)$$

甲乙两方案信用成本后收益之差

$$= -116.8 - (140 - 195.44) = -61.36(万元)$$

(4) 为该企业做出采取何种信用政策的决策，并说明理由。

解 因为乙方案信用成本后收益大于甲方案，所以企业应选用乙方案。

五、应收账款日常管理

信用政策建立以后，企业要做好应收账款的日常管理工作，进行信用调查和信用评价，以确定是否同意顾客赊欠货款，当顾客违反信用条件时，还要做好账款催收工作。

（一）企业的信用调查

信用调查就是企业对客户的信用品质、偿债能力、担保情况、经营情况等信用状况进行调查，搜集客户的信用信息。只有正确地评价客户的信用状况，才能合理地执行企业的信用政策。通常企业获取客户信用资料的来源主要有：

1. 财务报表

企业的财务报表是信用资料的重要来源，通过财务报表分析，基本上能掌握一个企业的财务状况和盈利状况。

2. 信用评估机构

许多国家都有信用评估的专门机构，定期发布有关企业的信用等级报告。在评估等级方面，目前主要有两种形式：第一种是采用三类九级制，即把企业的信用情况分为 AAA、AA、A、BBB、BB、B、CCC、CC、C 九级，AAA 为最优等级，C 为最差等级；第二种是采用三级制度（即分成 AAA、AA、A）。专门的信用评估部门通常评估方法先进，评估调查细致，评估程序合理，可信度较高。因此，这也是企业获取客户信用资料的重要来源。

3. 银行

相关银行能为企业提供有关客户的信用资料。因为许多银行都设有信用部，为其客户提供服务。但银行的资料一般仅愿在同业之间交流，而不愿向其他单位提供。因此，如外地有一笔较大的买卖，需要了解客户的信用状况，最好通过当地开户银行，向其征询有关信用资料。

4. 其他信息

除以上来源外，还有其他一些部门和机构可以为企业提供客户部分信用资料，如财税部门、消费者协会、工商管理部门、企业的上级主管部门、证券交易部门等。另外，有些书籍、报刊、杂志、网络等也会在一定程度上反映有关客户的信用情况。

（二）企业的信用评估

搜集好信用资料后，要对这些资料进行分析，并对客户信用状况进行评估。信用评估的方法很多，这里介绍两种常见的方法：5C 评估法和信用评分法。

1. 5C 评估法

所谓 5C 评估法，是指重点分析影响信用的五个方面的一种方法。这五个方面英文的第一个字母都是 C，故称之为 5C 评估法。这五个方面是：

(1) 品德 (character)：指客户愿意履行其付款义务的可能性。客户是否愿意尽自己最大努力来归还货款，直接决定着账款的回收速度和数量。品德因素在信用评估中是最重要的因素。

(2) 能力 (capacity)：指客户偿还货款的能力。这主要根据客户的经营规模和经营状况来判断。

(3) 资本 (capital)：指一个企业的财务状况。这主要根据有关的财务比率进行判断。

(4) 抵押品 (collateral)：指客户能否为获取商业信用提供担保资产。若有担保资产，则对顺利收回货款比较有利。

(5) 情况 (conditions)：指一般的经济情况对企业的影响，或某一地区的一些特殊情况对客户偿还能力的影响。

通过以上五个方面的分析，便基本上可以判断客户的信用状况，为最后决定是否向客户提供商业信用做好准备。

2. 信用评分法

信用评分法是先对一系列财务比率和信用情况指标进行评分，然后进行加权平均，得出客户综合的信用分数，并以此进行信用评估的一种方法。进行信用评分的基本公式为

$$Y = a_1 x_1 + a_2 x_2 + a_3 x_3 + \cdots + a_n x_n = \sum_{i=1}^{n} a_i x_i \tag{7-16}$$

式中：Y 为某企业的信用评分；a_i 为事先拟定出的对第 i 种财务比率和信用品质进行加权的权数（$\sum_{i=1}^{n} a_i = 1$）；x_i 为第 i 种财务比率或信用品质的评分。

【例 7-14】A 公司信用评估有关资料详见表 7-13，要求对该公司信用情况进行评估。

表 7-13　企业信用评估表

项　目	财务比率和信用品质 (1)	分数 (x) 0～100(2)	权数 α(3)	加权平均数 (4) = (2)×(3)
流动比率	1.9	90	0.20	18.00
资产负债率 (%)	50	85	0.10	8.50
销售净利率 (%)	10	85	0.10	8.50
信用评估等级	AA	85	0.25	21.25
付款历史	尚好	75	0.25	18.75
企业未来预计	尚好	75	0.05	3.75
其他因素	好	85	0.05	4.25
合计	—	—	1.00	83.00

在表 7-13 中，第 (1) 栏是根据搜集来的资料及分析确定的；第 (2) 栏是根据第 (1) 栏的资料确定的；第 (3) 栏是根据财务比率和信用品质的重要程度确定的。

在采用信用评分法进行信用评估时，分数在 80 分以上者，说明企业信用状况良好；分数在 60 ～ 80 分者，说明信用状况一般；分数在 60 分以下者，说明信用状况较差。

例 7-14 中，A 公司评估得分为 83 分，说明该公司信用状况良好。

（三）应收账款账龄分析

【例 7-15】应收账款账龄分析：已知某企业的账龄分析表如表 7-14 所示。

表 7-14 应收账款账龄分析表

应收账款	账龄账户数量	金额 / 万元	比重 /(%)
信用期内 (设平均为 3 个月)	100	60	60
超过信用期 1 个月内	50	10	10
超过信用期 2 个月内	20	6	6
超过信用期 3 个月内	10	4	4
超过信用期 4 个月内	15	7	7
超过信用期 5 个月内	12	5	5
超过信用期 6 个月内	8	2	2
超过信用期 6 个月以上	16	6	6
应收账款余额总计	—	100	100

表 7-14 表明，该企业应收账款余额中，有 60 万元尚在信用期内，占全部应收账款的 60%。过期数额 40 万元，占全部应收账款的 40%，其中逾期在 1、2、3、4、5、6 个月内的，分别为 10%、6%、4%、7%、5%、2%。另有 6% 的应收账款已经逾期半年以上。此时，企业应分析预期账款具体属于哪些客户，这些客户是否经常发生拖欠情况，发生拖欠的原因何在。一般而言，账款的逾期时间越短，收回的可能性越大，亦即发生坏账损失的程度相对越小；反之，收账的难度及发生坏账损失的可能性也就越大。因此，对不同拖欠时间的账款及不同信用品质的客户，企业应采取不同的收账方法，制定出经济可行的不同收账政策、收账方案；对可能发生的坏账损失，需提前有所准备，充分估计这一因素对企业损益的影响。对尚未过期的应收账款，也不能放松管理与监督，以防发生新的拖欠。

（四）应收账款收现保证率分析

由于企业当期现金支付需要量与当期应收账款收现额之间存在着非对称性矛盾，并呈现出预付性与滞后性的差异特征 (企业必须用现金支付与赊销收入有关的增值税和所得税，弥补应收账款资金占用等)，企业必须对应收账收现水平制定一个必要的控制标准，即应收账款收现保证率。

应收账款收现保证率 =（当期必要现金支付总额 - 当期其他稳定可靠的现金流入总额)÷ 当期应收账款总计金额

$$应收账款收现保证率 = \frac{当期必要现金支付总额 - 当期其他稳定可靠的现金流入总额}{当期应收账款总计金额} \qquad (7\text{-}17)$$

（五）收账的日常管理

收账是企业应收账款管理的一项重要内容，应加强日常管理工作，收账管理包括以下两部分内容：

1. 确定合理的收账程序

催收账款的程序一般是：信函通知，电话催收，派人员面谈，法律行动。当客户拖欠账款时，要先给客户一封有礼貌的通知信件；接着，可寄出一封措辞较直率的信件；进一步则可通过电话催收；如再无效，企业的收账员可直接与客户面谈，协商解决；如果谈判不成，就只好诉诸于法律。需要注意的是，企业一般不到迫不得已，尽量避免采取法律行动，否则会影响企业与客户的关系。

2. 确定合理的讨债方法

客户拖欠货款的原因有很多，企业应根据不同的原因，同时考虑与客户的合作关系等多方面因素，确定合理的讨债方法，以达到收回账款的目的。常见的讨债方法有：讲理法，恻隐术法，疲劳战术法，激将法，软硬兼施法等。

第四节　存货管理

一、存货及其管理目标

存货是指企业在日常生产经营过程中为生产或销售而储备的物资，是企业生产经营过程中销售或者耗用的资产，主要包括原材料、在产品、产成品、库存商品或物资等。存货管理水平的高低直接影响企业的生产经营能否顺利进行，并最终影响企业收益、风险等情况。因此，存货管理是财务管理的一项重要工作。

存货管理的目标，就是要尽力在各种存货成本与存货效益之间做出权衡，在充分发挥存货功能的基础上，降低存货成本，实现两者的最佳组合。

二、存货储备的动因

（一）满足经营需要

企业生产产品必须有一定量的原材料、燃料等，必然会有处于生产过程中的在产品，必然有尚待销售的产成品；而商业企业要进行商品销售活动，必然会有一定存量的商品等。因此，确保经营过程的正常进行，是储备存货的基本动机。

（二）增加经营弹性

保持一定量的存货储备量，在满足基本需求的情况下，还可以增加企业生产和销售的弹性。生产和销售过程不可能总处于一个均衡的状态，保持一定量的存货，就可根据市场需要调整生产与经营规模，增加经营过程的弹性。

（三）取得价格优惠

批量采购存货，可能会得到供货方的优惠，在不影响资本成本的情况下，可考虑增加存货量。

■ 三、存货储备的成本

持有一定量的存货不仅会给企业带来经济效益，而且会有一定的成本支出。与存货有关的成本主要包括取得成本、储存成本和缺货成本。

（一）取得成本

取得成本是为取得存货直接发生的成本支出，包括两项内容：订购货过程发生的开支，称为订货成本；二是货物的购进成本，称为购置成本。

1. 订货成本

订货成本是取得存货订单，在订货过程中发生的费用，如办公费、差旅费、电话费等杂费。其中有一部分与订货次数无关，称为固定订货成本；而另一部分与订货次数直接相关的开支，为变动订货成本。订货成本可用公式表示如下：

$$订货成本 = F_1 + \frac{D}{Q} \times K \qquad (7\text{-}18)$$

式中：F_1 表示固定订货成本，K 表示每次订货的变动成本，D 表示存货需求量，Q 表示每次进货量。

2. 购置成本

购置成本是指采购商品本身的价值，这是存货成本的主要开支，也是最直接的开支。购置成本取决于存货的采购量与存货采购单价。购置成本可用公式表示如下：

$$购置成本 = 采购单价 \times 存货需求量 = U \times D \qquad (7\text{-}19)$$

式中：U 表示存货的采购单价。

那么存货的取得成本可用公式表示如下：

$$取得成本 = 订货成本 + 购置成本 = F_1 + \frac{D}{Q} \times K + U \times D \qquad (7\text{-}20)$$

（二）储存成本

储存成本是指为储备存货发生的费用开支，如由于存货占用资金而应支付的利息，以及为储备存货而发生的保管费、仓储费、保险费以及存货损耗费等费用开支。储存成本分为固定储存成本与变动储存成本，固定储存成本是与存货量无关的成本。变动储存成本是随着存货量变动而变动的成本。储存成本可用公式表示如下：

$$储存成本 = 固定储存成本 + 变动储存成本 = F_2 + K_c \times \frac{Q}{2} \qquad (7\text{-}21)$$

式中：F_2 表示固定储存成本，用 K_c 表示单位变动储存成本，Q 表示每次进货量。

（三）缺货成本

缺货成本指由于存货供应中断而造成的损失，包括材料供应中断造成的停工损失、成品供应中断导致延误发货的信誉损失以及丧失销售机会的损失等。如果生产企业以紧急采购待用材料解决库存材料中断之急，那么缺货成本表现为紧急额外采购成本。

允许缺货时，缺货成本与每次进货量反向相关，属于决策相关成本；不允许缺货时，则缺货成本为零。

■ 四、经济订货批量

存货决策中财务部门要做的是决定进货时间和决定进货批量，能够使存货总成本最低的进货批量，叫作经济订货量或经济批量。通过以上对存货成本分析可知，存货管理决策的相关成本包括变动性订货成本，变动性储存成本和允许缺货时的短缺成本。不同的成本与订货数量之间存在着不同的变动关系。减少订货量，会导致变动性订货成本和短缺成本的上升，变动性储存成本的下降；增加订货量，则会使变动性订货成本和短缺成本下降，但变动性储存成本会上升。所以，这就要求企业协调各成本间的关系，使其相关总成本保持最低水平。经济订货量确定的方法通常有以下三种：

（一）经济订货量的基本模型

1. 经济订货量基本模型的假设

经济进货批量基本模式以如下假设为前提：

(1) 企业一定时期的进货总量可以较为准确地予以预测；

(2) 存货的耗用或者销售比较均衡；

(3) 存货的价格稳定，且不存在数量折扣，进货日期完全由企业自行决定，并且每当存货量降为零时，下一批存货均能马上一次到位；

(4) 仓储条件及所需现金不受限制；

(5) 不允许出现缺货情形；

(6) 所需存货市场供应充足，不会因买不到所需存货而影响其他方面。

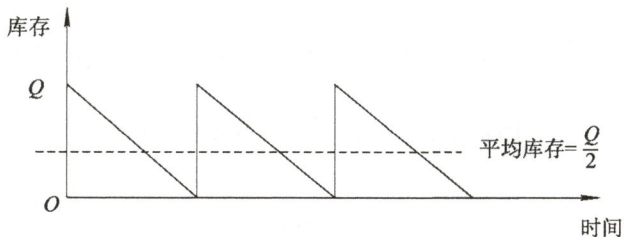

图 7-3　经济批量模型平均库存量示意图

2. 最佳经济批量的确定

如前所述，存货总成本在不考虑短缺成本时的计算公式为

$$存货总成本 = F_1 + \frac{D}{Q} \times K + U \times D + F_2 + K_c \times \frac{Q}{2}$$

对上述公式进行求导计算，可得最佳经济批量的公式：

$$Q = \sqrt{\frac{2KD}{K_c}} \qquad (7\text{-}22)$$

根据这一公式，可推导出以下相关指标的公式：

每年的最佳订货次数 N 的计算公式为

$$N = \frac{D}{Q} \qquad (7\text{-}23)$$

最佳订货周期 T 的计算公式为

$$T = \frac{360}{N} \qquad (7\text{-}24)$$

经济进货批量所需资金 I 的计算公式为

$$I = \frac{Q}{2} \times U \qquad (7\text{-}25)$$

存货总成本 TC 的计算公式为

$$TC = \sqrt{2 \times D \times K \times K_c} \qquad (7\text{-}26)$$

【例 7-16】某公司本年度需耗用乙材料 36 000 千克，该材料采购成本为 200 元 / 千克，年度储存成本为 16 元 / 千克，平均每次进货费用为 20 元。

要求：

(1) 计算本年度乙材料的经济进货批量。

(2) 计算本年度乙材料经济进货批量下的相关总成本。

(3) 计算本年度乙材料经济进货批量下的平均资金占用额。

(4) 计算本年度乙材料最佳进货批次。

解 (1)　本年度乙材料的经济进货批量 $= \sqrt{\dfrac{2 \times 36\,000 \times 20}{16}} = 300$（千克）

(2)　乙材料经济进货批量下的相关总成本 $= \sqrt{2 \times 36\,000 \times 20 \times 16} = 4\,800$（元）

(3)　平均资金占用额 $= \dfrac{300}{2} \times 200 = 30\,000$（元）

(4)　最佳进货批次 $= \dfrac{36\,000}{300} = 120$（次）

（二）数量折扣（相关成本、计算）

【例 7-17】实行数量折扣的经济进货批量模式。

某企业甲材料的年需要为 16 000 千克，每千克标准价为 20 元。销售企业规定：客户每批购买量不足 1000 千克的，按照标准价格计算；每批购买量 1000 千克以上，2000 千克以下的，价格优惠 2%；每批购买量 2000 千克以上的，价格优惠 3%。已知每批进货费用 600 元，单位材料的年储存成本 30 元。

则按经济进货批量基本模式确定的经济进货批量为

$$Q = \sqrt{\frac{2 \times 16\,000 \times 600}{30}} = 800 \text{（千克）}$$

每次进货 800 千克时的存货相关总成本为

$$\text{存货相关总成本} = 16\,000 \times 20 + \frac{16\,000}{800} \times 600 + \frac{800}{2} \times 30 = 344\,000 \text{（元）}$$

每次进货 1000 千克时的存货相关总成本为

$$\text{存货相关总成本} = 16\,000 \times 20 \times (1 - 2\%) + \frac{16\,000}{1000} \times 600 + \frac{1000}{2} \times 30 = 338\,200 \text{（元）}$$

每次进货 2000 千克时的存货相关总成本为

$$\text{存货相关总成本} = 16\,000 \times 20 \times (1 - 3\%) + \frac{16\,000}{2000} \times 600 + \frac{2000}{2} \times 30 = 345\,200 \text{（元）}$$

通过比较发现，每次进货为 1000 千克时的存货相关总成本最低，所以此时最佳经济进货批量为 1000 千克。

【例 7-18】某公司每年需用某种材料 8000 吨，每次订货成本 400 元，每吨材料的年储存成本为 40 元，该种材料买价为 1500 元 / 吨。

要求：(1) 每次购入多少吨，可使全年与进货批量相关的总成本达到最低？此时相关总成本为多少？

(2) 若一次订购量在 500 吨以上时可获 2% 的折扣，在 1000 吨以上时可获 3% 折扣，要求填写下表，并判断公司最经济订货量为多少？

解　若不享受折扣

(1)

$$Q^* = \sqrt{2 \times 8000 \times \frac{400}{40}} = 400 \text{（元）}$$

$$\text{年相关总成本} = \sqrt{2 \times 8000 \times \frac{400}{40}} = 16\,000 \text{（元）}$$

(2) 相关总成本如表 7-15 所示。

表 7-15　相关总成本

订购量 /吨	平均库存 /吨	储存成本 /元	订货次数 /次	进货费用 /元	进价成本 /元	相关总成本 /元
400	200	200 × 40	8 000/400	20 × 400	1 500 × 8 000	12 016 000
500	250	10 000	16	6400	11 760 000	11 776 400
1000	500	20 000	8	3200	11 640 000	11 663 200

五、存货日常管理

（一）存货储存期控制

无论是商品流通企业还是生产制造企业，其商品产品一旦入库，便面临着如何尽快销售出去的问题。暂且不考虑未来市场供求关系的不确定性，仅是存货储存本身就会给企业造成较多的资金占用费（如利息成本或机会成本）和仓储管理费。因此，尽量缩短存货时间，加速存货周转，是节约资金占用，降低成本费用，提高企业获利水平的重要保证。

企业进行存货投资所发生的费用支出，按照与储存时间的关系可以分为固定储存费用与变动储存费用两类。前者数额的大小与存货储存期的长短无直接联系，如各项进货费用管理费用等。后者即变动储存费用则随着存货储存期的延长或缩短成正比例地增减变动。如存货资金占用费（贷款购置存货的利息或现金购置存货的机会成本）存货仓储管理费、仓储耗费等。

基于上述分析，可以将"本—量—利"的平衡关系式调整为

$$利润 = 毛利 - 固定储存费 - 销售税金及附加 - 变动储存费 \times 储存天数 \qquad (7\text{-}27)$$

可见，存货的储存成本之所以会不断增加，主要是由于变动储存费随着存货储存期的延长而不断增加的结果，所以，利润与费用之间此增彼减的关系实际上是利润与变动储存费用之间此增彼减的关系。这样，随着存货储存期的延长，利润将日渐减少。当"毛利 - 固定储存费 - 销售税金及附加"的余额被变动储存费抵消到恰好等于企业目标利润时，表明存货已经到了保利期。当它完全被变动储存费抵消时，便意味着存货已经到了保本期。无疑，存货如果能够在保利期内售出，所获得的利润便会超过目标值；反之，将难以实现既定的利润目标。若存货不能在保本期内售出，企业便会蒙受损失。其具体计算公式如下：

$$存货保本储存天数 = \frac{毛利 - 固定储存费 - 销售税金及附加}{每日变动储存费}$$

$$存货保利储存天数 = \frac{毛利 - 固定储存费 - 销售税金及附加 - 目标利润}{每日变动储存费}$$

$$批进批出存货的盈利（或亏损）的计算 = 每日变动储存费 \times$$
$$（保本储存天数 - 实际储存天数） \qquad (7\text{-}28)$$

$$进批出存货的盈利（或亏损）的计算 = 每日变动储存费 \times$$
$$（保本储存天数 - 实际储存天数） \qquad (7\text{-}29)$$

【例 7-19】存货储存期控制。

商品流通企业购进甲商品 2000 件，单位进价（不含增值税）100 元，单位售价 120 元（不含增值税），经销该批商品的一次费用为 20 000 元，若货款均来自银行贷款，年利率 10.8%，该批存货的月保管费用率 3‰，销售税金及附加 1600 元。要求：

① 计算该批存货的保本储存期。

解 每日变动储存费 = 购进批量 × 购进单价 × 日变动储存费率

$$= 2000 \times 100 \times \left(\frac{10.8\%}{360} + \frac{3‰}{30} \right) = 80(\text{元})$$

$$存货保本储存天数 = \frac{毛利 - 固定储存费 - 销售税金及附加}{每日变动储存费}$$

$$= \frac{(120 - 100) \times 2\,000 - 20\,000 - 1\,600}{80} = 230(\text{天})$$

② 若企业要求获得 3% 的投资利润率，计算保利期。

解 目标利润 = 投资额 × 投资利润率 = 2 000 × 100 × 3% = 6 000(元)

$$存货保利储存天数 = \frac{毛利 - 固定储存费 - 销售税金及附加 - 目标利润}{每日变动储存费}$$

$$= \frac{(120 - 100) \times 2\,000 - 20\,000 - 1\,600 - 6\,000}{80} = 155(\text{天})$$

③ 若该批存货实际储存了 200 天，问能否实现 3% 的目标投资利润率，差额多少。

解 批进批出经销该商品实际获利额 = 每日变动储存费 ×

$$(保本储存天数 - 实际储存天数)$$

$$= 80 \times (230 - 200) = 2\,400(\text{元})$$

$$\Delta 利润 = 实际利润 - 目标利润 = 2\,400 - 6\,000 = -3\,600(\text{元})$$

$$\Delta 利润率 = 实际利润率 - 目标利润率 = \frac{2\,400}{100 \times 2\,000} \times 100\% - 3\% = -1.8\%$$

④ 若该批存货亏损了 4 000 元，求实际储存天数。

解 因为

$$该批存货获利额 = 每日变动储存费 \times (保本储存天数 - 实际储存天数)$$

$$= 80 \times (230 - 200) = 2400(\text{元})$$

故

$$实际储存天数 = 保本储存天数 - \frac{该批存货获利额}{每日变动储存额} = 230 - \frac{-4\,000}{80} = 280(\text{天})$$

（二）批进零出存货的盈利与亏损的计算

$$存货平均保本储存天数 = \frac{毛利 - 固定储存费 - 销售税金及附加}{每日变动储存费}$$

$$存货平均保利储存天数 = \frac{毛利 - 固定储存费 - 销售税金及附加 - 目标利润}{每日变动储存费}$$

批进零出存货的盈利（或亏损）

= 每日变动储存费 × [平均保本天数 − 平均实际储存天数]

= 每日变动储存费 × [平均保本天数 − (零散售完天数 + 1)/2]

【例 7-20】批进零售的存货控制模式。

企业购进 H 型存货 2000 件，购进单价 1000 元（不含增值税）。该款项均来自银行贷款，月利率 12‰，企业月存货保管费用 13 500 元，存货购销的固定储存费 200 000 元。据市场调研反馈信息表明，该存货日均销量约 12 件，需 167 天左右的时间方能全部售出，单位售价（不含增值税）1250 元。销售税金及附加 125 000 元。

$$每日变动储存费 = 购进批量 \times 购进单价 \times 每日利率 + 每日保管费用$$

$$= 2\,000 \times 1\,000 \times \frac{12‰}{30} + \frac{13\,500}{30} = 1\,250\,(元)$$

$$保本天数 = \frac{(毛利 - 固定储存费 - 销售税金及附加)}{每日变动储存费}$$

$$= \frac{(1\,250 - 1\,000) \times 2\,000 - 200\,000 - 125\,000}{1\,250} = 140\,(天)$$

$$H 型存货平均实际储存天数 = \frac{1}{2} \times \left(\frac{购进批量}{日均销量} + 1 \right)$$

$$= \frac{1}{2} \times (实际零散售完天数 + 1)$$

$$= \frac{1}{2} \times (167 + 1) = 84\,(天)$$

经销 H 存货预计可获利润 = 该批存货的每日变动储存费 ×

$$(平均保本储存天数 - 平均实际储存天数)$$

$$= 1250 \times (140 - 84) = 70\,000\,(元)$$

【例 7-21】某批发公司购进商品 3000 件，单位进价 70 元（不含增值税），单位售价 100 元（不含税），经销该商品的固定性费用 25 000 元。若货款来自银行借款，年利率 9%，该批存货的月保管费用率 2%，销售税金及附加为 10 000 元。

要求：

(1) 计算该批存货保本储存期。

(2) 计算在投资利润率为 4% 时的保利储存期。

(3) 计算实际储存期为 200 天时的实际利润。

(4) 若该批存货平均每天销售 30 件，计算经销该批货物的利润。

解　(1) 每日变动储存费 = 3000 × 70 × 9%/360 + 3 000 × 70 × 2%/30 = 192.5（元）

保本储存期 = [3 000 × (100 − 70) − 25 000 − 10 000]/192.5 = 286（天）

(2) 保利储存期 = [3 000 × (100 − 70) − 25 000 − 10 000 − 3 000 × 70 × 4%]/192.5 = 242（天）

(3) 实际利润 = (286 − 200) × 192.5 = 16 555（元）

(4) 零散售完天数 = 3 000/30 = 100（天）

　　实际利润 = [286 − (100 + 1)/2] × 192.5 = 45 333.75（元）

（三）存货 ABC 分类管理

企业存货品种繁多，尤其是大中型企业的存货往往多达上万种甚至数十万种。实际上，不同的存货对企业财务目标的实现具有不同的作用。有的存货尽管品种数量很少，但金额巨大，如果管理不善，将给企业造成极大的损失。相反，有的存货虽然品种数量较多，但金额微小，即使管理当中出现一些问题，也不至于对企业产生较大的影响。因此，无论是从能力还是经济角度，企业均不可能也没有必要对所有存货不分巨细地严加管理。ABC 分类管理正是基于这一考虑提出的，其目的在于使企业分清主次、突出重点，以增强存货资金管理的整体效果。

所谓 ABC 分类管理，就是按照一定的标准，将企业的存货划分为 ABC 三类，分别实行分品种重点管理、分类别一般控制和按总额灵活掌握的存货管理方法。分类的标准主要有两个：一是金额标准；二是品种数量标准。其中，金额标准是最基本的，品种数量标准仅作为参考。A 类存货的金额巨大，但品种数量较少；B 类存货的金额一般，品种数量相对较多；C 类存货品种数量繁多，但价值金额却很少。

思维导图

思维导图 7

拓展训练

拓展训练 7

第八章
利润分配管理

▼

学习目标

学习目标	学习难度	重要程度	应掌握的知识点
能够阐述利润分配程序	☆	★★	利润分配的程序
能够根据场景识别对应理论	☆	★★	股利相关论
能够理解股利的种类	☆☆	★★	股利的种类
能够根据时间确定股利发放顺序	☆☆	★★	股利发放的顺序
能够了解股利政策的影响因素	☆	★	股利政策的影响因素
掌握并能够计算各种股利政策下的股利	☆☆☆	★★★	股利政策的类型
能够理解股票回购的含义	☆	★	股票回购
能够理解股票分割的含义	☆	★	股票分割

思政课堂

习近平总书记在党的二十大报告中指出："分配制度是促进共同富裕的基础性制度。"这一重要判断，对于我们在新发展阶段不断完善分配制度，为促进共同富裕提供制度保障，推动人的全面发展，全体人民共同富裕取得更为明显的实质性进展具有重要意义。

知识框架

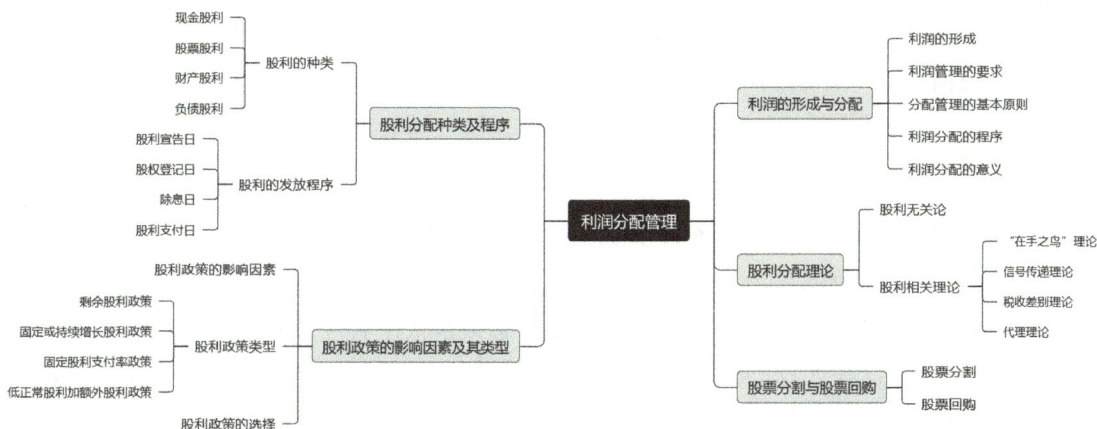

第一节 利润的形成与分配

利润分配是财务管理的一项重要内容，是一种利用财务手段确保生产经营成果的合理归属和正确分配的管理过程。利润分配概念有广义和狭义之分，广义的利润分配是指对企业收入和利润进行分配的过程；狭义的利润分配则是指企业对净利润的分配。广义利润分配的结果，形成了国家的所得税收入、投资者的投资报酬和企业的留存收益等不同项目。财务管理中利润分配，主要是企业的净利润分配。利润分配的实质就是确定给投资者分红与企业留存收益的比例，本章所讲的利润分配是指对净利润的分配，即狭义的利润分配。

一、利润的形成

（一）利润的含义

利润包括收入减去费用的净额、直接计入当期利润的利得和损失等。

利润是反映企业业绩的核心指标，是企业利益相关者进行收益分配的基础，也是企业得以持续发展的源泉。如果成本费用中不扣除利息和所得税，那么利润就是体现为息税前利润；如果成本费用中扣除利息费用而不扣除所得税，那么利润就体现为利润总额了；如果成本费用中扣除利息和所得税，就体现为净利润。

（二）利润的形成

利润在计算时包括以下几个层次：

(1) 营业利润 = 营业收入 − 营业成本 − 税金及附加 − 销售费用 − 管理费用 − 研发费用 − 财务费用 − 资产减值损失 + 其他收益 + 投资收益 + 公允价值变动损益 + 资产处置收益。

(2) 利润总额 = 营业利润 + 营业外收入 − 营业外支出。

(3) 净利润 = 利润总额 − 所得税费用。

(4) 息税前利润 = 净利润 + 利息费用 + 所得税费用。

二、利润管理的要求

（一）遵纪守法、依法竞争，努力增加合理利润

市场经济是竞争经济，企业的一切经营活动都围绕着经济效益进行，以盈利为目的，同时，市场经济也是合法经济，企业之间的竞争必须是依法有序的竞争，企业的盈利必须合法取得。企业在法律允许的范围内，通过不断增加产品数量、品种，提高产品质量，降低成本费用等正确途径参与市场竞争，从而达到增加企业利润的目的。

（二）分解利润指标，强化目标利润管理

为了强化目标利润的管理，企业必须建立起完善的利润目标管理责任，根据企业各部门、各单位各级相关人员在利润管理中的地位和作用，将企业利润目标进行分解，下达到相关部门、单位和个人，实现利润分级、分口管理。同时，规定各部门、各单位和相关人员为实现目标利润应完成的任务和承担的责任，以及完成或超额完成利润指标应获得的相关利益。通过利润指标的分解，可以把企业的整体利益与各部门及职工的切身利益紧密联系在一起，从而调动广大职工的积极性，保证目标利润的实现。

（三）严格执行有关财经法规，正确组织利润分配

企业在采取各种措施增加利润时，必须严格执行国家的有关财经法规，如实反映企业的财务状况，不得弄虚作假，以保证企业财务成果的真实性。根据国家有关税的规定，计算并缴纳相应的税费形成净利润后，应严格按照有关财经法规制度，正确组织利润分配。

三、收益分配管理的基本原则

（一）合法性原则

国家有关法律，如我国《公司法》和《中华人民共和国民法典》等对社会成员之间的分配关系做出了基本的规定，《企业财务通则》和相关政策、制度对企业收益分配的内容、顺序等进一步做出了具体的规定，企业必须严格遵照执行。

（二）利益相关性原则

企业的收益分配必须由相关的利益主体按与企业收益相关的要素进行分配。对这些分配主体、分配对象以及这些要素相互关系的调整办法，应当以企业章程、内部管理制度、股东大会决议等形式进行规定。收益分配主体通常为企业，但实质上应当是企业的投资者。分配对象在形式上说是企业的净利润，实质上是一定时期内企业经营所得的可供分配的经

济资源。

（三）效率优先、兼顾公平原则

长期以来我国制定了一系列关于收入分配的方针政策和法律法规的规定，企业在进行收益分配时应该坚持以效率为主，兼顾公平的基本原则。企业在制定收益分配方案和处理分配收益事项时，应当充分考虑眼前利益和长远利益的关系，局部利益和全局利益的关系，投资者利益和职工利益的关系以及企业资本积累与投资回报的关系。

四、利润分配的程序

利润分配就是对企业所实现的经营成果进行分割与派发的活动。利润分配关系着国家、企业及所有者等各方的利益，必须严格按照国家的法令和制度执行。根据我国《公司法》及相关法律制度的规定，公司净利润的分配应按照下列顺序进行，并构成了分配管理的主要内容。

资源 8-1

（一）弥补以前年度亏损

企业在提取法定公积金之前，应先用当年利润弥补以前年度亏损。企业年度亏损，可以用下一年度的税前利润弥补，下一年度不足弥补的，可以在 5 年之内用税前利润连续弥补，连续 5 年未弥补的亏损则用税后利润弥补。其中，税后利润弥补亏损，可以用当年实现的净利润，也可以用盈余公积转入。

（二）提取法定公积金

根据《公司法》的规定，法定公积金的提取比例为当年税后利润（弥补亏损后）的10%。当年法定公积金的累积额已达注册资本的50%时，可以不再提取。法定公积金提取后，根据企业的需要，可用于弥补亏损或转增资本，但企业用法定公积金转增资本后，法定公积金的余额不得低于转增前公司注册资本的25%。提取法定公积金的主要目的是增加企业内部积累，以利于企业扩大再生产。

（三）提取任意公积金

根据《公司法》的规定，公司从税后利润中提取法定公积金后，经股东会或股东大会决议，还可从税后利润中提取任意公积金。这是为了满足企业经营管理的需要，控制向投资者分配利润的水平，以及调整各年度利润分配的波动。

（四）向股东（投资者）分配股利（利润）

根据《公司法》的规定，公司弥补亏损和提取公积金后所余税后利润，可以向股东（投资者）分配。其中，有限责任公司股东按照实缴的出资比例分取红利，全体股东约定不按照出资比例分取红利的除外；股份有限公司按照股东持有的股份比例分配，但股份有限公司章程规定不按照持股比例分配的除外。此外，近年来，以期权形式或类似期权形式进行的股权激励在一些大公司逐渐流行起来，从本质上来说，股权激励是企业对管理层或者员工进行的一种经济利益分配。

五、利润分配的意义

利润作为企业生产经营的成果，在两权分离的背景下与受托责任观的理念下，是职业经理人尽职履责的结果，可以反映经理人的努力程度与能力水平。企业进行利润分配是股东投资回报的直接体现，稳定的利润分配一方面有利于促进股东对企业经营的信心，给予企业更多的支持；另一方面，将企业经营计划外的闲置资金分配给股东，可以有效地降低职业经理人的"滥用"现金行为，减少相应的非必要投资和经理人的自利行为，促进企业健康发展。

第二节　股利分配理论

企业的股利分配方案既取决于企业的股利政策，又取决于决策者对股利分配的理解与认识，即股利分配理论。股利分配理论是指人们对股利分配的客观规律的科学认识与总结，其核心问题是股利政策与公司价值的关系问题。在市场经济条件下，股利分配要符合财务管理目标。人们对股利分配与财务目标之间关系的认识存在不同的流派与观念，还没有一种被大多数人所接受的权威观点和结论，但主要有以下两种较流行的观点。

资源 8-2

一、股利无关论

股利无关论认为股利分配对公司的市场价值（或股票价格）不会产生影响。这一理论是默顿·米勒（Merton Miller）与弗兰科·莫迪利安尼（Franco Modigliani）于 1961 年在下面列举的一些假设之上提出的：① 公司的投资政策已确定并且已经为投资者所理解；② 不存在股票的发行和交易费；③ 不存在个人或公司所得税；④ 不存在信息不对称；⑤ 经理与外部投资者之间不存在代理成本。上述假设描述的是一种完美资本市场，因而股利无关论又称为完全市场理论。股利无关论有以下观点。

（一）投资者并不关心公司股利的分配

若公司留存较多的利润用于再投资，会导致公司股票价格上升；此时尽管股利较低，但需用现金的投资者可以出售股票换取现金。若公司发放较多的股利，则投资者又可以用现金再买入一些股票以扩大投资。也就是说，投资者对股利和资本利得并无偏好。

（二）股利的支付比率不影响公司的价值

既然投资者不关心股利的分配，公司的价值就完全由其投资政策及其获利能力决定，公司的盈余在股利和保留盈余之间的分配并不影响公司的价值，既不会使公司价值增加，也不会使公司价值降低（即使公司有理想的投资机会而又支付了高额股利，也可以募集新股，新投资者会认可公司的投资机会）。

■ 二、股利相关理论

与股利无关论相反，股利相关理论认为，企业的股利政策会影响股票价格和公司价值，主要观点有以下几种。

（一）"在手之鸟"理论

股东的投资收益来自当期股利和资本利得两个方面，利润分配决策的核心问题是在当期股利收益与未来预期资本利得之间进行权衡。企业的当期股利支付率升高时，企业盈余用于未来发展的留存资金会减少，虽然股东在当期获得了较高的股利，但未来的资本利得则有可能降低；而当企业的股利支付率下降时，用于发展企业的留存资金会增加，未来股东的资本利得将有可能提高。

由于企业在经营过程中存在着诸多的不确定性因素，股东会认为现实的现金股利要比未来的资本利得更为可靠，会更偏好于确定的股利收益。因此，资本利得好像林中之鸟，虽然看上去很多，却不一定抓得到。而现金股利则好像在手之鸟，是股东有把握按时、按量得到的现实收益。股东在对待股利分配政策态度上表现出来的这种宁愿现在取得确定的股利收益，而不愿将同等的资金放在未来价值不确定性投资上的态度偏好，即"一鸟在手，强于二鸟在林"。根据"一鸟在手"理论所体现的收益与风险的选择偏好，股东更偏好于现金股利而非资本利得，倾向于选择股利支付率高的股票。当公司支付较少的现金股利而留用利润较多时就会增加投资的风险，股东要求的必要投资报酬率就会提高，从而导致公司价值和股票价格下降；当公司支付较多的现金股利而留用利润较少时，就会降低投资风险，股东要求的必要投资报酬率就会降低，从而促使公司价值和股票价格上升。

（二）信号传递理论

股利无关论假设不存在信息不对称，即外部投资者与企业经理人员拥有企业投资机会与收益能力的相同信息。但在现实条件下，企业经理人员比外部投资者拥有更多的相关信息，这说明在企业经理人员与外部投资者之间存在信息不对称。在这种情形下，可以推测分配股利可以作为一种信息传递机制，使企业股东或市场中的投资者依据股利信息对企业经营状况与发展前景作出判断。企业经理人也认为股利分配政策具有信息含量，特别是股利支付信息向市场传递了企业的盈利能力能够为其项目投资和股利分配提供充分的内部融资，以及本期与以前期间的股利支付水平、变化程度的信息，甚至能够使投资者从中对企业盈利持续性及增长做出合理判断。

信号传递理论认为股利向市场传递企业信息可以表现为两个方面：一是股利增长的信号作用，即如果企业股利支付率提高，被认为是经理人员对企业发展前景作出良好预期的结果，表明企业未来业绩将大幅度增长，通过增加发放股利的方式向股东与投资者传递了这一信息。此时，随着股利支付率提高，企业股票价格应该是上升的。二是股利减少的信号作用，即如果企业股利支付率下降，股东与投资者会感受到这是企业经理人员对未来发展前景作出无法避免衰退预期的结果。显然，随着股利支付率下降，企业股票价格应该是下降的。

当然，增发股利是否一定向股东与投资者传递了好消息，在不同的情况下对这一点的认识是不同的。如果考虑处于成熟期的企业，其盈利能力相对稳定，此时企业宣布增发股利特别是发放高额股利，可能意味着该企业目前没有新的前景很好的投资项目，预示着企业成长性趋缓甚至下降，此时，随着股利支付率提高，股票价格应该是下降的；而当宣布减少股利时，则意味着企业需要通过增加留存收益为新增投资项目提供融资，预示着未来前景较好，显然，随着股利支付率下降，企业股票价格应该是上升的。信号传递理论为解释股利是否具有信息含量提供了一种基本分析逻辑，鉴于股东与投资者对股利信号信息的理解不同，所作出的对企业价值的判断也不同。

（三）税收差别理论

一般来说，股利收入的所得税税率要高于资本利得的所得税税率。例如我国税法规定，个人从公开发行和转让市场取得的上市公司股票的股息红利所得，按 20% 的税率计征个人所得税，而资本利得暂免征收个人所得税。因此，税收差别理论认为，由于股利收入的所得税税率要高于资本利得的所得税税率，这种差异会对股东财富产生不同的影响。出于避税的考虑投资者更偏爱低股利支付率政策，公司实行较低的股利支付率可以为股东带来税收利益，有利于增加股东财富，促进股票价格上涨，而高股利支付率政策将导致股票价格下跌。再者，即使股利收入和资本利得没有税率上的差异，由于投资者对资本利得收益的纳税时间选择更具有弹性，投资者仍可以享受延迟纳税带来的收益差异，因此，低股利支付率政策仍然是较好的选择。

（四）代理理论

代理理论认为，股利政策有助于减缓管理者与股东之间的代理冲突，即股利政策是协调股东与管理者之间代理关系的一种约束机制。该理论认为，股利的支付能够有效地降低代理成本。首先，股利的支付减少了管理者对自由现金流量的支配权，这在一定程度上可以抑制公司管理者的过度投资或在职消费行为，从而保护外部投资者的利益；其次，较多的现金股利发放减少了内部融资，导致公司进入资本市场寻求外部融资，从而公司将接受资本市场上更多的、更严格的监督，这样便通过资本市场的监督减少了代理成本。因此，高水平的股利政策降低了企业的代理成本，但同时增加了外部融资成本，理想的股利政策应当使两种成本之和最小。

第三节　股利分配种类及程序

一、股利的种类

股份有限公司分派股利的形式一般有现金股利、股票股利、财产股利和负债股利。

资源 8-3

（一）现金股利

现金股利是以现金支付的股利，它是股利支付的主要方式。公司支

付现金股利除了要有累计盈余（特殊情况下可用弥补亏损后的盈余公积金支付）外，还要有足够的现金，因此，公司在支付现金股利前需筹备充足的现金。

（二）股票股利

股票股利是公司以增发的股票作为股利的支付方式。发放股票股利，有利于节约现金支出，有助于股本扩张，把股票市价维持在希望的范围内。但是也可能传递公司面临财务困境的坏消息，使投资者失去信心，导致股价下跌。

（三）财产股利

财产股利是以现金以外的资产支付的股利，主要是以公司所拥有的其他企业的有价证券（如债券、股票）作为股利支付给股东。

（四）负债股利

负债股利是公司以负债支付的股利，通常以公司的应付票据支付给股东，在不得已的情况下也有发行公司债券抵付股利的。

财产股利和负债股利方式目前在我国公司实务中很少使用。在我国上市公司的股利分配实践中，股利支付方式主要是现金股利、股票股利或者是两种方式兼有的组合分配方式。

二、股利的发放程序

股份有限公司分配股利必须遵循法定的程序，一般是先由董事会提出股利分配预案，然后提交股东大会决议通过才能进行分配。股东大会决议通过股利分配预案之后，要向股东宣布发放股利的方案，并确定股权登记日、除息日、股利支付日，这几个日期对分配股利是非常重要的。

资源 8-4

（一）股利宣告日

股利宣告日，即公司董事会将股东大会通过本年度利润分配方案的情况，以及股利支付情况予以公告的日期。公告中将宣布每股派发股利、股权登记日、除息日、股利支付日以及派发对象等事项。

（二）股权登记日

股权登记日，即有权领取本期股利的股东资格登记截止日期。只有在股权登记日这一天登记在册的股东（即在此日及之前持有或买入股票的股东）才有资格领取本期股利；而在这一天之后登记在册的股东，即使是在股利支付日之前买入的股票，也无权领取本期分配的股利。此外，我国部分上市公司在进行利润分配时除了分派现金股利，还会送股或转增股，在股权登记日这一天仍持有或买进该公司的股票的投资者是可以享有此次分红、送股或转增股的股东，这部分股东名册由证券登记公司统计在案，届时将应支付的现金红利、应送的红股或转增股划到这部分股东的账上。

（三）除息日

除息日，也称除权日，是指股利所有权与股票本身分离的日期，将股票中含有的股利分配权利予以解除，即在除息日当日及以后买入的股票不再享有本次股利分配的权利。我国上市公司的除息日通常是在登记日的下一个交易日。由于在除息日之前的股票价格中包含了本次派发的股利，而自除息日起的股票价格中则不包含本次派发的股利，因此需要通过除权调整上市公司每股股票对应的价值，以便投资者对股价进行对比分析。

（四）股利支付日

股利支付日，是公司确定的向股东正式发放股利的日期。公司通过资金清算系统或其他方式将股利支付给股东。

股利支付程序如图 8-1 所示。

| 股利宣告日 | 股权登记日 | 除息日 | 股利支付日 |

图 8-1　股利支付程序

第四节　股利政策的影响因素及其类型

一、股利政策的影响因素

一般来说，影响股利政策的主要因素有法律因素、债务契约因素、公司自身因素、股东因素、其他因素等。

（一）法律因素

为了保护投资者的利益，各国法律（如公司法、证券法等）都会对公司的股利分配进行一定的限制。影响股利政策的法律因素主要有以下四项。

1. 资本保全的约束

资本保全是指股份公司只能用当期利润或留用利润来分配股利，不能用公司募集的资本发放股利，公司支付股利不能侵蚀公司的资本。这样的限制规定是为了保全公司的股本资本，以维护债权人的利益。

2. 企业积累的约束

这一规定要求股份公司在分配股利之前，应当按法定的程序先提取公积金。我国有关法律法规明确规定，股份公司应按税后利润的 10% 提取法定公积金，并且鼓励企业在分配普通股股利之前提取任意盈余公积金，只有当公积金累计数额达到公司注册资本的 50%时，才可以不再计提。法律法规中有关企业积累的规定有利于提高企业的生产经营能力，增强企业抵御风险的能力，维护债权人的利益。

3. 企业利润的约束

利润是发放股利的基础。公司可以用当年利润或以前年度的利润发放股利。但是，在公司以前年度的亏损没有全部弥补时，不能发放股利。按照我国法律法规的规定，只有在以前年度亏损弥补完之后还有剩余利润的情况下，才能用于分配股利。

4. 偿债能力的约束

这是规定公司在分配股利时，必须保持充分的偿债能力。公司分配股利不能只看利润表上净利润的数额，还必须考虑到公司的现金是否充足。如果因分配现金股利而影响了公司的偿债能力或正常的经营活动，股利分配就要受到限制。

（二）债务契约因素

债权人为了防止公司过多发放现金股利，影响其偿债能力，增加债务风险，会在债务契约中规定限制公司发放现金股利的条款。这些限制性条款通常包括：① 公司的盈利必须达到某一水平才能发放股利；② 营运资金低于某一特定金额时不得发放股利；③ 将利润的一部分以偿债基金的形式留存下来；④ 利息保障倍数低于一定水平时不得支付股利等。

（三）公司自身因素

公司自身因素的影响是指公司内部的各种因素及其面临的各种环境、机会对其股利政策产生的影响，主要包括现金流量、筹资能力、投资机会、资本成本、盈利状况等。

1. 现金流量

公司在经营活动中必须有充足的现金流量，否则就会发生支付困难的情况。公司在分配现金股利时，必须考虑到现金流量以及资产的流动性。如果公司的现金流量充足，特别是在满足投资所需资本后，仍然有剩余的自由现金量时，就应当适当提高股利支付水平；反之，如果现金流量不足，即使公司当期利润较多，也应当限制现金股利的支付。过多地分配现金股利会减少公司的现金持有量，影响未来的支付能力，甚至可能导致公司出现财务困难。

2. 筹资能力

筹资能力是影响股利政策的一个重要因素。不同的企业在资本市场上的筹资能力会有一定的差异，公司在分配现金股利时，应当根据自身的筹资能力来确定股利支付水平。如果公司的筹资能力较强，能够较容易地在资本市场上筹集到资本，就可以采取比较宽松的股利政策，适当提高股利支付水平；如果筹资能力较弱，就应当采取比较紧缩的股利政策，少发放现金股利，增加留存收益。

3. 投资机会

公司在制定股利政策时会考虑未来投资对资本的需求。在公司有良好的投资机会时，就应当考虑少发放现金股利，增加留存收益，将资本用于再投资，这样可以加速企业的发展，增加未来的收益，这种股利政策往往也易于为股东所接受。在公司没有良好的投资机会时，往往倾向于多发放现金股利。理论研究表明，成长快的公司经常采用低股利支付率政策，就是因为这样的公司有较多的投资机会，增加留存收益可以保证有更多的资本用于再投资。

4. 资本成本

资本成本是企业选择筹资方式的基本依据。留存收益是企业内部筹资的一种重要方式，同发行新股相比，其具有资本成本低的优点。如果公司一方面大量发放现金股利，另一方面又要通过资本市场发行新股筹资资本，由于存在交易费用和所得税，就会增加公司的综合资本成本，减少股东财富。因此，在制定股利政策时，应当充分考虑到公司对资本的需求以及资本成本等问题。

5. 盈利状况

公司的股利政策在很大程度上会受其盈利能力的影响。如果公司未来的盈利能力较强，并且盈利稳定性较好，就倾向于采用高股利支付率政策。反之，如果公司盈利能力较弱，盈利的稳定性较差，则出于应对未来经营和财务风险的需要，常常采用低股利支付率政策，成熟阶段可以增加股利分配，采用稳定的股利支付率政策；衰退阶段可以考虑采用回购股票这种特殊的方式来回馈股东。

资源 8-5

二、股利政策类型

股利政策是企业在遵循国家有关法律、法规的前提下，根据企业自身具体情况制定的股利分配政策。企业支付给股东股利与留在企业的盈余存在此消彼长的关系。这反映出企业股利分配既要决定给股东分配多少股利，又要决定有多少净利留在企业。这不仅关系到企业外部筹资需求，也关系到内部筹资决策，因此，股利政策既要保持相对宽松，又要符合企业财务目标和发展目标。在实务中通常有以下几种股利政策可供企业选择。

（一）剩余股利政策

剩余股利政策是在企业有良好投资机会时，根据一定的目标资本结构（最佳资本结构），测算出投资所需权益资本，先从盈余当中留用，再将剩余盈余作为股利予以分配。企业采用剩余股利政策时，应按照以下四个步骤进行：

(1) 设定目标资本结构，即确定权益资本与债务资本比例，在此资本结构下，综合资本成本将达到最低水平。

(2) 确定目标资本结构下投资所需的股东权益金额。

(3) 最大限度地使用保留盈余来满足投资方案所需的权益资本金额。

(4) 投资方案所需权益资本已满足后若有剩余盈余，再将其作为股利发放给股东。

【例 8-1】某公司 2023 年提取了盈余公积后的税后净利润为 800 万元，2024 年的投资计划所需资金为 700 万元，目标资金结构为权益资金占 60%，债务资金占 40%，请依据剩余股利政策，确定 2023 年向投资者发放股利数额是多少？

解　按照目标资金结构的要求，该公司投资方案所需的权益资金数额如下：

$$700 \times 60\% = 420（万元）$$

按照剩余股利政策的要求，该公司 2023 年向投资者分红（发放股利）数额如下：

$$800 - 420 = 380（万元）$$

选择剩余股利政策，意味着企业只将剩余盈余用于发放股利。这样做的根本理由是保持目标资本结构，使综合资本成本最低。

剩余股利政策的优点：净利润优先保证再投资的需要，有助于降低再投资的资本成本，保持最佳资本结构，实现企业价值长期最大化。

剩余股利政策的缺点：若完全遵照执行剩余股利政策，股利发放额就会每年随着投资机会和盈利水平变化而波动。在盈利水平不变的前提下，股利发放额与投资机会多少呈反方向变动；而在投资机会维持不变的情况下，股利发放额将与企业盈利呈同方向波动。剩余股利政策不利于投资者安排收入与支出，也不利于企业树立良好的形象，一般适用于企业初创阶段。

（二）固定或持续增长股利政策

固定或持续增长股利政策是指企业将每年派发的股利数额固定在某一特定水平或是在此基础上维持某一固定比率逐年稳定增长。企业只有在确定未来盈余不会发生逆转时才会宣布实施固定或持续增长股利政策。在这一政策下，应确定股利分配额，而且该分配额一般不随资金需求的波动而变化。

固定或持续增长股利政策的主要目的是避免出现由于经营不善而削减股利的情况。

固定或持续增长股利政策的优点：

(1) 稳定的股利向市场传递着企业正常发展的信息，有利于树立企业良好形象，增强投资者对企业的信心，稳定股票价格。

(2) 稳定的股利发放额有利于投资者安排股利收入和支出，特别是那些对股利有着很高依赖性的股东更是如此。而股利忽高忽低的股票，则不会受这些股东青睐，股票价格会因此而下降。

(3) 稳定的股利政策可能会不符合剩余股利理论，但考虑到股票市场会受到多种因素影响，其中包括股东心理状态和其他因素，因此，为了使股利维持在稳定水平上，即使推迟某些投资方案或者暂时偏离目标资本结构，也可能比降低股利或降低股利增长率更为有利。

固定或持续增长股利政策的缺点：股利支付与盈余相脱节。当盈余较低时仍要支付固定股利，这可能导致资金短缺，财务状况恶化；同时不能像剩余股利政策那样保持较低的资本成本。因此，采用固定或持续增长股利政策，要求企业对未来盈利和支付能力作出准确判断。一般来说，企业确定固定股利发放额不宜太高，以免陷入无力支付的被动局面。

固定或持续增长股利政策通常适用于经营比较稳定或正处于成长期的企业，且很难被长期采用。

（三）固定股利支付率政策

固定股利支付率政策是指企业每年按净利润的某一固定百分比作为股利分派给股东。这一百分比通常被称为固定股利支付率，股利支付率一经确定，一般不得随意变更。在这一股利政策下，只要企业税后利润一经计算确定，所派发的股利也就相应确定。固定股利支付率越高，企业留存的净利润就越少。

【例 8-2】某企业自上市以来一直采用固定股利支付率政策进行股利分配且股利支付率为 25%。该企业于 2023 年实现税后净利润 500 万元，若企业预测 2024 年有更多投资机会，对资金需求量大，则该企业欲将对 2023 年实现的税后净利润分配采用剩余股利政策。另外该企业 2024 年投资预算为 800 万元，目标资本结构中权益资本占 60%，请预测该企业 2024 年发放股利金额是多少？

解 根据上述资料可得

$$该企业 2023 年支付股利 = 500 \times 25\% = 125(万元)$$

若企业预测 2024 年有更多投资机会，对资金需求量大，则该企业欲将对 2023 年实现的税后净利润分配采用剩余股利政策。又设该企业 2024 年投资预算为 800 万元，目标资本结构中权益资本占 60%。

按照目标资本结构要求：

$$该企业 2024 年投资所需权益资本额 = 800 \times 60\% = 480(万元)$$

$$2024 年发放股利 = 500 - 480 = 20(万元)$$

固定股利支付率政策的优点如下：

(1) 采用固定股利支付率政策，股利与企业盈余紧密配合，体现了"多盈多分、少盈少分、无盈不分"的股利分配原则。

(2) 由于企业获利能力在年度间是经常变动的，因此，每年股利也应当随着企业收益变动而变动。采用固定股利支付率政策，企业每年按固定比例从税后利润中支付现金股利，从企业支付能力角度看，这是一种稳定的股利政策。

固定股利支付率政策的缺点如下：

(1) 大多数企业每年收益很难保持稳定不变，导致年度间股利波动较大，由于股利信号传递作用，波动股利很容易给投资者带来企业经营状况不稳定、投资风险较大等不良印象，称为企业不利因素。

(2) 容易使企业面临较大的财务压力。这是因为企业实现盈利多，并不代表企业有足够的现金流用来支付较多股利额。

(3) 适合的固定股利支付率确定难度较大。

固定股利支付率政策比较适用于那些处于稳定发展且财务状况比较稳定的企业。

（四）低正常股利加额外股利政策

低正常股利加额外股利政策是指一般情况下企业每年只支付固定的、数额较低的股利；

在盈余多的年份，再根据实际情况向股东发放额外股利。但是，额外股利并不固定，这就意味着企业不是永久地提高了股利支付率。可以用公式表示如下：

$$y = a + bx$$

式中：y 表示每股股利；x 表示每股收益；a 表示低正常股利；b 表示股利支付率。

低正常股利加额外股利政策的优点如下：

(1) 这种股利政策赋予了企业较大的灵活性，使企业在股利发放上留有余地，并具有较大的财务弹性。企业可根据每年的具体情况，选择不同的股利发放水平，以稳定和提高股价，进而实现企业价值最大化。

(2) 这种股利政策可以满足对固定股利有需求且每年至少可获得虽较低但比较稳定的股利收入的股东。

低正常股利加额外股利政策的缺点如下：

(1) 企业各年盈利波动使股利变化，容易给投资者带来收益不稳定的情况。

(2) 当企业较长时期内持续发放额外股利时，则容易被股东误认为"正常股利"，一旦取消，发放额外股利可能会传递出使股东认为企业财务状况恶化的信号，进而导致股价下跌。

相对来说，对那些盈利随着经济周期波动较大的企业，或者企业在盈利与现金流量很不稳定时，低正常股利加额外股利政策是一种较好的选择。

■ 三、股利政策的选择

上市公司选取股利政策时，必须结合自身情况，选择最适合本公司当前和未来发展的股利政策。其中居主导地位的影响因素是公司目前所处的发展阶段，因为对发展阶段的定位决定了公司未来的发展取向，并会间接地带动其他诸多因素相应地变化。公司应根据自己所处的发展阶段来确定相应的股利政策。

公司的发展阶段一般分为初创阶段、高速增长阶段、稳定增长阶段、成熟阶段和衰退阶段。由于每个阶段的生产特点、资金需要、产品销售等不同，股利政策的选取类型也不同。

(1) 在初创阶段，公司面临的经营风险和财力风险都很高，公司急需大量资金投入，融资能力差，即使获得了外部融资，资金成本一般也很高。因此，为降低财务风险，公司应贯彻先发展后分配的原则，剩余股利政策为最佳选择。

(2) 在高速增长阶段，公司的产品销售收入急剧上升，投资机会快速增加，资金需求大而紧迫，不宜宣派股利。但此时公司的发展前景已相对较明朗，投资者有分配股利的要求。为了平衡这两方面的要求，应采取低正常股利加额外股利政策，股利支付方式应采用股票股利的形式，避免现金支付。

(3) 在稳定增长阶段，公司产品的市场容量、销售收入稳定增长，对外投资需求减少，EPS 值呈上升趋势，公司已具备持续支付较高股利的能力。此时，理想的股利政策应是稳定增长的股利政策。

（4）在成熟阶段，产品市场趋于饱和，销售收入不再增长，利润水平稳定。此时，公司通常已积累了一定的盈利资金，为了与公司的发展阶段相适应，公司可考虑由稳定增长的股利政策转为固定股利支付率政策。

（5）在衰退阶段，公司的产品销售收入减少，利润下降。公司为了不被解散或不被其他公司兼并重组，需要投入新的行业和领域，以求新生。因此，公司已不具备较强的股利支付能力，应采用剩余股利政策。

总之，上市公司制定股利政策应综合考虑各种影响因素，分析其优缺点，并根据公司的成长周期，恰当地选取适宜的股利政策，使股利政策能够与公司的发展相适应。

第五节　股票分割与股票回购

一、股票分割

股票分割又称拆股，是指将一股股票拆分成多股股票的行为。股票分割一般只会增加发行在外的股票总数，但不会对企业资本结构产生任何影响。股票分割与股票股利非常相似，都是在不增加股东权益的情况下增加了股票数量。所不同的是，股票股利虽不会引起股东权益总额的任何变化，变化的只是股票面值。

【例 8-3】某企业采用发放股票股利的方式进行股利支付，发放前股东权益情况如表 8-1 所示。

表 8-1　发放股票股利前股东权益情况　　　　单位：元

项　　目	金　　额
普通股股本（面值 1 元，已发行 200 000 股）	200 000
盈余公积（包含公益金）	400 000
资本公积	400 000
未分配利润	2 000 000
股东权益合计	3 000 000

若该企业宣告发放 10% 的股票股利，即 20 000 股（200 000 × 10%）普通股股票，现有股东每持 10 股可得到 1 股新股票。若该股票当时市价为 20 元，发放股票股利以市价计算，则发放股票股利会对股东权益产生什么影响？

解　　　　未分配利润划出金额 = 20 × 200 000 × 10% = 400 000（元）

普通股股本增加 = 1 × 200 000 × 10% = 20 000(元)

资本公积增加 = 400 000 − 20 000 = 380 000(元)

发放股票股利后，企业股东权益情况如表 8-2 所示。

表 8-2 发放股票股利后股东权益情况　　　　单位：元

项　目	金　额
普通股股本 (面值 1 元，已发行 220 000 股)	220 000
盈余公积 (包含公益金)	400 000
资本公积	780 000
未分配利润	1 600 000
股东权益合计	3 000 000

由此可见，发放股票股利，不会对企业股东权益总额产生影响，但会使股东权益结构发生变化。

【例 8-4】 某企业现有股本 1 000 股 (每股面值 10 元)，资本公积 20 000 万元，留存收益 70 000 万元，股票市价为每股 30 元。现按照 100% 发放股票股利与按照 1 ∶ 2 进行股票分割两种方式进行股利分配，对股东权益影响情况如表 8-3 所示。

表 8-3 发放股票和股票分割对股东权益影响情况　　　　单位：万元

现有普通股股东权益	
股本 (1000 万股，面值 10 元)	10 000
资本公积	20 000
留存收益	70 000
股东权益合计	100 000
按照 100% 发放股票股利	
股本 (2000 万股，面值 10 元)	20 000
资本公积	40 000
留存收益	40 000
股东权益合计	100 000
按 1 ∶ 2 进行股票分割	
股本 (2000 万股，面值 5 元)	10 000
资本公积	20 000
留存收益	70 000
股东权益合计	100 000

从本例来看，由于股票分割与股票股利非常接近，所以，一般要根据证券管理部门的具体规定对两者加以区别。例如，有些国家证券交易机构规定，发放 25% 以上的股票股利即属于股票分割。

与股票分割相反，如果企业认为其股票价格过低，不利于其在市场上的声誉和未来再筹资时，为提高股票价格，企业会采取反分割措施。反分割又称股票合并或逆向分割，是指企业将多股股票合并为一股股票的行为。反分割显然会降低股票的流通性，提高企业股票的投资门槛，它向市场传递的信息通常都是不利的。

■ 二、股票回购

1. 股票回购的含义

股票回购是指上市企业出资将其发行在外的普通股以一定的价格购买回来予以注销或作为库存股的一种资本运作方式。企业不得随意收购自身股份，只有在满足相关法律规定的情况下才允许股票回购。《公司法》规定，企业只有在以下四种情形下才能回购自身股份：① 减少企业注册资本；② 与持有本企业股份的其他企业合并；③ 将股份奖励给本企业职工；④ 股东因对股东大会作出企业合并、分立的决议持异议态度，要求企业收购其股份。

企业因上述第一种情况收购本企业股份的，应当自收购之日起 10 日内注销；属于第二、第四种情况的，应当在 6 个月内转让或者注销。企业因奖励职工回购股份的，回购的股票不得超过本企业已发行股份总额的 5%。企业用于回购的资金应当从企业税后利润中支出，所收购股份应当在 1 年内转让给职工。

股票回购主要包括公开市场回购、要约回购和协议回购三种方式。其中，公开市场回购是指企业在公开交易市场上以当前市价回购股票；要约回购是指企业在特定期间向股东发出的以高于股票当前市价的某一价格回购既定数量股票的要约；协议回购是指企业以协议价格直接向一个或几个主要股东回购股票。

【例 8-5】某企业每股收益、每股市价等普通股资料如表 8-4 所示，若该企业准备从盈余中提取 1 000 000 元发放现金股利，每股可得股利 1 元，计算每股市价；如果以此市价回购 1 000 000 元股票，请计算每股收益。

表 8-4　普通股资料

税后利润 / 元	4 000 000
流通在外股数 / 股	1 000 000
每股收益 (4 000 000/1 000 000) / 元	4
每股市价 / 元	40
市盈率 (40/4)	10

解 若该企业准备从盈余中提取 1 000 000 元发放现金股利，每股可得股利 1 元，那么每股市价将为 41 元 (原市价 40 元 + 预期股利 1 元)。

若企业将提出的 1 000 000 元以每股 41 元价格回购股票，可购得 24 390 股 (1 000 000 ÷ 41)，那么每股收益将为

$$每股收益 = \frac{4\ 000\ 000}{1\ 000\ 000 - 24\ 390} = 4.1（元）$$

如果市盈率仍为 10，股票回购后每股市价将为 41 元 (4.1 × 10)，这与支付现金股利后每股市价相同。

2. 股票回购动机

在金融市场上，企业股票回购的动机多种多样，主要有以下几种：

(1) 替代现金股利。现金股利政策会对企业未来派现产生压力，而股票回购不会。当企业有富余资金时，通过回购股东所持有的股票从而将现金分配给股东，这样，股东就可以根据自己的需要选择继续持有股票或出售股票获得现金。

(2) 改变企业资本结构。无论是现金回购还是举债回购股份，都会提高企业的财务杠杆水平，改变企业资本结构。企业通常认为当权益资本在资本结构中所占比例较大时，为了调整资本结构而进行股票回购，可以在一定程度上降低整体的资本成本。

(3) 传递信息。由于信息不对称和预期差异，金融市场上企业的股票价格可能被低估，而股价过低将会对企业产生负面影响。一般情况下，投资者会认为股票回购意味着企业认为其股票价值被低估而采取的应对措施。

(4) 基于控制权的考虑。控股股东为了保证其控制权，往往采取直接方式或间接方式回购股票，从而巩固既有的控制权。另外，股票回购使流通在外的股份数变少，股价上升，从而可以有效地防止被敌意收购。

3. 股票回购的影响

股票回购对上市企业的影响主要表现在以下几个方面：

(1) 股票回购需要支付大量资金，容易造成企业资金紧张，降低资产的流动性，影响企业后续发展。

(2) 股票回购无异于股东退股和企业资本减少，也可能会使企业发起人股东更注重利润的实现，从而不仅在一定程度上削弱了对债权人利益的保护，而且忽视了企业长远发展，损害了根本利益。

(3) 股票回购容易导致企业操纵股价。企业回购自身股票容易导致其利用内幕消息进行炒作，加剧企业行为的非规范化，损害投资者的利益。

思维导图

思维导图 8

拓展训练

拓展训练 8

03

第三篇 职能篇

第九章
财务预测

学习目标

学习目标	学习难度	重要程度	应掌握的知识点
能够正确解释财务预测的概念	☆	★★	企业财务预测的概念
能够判断财务预测的分类	☆	★★	财务预测的分类
可以描述财务预测基础流程	☆☆	★★★	财务预测流程
能够描述财务预测的各种方法并将其运用于实际案例中	☆☆☆	★★★	财务预测方法
能够认同财务预测存在的意义	☆☆	★	财务预测的意义

思政课堂

凡为天下国家有九经，所以行之者一也。凡事豫则立，不豫则废。言前定则不跆，事前定则不困，行前定则不疚，道前定则不穷。在下位不获乎上，民不可得而治矣；获乎上有道，不信乎朋友，不获乎上矣；信乎朋友有道，不顺乎亲，不信乎朋友矣；顺乎亲有道，反诸身不诚，不顺乎亲矣；诚身有道，不明乎善，不诚乎身矣。诚者，天之道也；诚之者，人之道也。诚者不勉而中，不思而得，从容中道，圣人也。诚之者，择善而固执之者也。

(摘自《礼记•中庸》)

要求：《礼记•中庸》中，治理天下九条原则的第一条即为预测，关于预测，你是如何理解和看待的？

知识框架

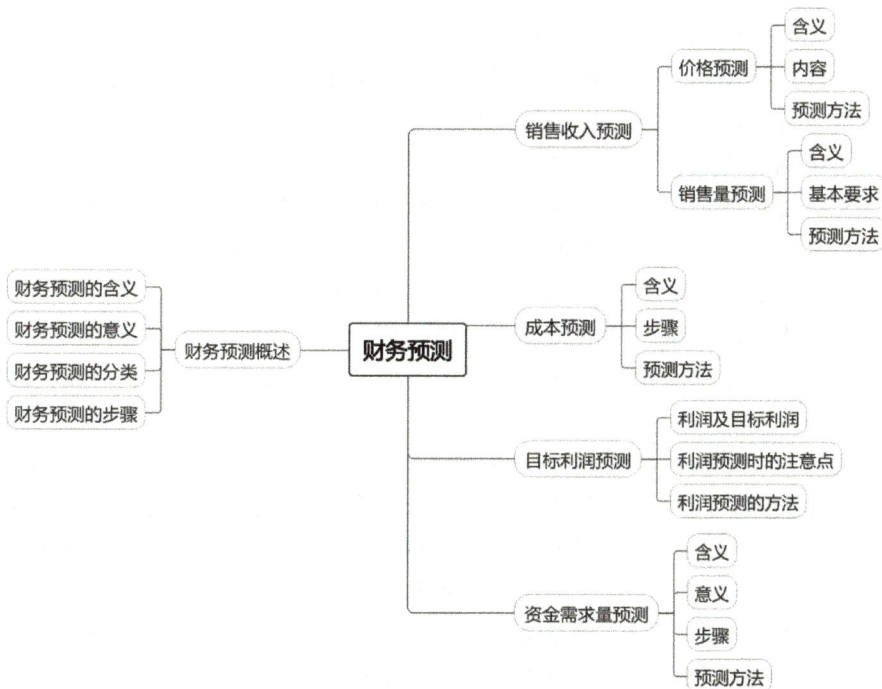

第一节 财务预测概述

　　财务预测分析不仅是企业财务管理活动的重要组成环节，也是财务管理活动的起点，在企业的生产经营活动中占有十分重要的地位。作为一种管理手段，财务预测分析服务于企业运营的各个环节，在指导企业实施财务活动、制订财务计划、进行财务决策、合理安排调配资源等方面发挥着重要作用。

一、财务预测含义

(一) 财务预测概念

　　财务预测是依据过去和现在的相关资料，运用科学有效的分析方法，对企业各项财务活动未来的发展变动趋势和状况进行分析预计和判断的过程，是对企业未来生产经营活动的一种综合的预先反映，具有最大的综合性。狭义的财务预测仅指估计公司未来的融资需求，广义的财务预测包括编制全部的预计财务报表。企业的财务管理职能包括财务预测、财务决策、财务预算、财务控制、财务分析，财务预测作为财务管理职能的第一环节，服务于企业财务活动的各个方面，对企业的财务管理具有重要意义。

（二）财务预测的意义

财务预测为企业财务决策提供客观依据。财务决策是企业为了实现财务管理的目标对将要进行的各项财务活动方案进行选择的过程，企业需要在若干备选方案中选择一个最适宜企业的方案，这就离不开财务预测所提供的客观依据与资料，财务预测工作为企业管理层提供了各种可行的选择方案，以及每一种方案可能出现的结果和出现的概率，从而有利于管理层做出正确的决策。

财务预测为优化资源配置提供保障。企业所拥有和控制的各项资产是企业进行生产经营活动的物质基础。如何合理有效地配置各种资源，发挥其最大的利用效果，为企业带来更大的利益，是企业管理的重点内容。企业可以通过财务预测预估分析各项资源的利用效果及可能达到的水平，包括产品的市场需求量、售价、成本等，合理配置企业的生产能力和所拥有的资源，尽量降低物料消耗，提高生产能力，以最少的耗费取得最大的收益，提高企业经济效益。

财务预测是企业融资计划的前提。对于企业来说，若现金流断裂，企业将会面临破产，在这个现金为王的时代，预测好企业的资金需求，提前做好融资计划，安排好现金收支无疑是企业财务管理工作的重点。资金需求的预测要以销量增加为起点，销量增加势必会引起企业内相应流动资产与固定资产的增加，企业资产的增加会引起资金需求量的增加，当企业通过财务预测明确了资金需求的金额、时间后，可以提前计划融资时间、融资金额、融资方式，通过筹措资金来满足资金缺口，避免企业发生财务困难，陷入财务困境。

财务预测分析有助于改善投资决策。投资活动是企业财务活动的重要组成部分，投资活动的管理主要是确定企业的投资方向、规模和期限，企业进行投资活动的主要目的就是获利，企业在进行投资项目的选择时首先需要对投资项目进行经济效益的分析与评价，权衡利弊得失，而后才能进行决策。在此过程中都需要随时随地对财务收支状况以及企业运营环境进行监测，及时评价投资计划的执行情况，预测资金的变动，把投资项目建立在切实可行的基础上，优化投资结构，改善企业的财务状况。

二、财务预测的分类

（一）按财务预测的范围分类

按预测的范围不同，可分为宏观财务预测和微观财务预测。

宏观财务预测是对一个国家、一个地区或者一个行业所涉及的财务活动进行预测分析，常用于长远的经济发展规划。

微观财务预测是对一个企业所涉及的财务活动各项内容进行预测，常用于企业决策和战略计划服务，本书主要研究微观层面的财务预测。

（二）按财务预测的时间分类

按预测时间长短不同，可分为长期财务预测、中期财务预测和短期财务预测。

长期财务预测时间在 5 年以上，其预测难度大，精确度低，一般服务于宏观财务预测或微观财务预测层面下的企业长期经营决策。

中期财务预测时间在 1 年以上 5 年以下，一般来讲，企业中有关可行性研究，新产品的开发，固定资产更新等财务预测属于中期预测。

短期财务预测的时间一般在 1 年以内，企业财务预测多为短期预测，如销售预测、价格预测、流动资金需要量预测，准确度较高。

（三）按财务预测的内容分类

财务预测按内容不同，主要分为销售收入预测、成本预测、目标利润预测、资金需要量预测。财务预测的内容如图 9-1 所示。

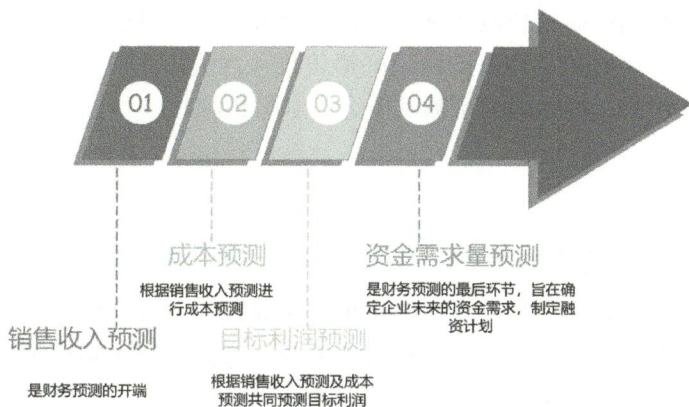

成本预测
根据销售收入预测进行成本预测

资金需求量预测
是财务预测的最后环节，旨在确定企业未来的资金需求，制定融资计划

销售收入预测
是财务预测的开端

目标利润预测
根据销售收入预测及成本预测共同预测目标利润

图 9-1 财务预测的内容

（四）按财务预测分析的性质分类

按预测分析的性质不同，可分为定量预测和定性预测。

定量预测主要是根据过去的历史资料，运用一定的数学方法进行科学的加工处理，并建立数学模型，充分揭示有关变量之间的规律性联系，作为预测的依据，如算术平均法、移动平均法、直线趋势法、指数平滑法等。

定性预测是一种直观预测，多采用专家意见结合调查研究的方式进行。这种预测的目的不在于准确地推算具体数字，而在于广泛集合意见，判断事物的未来发展方向，一般是在缺乏完备的历史资料或相关因素之间缺乏明显的数量关系时采用，如意见汇集法、头脑风暴法、德尔菲法等。

三、财务预测的步骤

财务预测的步骤如下：

(1) 确定财务预测分析对象和财务预测分析目标。

(2) 分析选择财务预测对象的影响因素。

(3) 搜集整理财务预测相关资料。

(4) 选择预测分析方法，建立预测分析模型。

（5）实施预测分析，检验与修正预测分析结果。

（6）编制财务预测报告。

第二节　销售收入预测

销售收入是企业获利的起点，也是实现利润、分配利润的必要条件。对销售收入进行预测，就是根据企业过去的销售情况，结合对市场未来需求的调查，对预测期产品销售收入所进行的预计和测算，销售收入预测是所有财务预测工作的起点和基础，做好销售收入预测，才能进一步的进行对应的成本预测、目标利润预测及资金需求量预测。

资源 9-1

一、价格预测

（一）价格预测的含义

价格预测是指在一定的市场环境下，根据过去和现在所掌握的相关价格资料和市场上产品供求的变化情况，采用科学的定性与定量的分析方法，预计和分析企业的某种产品在一定区域和未来一定期间的市场价格变动状况和变动趋势，作出符合客观规律的推断，以便为企业的价格决策和财务决策提供科学的依据。

企业在进行价格预测时需要先对过去和现在的相关信息进行收集和整理。企业在收集预测信息资料时应根据预测目标，确定所应收集的有关文件、数据等内容，广泛、系统地收集所需要的历史和现实的资料，既包括企业内部资料，如企业自身生产经营情况的统计资料和市场动态分析、调研报告，也包括企业外部资料，如政府部门公布的统计资料、科研单位的研究报告、报刊发表的市场资料等。资料收集完成后还需要进行整理和筛选，筛选原则为：相关性（资料相关且有用）；可靠性（资料准确可靠）；时效性（资料新鲜）。对收集到的、打算用以进行预测分析的资料，一定要做认真审核，对不完整和不适用的资料，特别是历史统计资料，要做必要的推算、插补或删除，以保证该统计资料的完整性和可比性，这一步是价格预测的基础工作，也是预测的直接依据。

在对价格预测的相关资料进行收集和整理后，还需要确定价格预测的方法，价格预测方法很多，要根据预测目标的大小、期限的长短、预测的精确度要求的不同来选择适当的预测方法。除采用传统的定性方法外，还应借助现代管理技术，充分运用数学方法，进行定量研究，以提高预测的准确度。

最后，需要注意的是，价格预测的结果只是一种估计，不可能达到完全准确，毕竟谁也不能精准地预测未来，通过预测只能得到一个价格的近似值，但是，只要预测分析的结果与决策有用，那么我们就可以认为这个预测的结果是正确的。

（二）价格预测的内容

由于价格变动受多种因素的影响和制约。因此，价格预测的内容是十分广泛的。它主要包括以下几个方面：

1. 价格总水平预测分析

价格总水平预测分析是指对整个国家或某一地区的产品价格总的变动趋势的预测分析，属于宏观层面价格预测分析范畴。经过分析，可以了解整体的价格总水平及变动情况、居民购买力水平的变化状况，本书主要针对微观层面的财务预测，即对企业的财务预测，故本部分在书中不做具体讲解。

2. 单项产品价格预测分析

单项产品价格预测分析是指对某一企业生产经营的单个产品的价格现状和变化状况以及变动趋势的预测分析，属于微观层面的价格预测分析范畴。经过这项预测分析，可以了解企业产品价格的变化方向，分析产品生产和需求的新变化以及居民购买力水平变动对企业产品价格变化的影响程度。

3. 市场供求状况预测分析

当市场呈现出供不应求的状态时，价格会随之上涨，当市场呈现出供大于求的状态时，价格会随之下跌，市场的供求关系会影响产品的价格。在进行价格预测分析时，企业应该分析市场上商品的供求状况及变化趋势，做好商品供给量与社会需求量之间匹配关系的预测，以需定产、以销定产，使社会资源得以优化配置，充分发挥市场的作用。

4. 价格弹性预测分析

价格弹性是需求量对价格的弹性，指某一产品价格变动时，该种产品需求量相应变动的灵敏度。价格弹性预测分析就是对企业产品的供求是否存在弹性以及弹性大小的预测分析，以及预测分析不同的需求弹性对于企业产品销售的影响和如何利用供求弹性来确定价格等。价格弹性分析在价格预测中的应用主要表现在：预测商品市场供求变化，控制和管理商品的价格以平衡商品的市场供求，预测价格调整后的经济效果。

5. 产品市场占有率预测分析

市场占有率指某企业某一产品的销售量在市场同类产品中所占比重，可以反映企业在市场上的地位，通常市场份额越高，企业的竞争力越强。市场占有率预测主要是对本企业产品占同类产品的比重及变化趋势进行预测，产品的市场占有率越高，更加具有定价优势。

6. 价格变动连锁反应预测分析

任何一种商品的供求、价格的变化都会引起其他商品价格变化的连锁反应，尤其是那些在生产和消费上紧密联系的商品，诸如原材料、替代品、互补品等。企业对价格连锁反应进行预测，有利于更加准确地预测产品价格。

（三）价格预测的方法

1. 定量分析法

(1) 基础定量分析法。当企业采用定量分析法进行价格预测时，可以采用时间序列预测法中的简单递推预测法、简单算术平均法、加权算术平均法、移动平均法、指数平滑法；也可以采用因果预测分析法中的一元线性回归分析法、多元线性回归分析法。

（2）价格弹性预测法。除以上通用的定量分析方法外，价格弹性预测法是价格预测的专用定量分析方法。价格弹性预测法是指运用价格弹性原理预测实现某种目标最佳价格状态的方法。通常可以根据各种商品的弹性大小来预测和确定价格的变动方向和估计价格的变动幅度。利用价格弹性进行价格预测，可以预测与销售量变动相适应的价格以及与价格相适应的销售量，还可以预测价格的调整幅度等。其计算公式为

$$需求弹性系数 = \frac{需求变动的百分数}{价格变动的百分数}$$

$$= \frac{(现在的需求量 - 原来的需求量) \div 原来的需求量}{(现在的价格 - 原来的价格) \div 原来的价格} \qquad (9\text{-}1)$$

【例 9-1】爱家企业甲产品需求弹性系数为 −2，每件价格 100 元，其需求量为 5200 万件。现因爱家企业技术升级，甲产品的供给量扩大到 6 000 万件，为了不使商品受到损失，需要将价格下调，以扩大需求，问价格应降低多少？

解

$$-2 = \frac{(6\ 000 - 5\ 200) \div 5\ 200}{(现在的价格 - 100) \div 100}$$

根据上式可以得出，现在的价格应为 92.31 元，也就是说，只要将甲产品的售价调整至 92.31 元，就能使需求达到 6 000 万件，使供需基本平衡。

2. 定性分析法

价格预测可采用的定性分析法主要有意见汇集法、专家判断法及市场调研法，在此重点介绍市场调研预测法。

市场调研预测法是利用一定的方式和方法，进行实地市场调研，搜集有关市场信息资料，经过专业的分析和判断后，对市场现象未来的变化状况作出预计和推断，主要包括试销调查法和抽样调查法。试销调查法即在有代表性的市场中试销某种产品，在试销过程中对需求情况、竞争商品的销售情况进行调查，进而推断和预测该种商品未来的价格变化趋势。抽样调查法是通过对生产者和消费者的典型调查或抽样调查，取得典型户在一定时期内平均供给市场商品情况和平均需求市场商品情况，并据此推算出大类商品或某种商品的市场价格变动趋势的预测方法。

■ 二、销售量预测

（一）销售量预测的含义

销售量预测，是在对市场进行充分调查的基础上，通过对有关因素的分析研究，预计和测算特定产品在未来一定时期内的市场销售水平及变化趋势，进而预测该项产品在计划期间的销售量的过程。销售量预测与价格预测共同为销售收入预测服务，是销售收入预测的基础。良好的销售量预测可以及时准确地把握市场的需求，可以提高企业经营决策的科学性，为以销定产的企业提供良好的数据基础，通过销售量预测决定企业的生产规模，再根据生产规模合理地安排人工、订购材料等，既能避免产品的积压或脱销，也能降低企业

的资金占用规模，提高经济效益。

（二）销售量预测的基本要求

1. 销售量预测分析应该综合考虑各种影响因素

与价格的影响因素相同的是，销售量的影响因素也分为宏观因素和微观因素两大类。

宏观因素主要包括宏观市场环境、经济发展趋势等。宏观市场环境属于经济层面的因素，包括企业运行的经济体制、国家经济发展阶段、居民人均收入水平和市场的状况，对任何一种产品的销售量都会产生影响；良好的经济发展趋势为居民传递了良好的信号，也会拉动消费，实现企业产品销售量的增长。

微观因素主要包括产品自身质量、产品价格、企业生产能力、竞争对手状态、企业推销的方法及替代品的影响。产品自身质量是影响产品销售的最重要的内在因素，只有企业产品的质量过关，才能保证企业产品的长久销售，保持市场占有率。产品价格下降，消费者对该种产品的需求就会上升，销售量也随之上升，若价格升高，消费者对该产品的需求就会降低，导致销售量随之下降。生产能力决定了企业有多少产品可供销售，产品的生产工艺和技术水平也在较大程度上影响着企业的生产能力，较高的生产工艺和技术水平可以降低消耗，从而降低产品的生产成本，增加市场对企业产品的需求，为产品销售奠定基础。竞争对手的状态良好，不存在恶性竞争的情况，能让企业更加准确地预测未来销售量。企业的推销方法越适合产品，产品的销售量就会更多，宣传方式适宜的情况下，宣传力度越大，销售量就会越多。当替代品的价格上升时，市场对该产品的需求就会下降，此时人们对于企业产品的需求就会上升，提高企业的销售量。

影响销售的各种因素，并不是孤立的，而是相互联系和发展变化的。预测时应综合考虑这些因素，据以得到正确、可靠的预测结果。

2. 销售量预测分析应保证良好的数据来源和合理的预测方法

企业想得到较为准确的销售量预测，不仅要保证对数据的处理方式科学有效，还要保证数据的来源必须准确、可靠和完整。由于销售量的影响因素较多，有些可以用定量分析法进行分析，但是有些却无法量化，只能利用定性分析法进行分析，这就要求企业在进行销售量预测分析时，不仅要广泛搜集多种资料，还要利用定性和定量综合分析的方法将收集起来的资料进行处理，及时提供预测结果。

3. 贯彻经济效益与社会效益相结合的原则

在进行销售量预测分析时，除了提高本企业的经济效益外，还应考虑企业的社会效益，努力向社会提供物美价廉的商品，考虑广大人民群众的利益。勇于承担社会责任，拒绝污染，节约资源，要考虑整个社会的长远利益。在综合考虑经济效益与社会效益的前提下，企业应当认真研究产品与消费者的购买意图和购买能力的契合性，确定最优销售方案。

（三）销售量预测的方法

1. 定量分析法

预测销售量时，企业可以采用时间序列预测法中的简单递推预测法、简单算术平均法、加权算术平均法、移动平均法、指数平滑法；也可以采用因果预测分析法中的一元线性回归分析法、多元线性回归分析法。

2. 定性分析法

销售量预测可采用的定性分析法主要有意见汇集法、专家判断法和商品经济寿命周期预测法，在此重点介绍商品经济寿命周期预测法。

通常来说，任何产品都有产生、发展、成熟与衰亡的过程，经济学界把这个过程称作产品的寿命周期，不同阶段的销售量是各不相同的。第一阶段，产品投入期，是产品投入市场的初期阶段。此时产品刚刚问世，尚未被消费者所接受，销售量少且增长缓慢，销售增长率不稳定但通常小于10%。第二阶段，产品成长期，此时产品已为广大消费者接受，由小批试制、试销转入成批生产和销售，市场销售量迅速增长，销售增长率通常大于10%。第三阶段，产品饱和期，市场趋近于饱和状态。产品销售量达到顶峰，销售增长迅速减慢，并已呈下降趋势。第四阶段，产品衰退期，指产品已经陈旧老化，开始被淘汰。销售量迅速下降，销售增长率呈现负值，价格下跌。产品应退出市场，由有生命力的新产品替代。产品的寿命周期揭示了产品销售量的一般发展趋势，除此以外，企业还应该综合考虑消费者的基本状况、市场竞争状态、宏观经济状态等，最终得出某商品销售量预测的结果。

第三节　成　本　预　测

成本是构成利润非常重要的部分。在财务预测中，成本预测是必不可少的一环，是企业利用专门方法对其产品未来成本水平及其发展趋势所进行的推测和估算，它对提高企业经营管理水平、降低产品成本、提高产品利润具有十分重要的意义。

资源 9-2

■ 一、成本预测的含义

成本预测是企业根据未来发展目标和有关资料，对企业未来一定时期内的成本水平及其发展趋势所进行的科学预计和预测。主要包括产品成本水平及趋势的预测，各因素变化对成本影响的预测，成本降低幅度的预测，质量成本的预测。成本预测需要对企业盈利、销售、供应、生产、运输、储备等方面的情况进行综合考量，动员企业共同努力，提出降低消耗、完成目标成本的方案，为成本决策和成本控制提供相关信息。

■ 二、成本预测的步骤

（一）提出目标成本草案

目标成本是指在一定时期内产品成本应达到的标准。它的形式可以是"标准成本""计划成本""定额成本"。确定目标成本，是为了控制生产经营过程中的劳动消耗和物质消耗，降低产品成本，实现企业的目标利润。在生产规模和技术不变的情况下，目标成本肯定要比当前的实际成本低。目标成本的设定应当是切实可行的，过高则起不到良好的成本控制效果，过低则无法利用目标成本对员工进行激励。

（二）选择合适的成本预测模型预测成本发展趋势

目标成本提出后，企业还需要采用各种专门方法建立有关总成本预测模型，来预测企业在当前实际情况下产品成本可能达到的水平，并计算出预测成本与目标成本的差距。

（三）拟订降低成本的各种可行性方案

得出预测成本与目标成本的差距后，企业应动员一切力量，激发企业内部潜力，拟订出降低成本的各种可行性方案，力求达到目标成本，尽量缩小预测成本与目标成本的差距。

（四）制定正式的目标成本

对拟定的各种降低成本的可行性方案进行技术经济分析，择优选用，找到经济效益与社会效益最佳的降低成本方案，并根据最终选择出来的方案制定正式的目标成本，从而做出成本的最优决策。

■ 三、成本预测的方法

成本预测的分析方法包含历史资料分析法及目标成本预测法。历史资料分析法是指在掌握有关成本等历史资料的基础上，采用一定方法进行数据加工处理，建立有关成本模型，并据此预测未来成本的一种方法。当企业没有可供参考的历史资料时，企业应该运用目标成本预测法进行成本预测。

（一）高低点法

高低点法是预测方法中较为简便的一种方法，该方法选用一定相关范围内的历史资料，选取历史资料中业务量的最高点、最低点和相应的成本高低点之差，假定成本与业务量之间存在线性依存关系，则可以用方程式 $y = a + bx$ 表示，其中，a 代表固定成本，b 代表单位变动成本，x 代表预测的业务量，y 代表预测的未来总成本。构建方程式后，根据高低点坐标值算出单位变动成本 b，再将 b 值代入高点或低点的总成本公式，即可求出固定成本 a 的值。这种通过方程式先推算出单位变动成本，再推算出固定成本，以此推算出在未来一段时间内一定业务量水平下的总成本与单位成本的一种成本预测分析方法即为高低点法。

采用高低点法进行成本预测分析的具体步骤：

第一，确定高低点。从由各期业务量与相关成本所构成的所有坐标点中，找出由最高业务量（用 x_1 表示）以及同期成本（用 y_1 表示）组成的高点坐标 (x_1, y_1) 和由最低业务量（用 x_2 表示）以及同期成本（用 y_2 表示）组成的低点坐标 (x_2, y_2)。

第二，计算 b 值。根据高低点坐标值计算单位变动成本 b，b 的计算公式为

$$b = \frac{y_1 - y_2}{x_1 - x_2} = \frac{高低点成本之差}{高低点业务量之差} \tag{9-2}$$

第三，计算 a 值。将高点或低点坐标值和 b 值代入方程式 $y = a + bx$ 中，可以得出 a 的值：

$$a = 高点成本 - b × 高点业务量 = y_1 - bx_1 \tag{9-3}$$

$$a = 低点成本 - b × 低点业务量 = y_2 - bx_2 \tag{9-4}$$

第四，建立成本预测分析模型。将 a 和 b 的值代入方程式 $y = a + bx$，可以建立成本预测分析模型。

第五，预测未来一段时间内一定业务量水平下的总成本和单位成本。将未来一段时间内的业务量 x 带入 $y = a + bx$，可以计算出未来一段时间内的总成本，并以此计算单位成本。

高低点法易于计算，便于理解，但由于它只选择了两组数据作为计算依据，因此建立起来的成本预测分析模型很可能不具有代表性。如果各期成本波动较大，仅以最高点和最低点两个极点的成本代表所有成本的特性，会导致较大的计算误差。所以这种方法通常只适用于各期成本变动趋势比较稳定的企业。

【例 9-2】爱家企业乙产品 2023 年的历史成本如表 9-1 所示，若 2024 年 1 季度的产量为 1200 件，请采用高低点法预测爱家企业乙产品 2024 年 1 季度总成本和单位成本。

表 9-1　爱家企业乙产品 2023 年的历史成本

季度	产量 (x)/ 件	总成本 (y)/ 万元
一季度	1 020	3 600
二季度	1 280	4 000
三季度	1 340	4 500
四季度	1 520	5 000

解　根据高低点法进行成本预测分析的具体步骤：

第一步，从表 9-1 中找出低点坐标为第一季度的 (1 020 万件，3 600 万元)，高点坐标为第四季度的 (1 520 件，5 000 万元)。

第二步，计算 b 值：

$$b = \frac{y_1 - y_2}{x_1 - x_2} = \frac{5\ 000 - 3\ 600}{1\ 520 - 1\ 020} = 2.8 (万元/件)$$

第三步，将高点的坐标值 (1 520 件，5 000 万元) 和 b 值代入方程式 $y = a + bx$ 中，可得 $a = 5\ 000 - 2.8 × 1\ 520 = 744$ (万元)，或将低点的坐标值 (1 020 件，3 600 万元) 和 b 值代入方程式 $y = a + bx$ 中，可得 $a = 3\ 600 - 2.8 × 1\ 020 = 744$ (万元)。

第四步，将 a 和 b 的值代入 $y = a + bx$，建立成本预测模型为 $y = 744 + 2.8x$。

第五步，进行总成本及单位成本的预测，当 2024 年 1 季度的产量为 1 200 件时，也就是 $x = 1\ 200$ 时，总成本 $y = 744 + 2.8 × 1\ 200 = 4\ 104$ (万元)，单位成本 $= 4\ 104/1\ 200 = 3.42$ (万元 / 件)。

（二）目标成本预测法

当企业进行新产品开发或者老产品的改进时，没有历史成本资料可供使用，应采用目标成本预测法进行成本预测，若企业当前已经实行目标成本管理，按照目标成本预测分析是最简便而有效的方法。目标成本预测法的基本程序是：在调查研究基础上拟定开发新产品或改进老产品的方案；根据产品方案，初步预测目标成本；最终修正确定目标成本。

1. 拟定开发新产品或改进老产品的方案

知己知彼百战百胜，在开发新产品或改进老产品之前，首先要通过调查清晰地了解企业所处的内外部环境，这是企业正确进行经营决策和拟定产品方案的前提。

企业外部环境调查主要包括对产品的市场需求量、流通渠道、使用情况和原材料基地的变化情况、用户购买力、同行业产品的竞争情况、科技发展情况、有关开发新产品的信息进行调查。

企业内部环境调查主要包括企业的生产能力、设备构成、工艺条件、产品质量、消耗水平，以及员工素质是否适应当前组织生产的需要；产品销售量和销售价格，企业的销售政策、销售组织、销售方式是否适应当前市场竞争的需要等。

2. 初步预测目标成本

根据企业内外部环境分析的结果，进行初步的目标成本预测。以预期的销售收入减去按规定税率计算的销售税金和必要的目标利润，就得到预计的目标成本。有些产品如果预测销售价格有困难的，也可以比照类似产品的成本，来预测目标成本。

3. 修正确定目标成本

(1) 在修正确定目标成本时，首先需要分解初步预测的目标成本。通过将其进行层层分解，作为产品设计、工艺设计以及费用预算的主要经济指标。目标成本的分解可以按照以下方式进行：

第一，按费用的经济内容分解。将目标成本按费用的经济内容可以分解为直接材料、直接人工、制造费用等。分解时，可以参照老产品或者类似产品的实际成本构成，采用以下计算公式：

$$直接材料的目标成本 = 新产品的目标成本 \times \frac{类似产品的实际直接材料成本}{类似产品的实际成本总额} \qquad (9\text{-}5)$$

$$直接工资的目标成本 = 新产品的目标成本 \times \frac{类似产品的实际直接工资成本}{类似产品的实际成本总额} \qquad (9\text{-}6)$$

$$制造费用的目标成本 = 新产品的目标成本 \times \frac{类似产品的实际制造费用成本}{类似产品的实际成本总额} \qquad (9\text{-}7)$$

第二，按产品构成进行分解。将目标成本按照产品结构可以分解为零部件成本，参照老产品或类似产品的实际成本资料，先计算出各零部件成本占产品成本的比重作为成本系数，然后根据新产品的结构以及各零部件的材质和生产工艺复杂程度，调整成本系数，最后根据调整后的成本系数将新产品目标成本进行分解，可以采用下列计算公式：

$$类似产品某零部件的成本系数 = \frac{类似产品某零部件的实际成本}{类似产品的全部实际成本} \tag{9-8}$$

新产品有关零部件目标成本 = 新产品目标成本 × 调整后有关零部件的成本系数　　(9-9)

【例 9-3】爱家企业的新产品由 A、B、C 三种零部件组成，类似产品由 B、C、D 三种零部件组成，新产品的 B、C 零部件使用的材质和加工要求发生变化，则根据类似产品的实际成本资料进行计算及系数调整，新产品的目标成本为 330 元，请计算爱家企业新产品的各零部件目标成本，如表 9-2 所示。

表 9-2　爱家企业按产品结构分解新产品目标成本

零部件名称	类似产品实际成本 / 元	成本系数 (%)	调整后成本系数 (%)	新产品目标成本 / 元
A	—	—	40	132
B	90	29.03	30	99
C	100	32.26	30	99
D	120	38.71	—	—
合计	310	100.00	100	330

第三，按产品成本的形成过程进行分解。将目标成本按照产品成本的形成过程可以分解为设计过程的成本、采购过程的成本、生产过程的成本、销售过程的成本等。产品成本的形成过程中都会有其相应的分工管理部门，例如设计部门负责设计过程成本，供应部门负责采购过程成本，生产部门负责生产过程成本，销售部门负责销售过程成本，还有财务部门对成本的整体把控等。通过各部门对各个过程的目标成本进行控制，可以具体落实和充分发挥目标成本的控制作用。分解时也可以参照老产品或类似产品的实际成本资料，测算各个过程成本之间的比例关系，以此为依据分解新产品的目标成本。

(2) 选择最优设计方案，修正确定目标成本。在进行技术设计时，相关部门应该在目标成本的范围内设计方案，从中选择最优设计方案，然后根据选定的设计方案，修正目标成本。主要目的是保证设计方案的先进性和经济合理性，能够进一步运用价值分析原理，对产品的功能和成本进行分析。

（三）技术测定法

技术测定法是根据产品设计结构、生产技术条件和工艺方法，对影响人力、物力消耗的各项因素逐个进行技术测试，从而分析计算产品成本的一种方法。这种方法对材料、劳动效率和工时消耗以及各种技术定额逐项进行测定，然后分析汇总计算出产品成本。该方法科学合理，预测较精确，但工作量大，不适用于技术资料不齐全的产品，一般用于不可比产品成本的预测。

第四节 目标利润预测

一个企业必须能够获得利润，才能保证企业的长远发展。利润是企业进行销售产品、提供劳务等生产经营活动所取得的盈利，是企业一定时间内生产经营成果的最终体现。利润预测是企业根据经营目标的要求，通过对影响利润变化的各种因素进行综合分析，企业管理层需要对其未来一定时期内的盈利状况进行预测分析，以掌握企业的经营状况和获利能力，为企业长期的可持续发展做好充分准备。

一、目标利润

目标利润是指企业在未来一段时间内，经过努力应该达到的最优化的利润控制目标，它是企业未来经营必须考虑的重要战略目标之一。确定目标利润必须从现实条件出发，充分挖掘各方面的潜力，并适当留有余地，做到既不保守，又不盲目冒进。

二、利润预测时的注意点

（一）利润预测应以成本预测、销售预测为基础

计算利润的核心思路即为收入减去成本，企业的收入主要来源于销售收入，在确定收入时应当考虑产品销售数量、销售价格等重要因素，在确定成本时也需要考虑销售数量等因素，进行利润预测时要注意上述因素的影响。获取更高的销售收入是增加企业利润的有效途径，降低产品成本是企业增加利润率、提高经济效益的主要途径，应该从增加收入和降低成本上预测利润的增加量。

（二）以本量利分析为主要预测方法

本量利分析中，本指成本，量指业务量，利指利润，本量利分析其实就是以数学化的会计模型与图文来分析固定成本、变动成本、销售量、单价、销售额、利润等变量之间的相互关系，也称为 CVP 分析，在利润预测中，该法应用广泛且频繁。

（三）敏感性分析在利润预测中的应用

目标利润的大小，受到产品价格、销售量、成本水平（单位变动成本和固定成本总额）等因素的影响，除此以外，还受到产品品种结构、工艺、技术条件、供求数量等因素的影响。这些因素发生变化，就会引起目标利润的变化。敏感性分析法是指从这些众多不确定性因素中找出对目标利润有重要影响的敏感性因素，并分析、测算其对目标利润的影响程度和敏感性程度。敏感性分析有助于确定哪些因素对利润具有最大的潜在影响。它把所有其他不确定因素保持在基准值的条件下，考察项目的每项要素的不确定性对目标产生多大程度的影响。经营者通过敏感性分析事先知道哪一个因素影响比较小，哪一个因素影响比较大，其影响的程度如何，可以及时调整企业计划，使企业的生产经营活动经常被控制在最有利

的状态之下。

三、利润预测的方法

（一）本量利分析法

1. 本量利分析法的基础模型

本量利分析的是固定成本（用 a 表示）、变动成本（用 b 表示）、销售量（用 x 表示）、单价（用 p 表示）、销售额（用 px 表示）、利润（用 P 表示）等变量之间的相互关系，这些变量之间的关系可用下式进行反映：

$$利润(P) = 销售收入 - 总成本 = px - (a + bx) = 销售收入 - 变动成本 - 固定成本$$
$$= 销售单价 \times 销售量 - 单位变动成本 \times 销售量 - 固定成本 = px - bx - a$$
$$= (销售单价 - 单位变动成本) \times 销售量 - 固定成本 = (p - b)x - a \qquad (9-10)$$

【例 9-4】爱家企业每月固定成本为 5 000 万元，生产一种产品，单价 100 元，单位变动成本 60 元，本月计划销售 350 万件，预期利润是多少？

解

$$目标利润 = 单价 \times 销售量 - 单位变动成本 \times 销售量 - 固定成本 = px - bx - a$$
$$= 100 \times 350 - 60 \times 350 - 5000$$
$$= 9\,000（万元）$$

2. 本量利分析法的边际贡献模型

边际贡献是产品的销售收入扣除变动成本总额后的差额。边际贡献首先应该用于补偿固定成本，若在补偿后还有余额，才能为企业提供利润，所以在固定成本不变的情况下，边际贡献的增减意味着利润的增减。在本量利分析中，边际贡献是一个十分重要的概念。边际贡献可用总额来表示，即为边际贡献总额（记作 Tcm)，也可以用单位额来表示，即为单位边际贡献（记作 cm)，具体计算公式如下：

$$边际贡献(Tcm) = 销售收入 - 变动成本 = px - bx = (销售单价 - 单位变动成本) \times 销售量$$
$$= (p - b)x = 单位边际贡献 \times 销售量 = cm \cdot x$$
$$= px \cdot cmR \qquad (9-11)$$

$$单位边际贡献(cm) = 销售单价 - 单位变动成本$$
$$= p - b \qquad (9-12)$$

【例 9-5】爱家企业只生产甲产品，销售单价为 100 元，单位变动成本为 60 元，本月固定成本为 5 000 万元，本月产品销售量为 350 万件。计算边际贡献、单位边际贡献及利润。

解 边际贡献 $(Tcm) = (p - b)x = (100 - 60) \times 350 = 14\,000（万元）$

单位边际贡献 $(cm) = p - b = 100 - 60 = 40（元）$

利润 $(P) = Tcm - a = 14\,000 - 5\,000 = 9\,000（万元）$

3. 保本点

保本点也称盈亏临界点、盈亏平衡点，是指企业收入和成本相等时的经济状态，此时企业利润为零，处于不盈不亏的状态。保本点主要有两种表现形式：一种是用实物量来表示，称为保本销售量（简称保本量），是企业利润为 0 时对应的销售量；另一种是用货币单位表示，称为保本销售额（简称保本额），即企业利润为 0 时对应的销售额。

企业想要持续经营的必备条件就是企业的经营必须保本，因此企业在经营过程中应该进行利润规划，要先利用保本点的计算确定企业可以保本的销售量及销售额，然后再用预计的销售水平同保本的销售水平进行对照，来测定企业将盈利多少。因此，保本分析能帮助企业经营管理者正确把握销售量、销售额与企业盈亏的关系，减少企业的经营风险。

保本点的计算过程如下：

根据本量利分析法的基础模型：利润 (P) ＝（销售单价－单位变动成本）×销售量－固定成本 ＝ $(p-b)x-a$，保本点为利润为 0 时的保本量及保本额，故将 $P=0$ 代入上式，保本量以 x_0 表示，保本额以 y_0 表示，则有：

$$保本量（x_0）=\frac{固定成本}{销售单价-单位变动成本}=\frac{a}{p-b}=\frac{固定成本}{单位边际贡献}=\frac{a}{cm} \tag{9-13}$$

$$保本额(y_0)=销售单价 \times 保本量 = px_0 \tag{9-14}$$

【例 9-6】爱家企业只生产甲产品，销售单价为 100 元，单位变动成本为 60 元，本月固定成本为 5000 万元。计算该企业保本点指标。

解
$$保本量(x_0)=\frac{a}{p-b}=\frac{5\,000}{100-60}=125（万件）$$

$$保本额（y_0）=px_0=100 \times 125 = 12\,500（万元）$$

当企业的销售量为 125 万件时或者销售额为 12 500 万元时，边际贡献刚好可以弥补固定成本，企业处于既不盈利也不亏损的状态。

4. 保利点

虽然企业想要持续经营必须做到保本，但是企业想要持续生存和发展，实现利润最大化、股东财富最大化等目标，还是应该保持盈利。保利点是指在单价和成本水平确定情况下，为确保确定的目标利润 (TP) 能够实现，而应达到的销售量或销售额，称为保利销售量（简称保利量，记作 x'）和保利销售额（简称保利额，记作 y'）。进行保利点分析能充分揭示成本、业务量和利润之间的关系，确保目标利润的实现。保利点的计算过程如下：

$$保利量（x'）=\frac{固定成本+目标利润}{销售单价-单位变动成本}=\frac{a+TP}{p-b}=\frac{固定成本+目标利润}{单位边际贡献}=\frac{a+TP}{cm} \tag{9-15}$$

根据本量利分析法的基础模型：利润 (P) ＝（销售单价－单位变动成本）×销售量－固定成本 ＝ $(p-b)x-a$，保本点为目标利润时的保利量及保利额，故将 $P=$ 目标利润代入上式，保利量以 x' 表示，保利额以 y' 表示，则有：

$$保利额(y')=销售单价 \times 保利量 = p \cdot x' \tag{9-16}$$

【例 9-7】爱家企业甲产品销售单价 100 元，单位变动成本 60 元，固定成本总额为 5000 万元，假设本月的目标利润为 5 000 万元。要求计算月的保利点。

解 保利量$(x') = \dfrac{\text{固定成本} + \text{目标利润}}{\text{销售单价} - \text{单位变动成本}} = \dfrac{a + TP}{p - b} = \dfrac{5\,000 + 5\,000}{100 - 60} = 250$（万件）

保利额$(y') = p \cdot x' = 100 \times 250 = 250\,000$（万元）

当企业的销售量为 250 万件时或者销售额为 250 000 万元时，企业能够达到 5 000 万元的利润。

（二）因素分析法

因素分析法是以本量利分析法的基本原理为基础，运用敏感性分析法来进行利润预测的，是在基期利润水平的基础上，根据预测期各种影响利润变动因素的变动，推测出企业预测期的利润额。其基本的计算公式为

预测期利润 = 基期利润 ± 预测期由于各种因素的变动而增加或减少的利润

由于因素分析法是以本量利分析法为基础，因此主要需要考虑的因素为固定成本、变动成本、销售量、单价、销售额、利润等，这些因素的变化都会引起利润的变化，但影响程度各不相同。若某因素的较小变化引发利润的较大变化，则说明利润对该因素的变化十分敏感，这类因素叫敏感因素；相反，若某因素的较大变化却只能引发利润的较小变化，则说明利润对该因素的变化不敏感，这类因素叫不敏感因素。

反映敏感程度指标的敏感系数为

$$\text{敏感系数} = \dfrac{\text{目标值变动百分比}}{\text{参量值变动百分比}} \qquad (9\text{-}17)$$

经营者通过分析这些因素的敏感程度，来明确未来在进行生产经营活动时应该关注的重点，这些数据具有重要的实用意义，可以使之在情况发生变化后及时采取对策，调整企业计划，使生产经营活动经常被控制在最有利的状态之下。

【例 9-8】爱家企业只生产甲产品，单价 100 元，单位变动成本 60 元，预计下月固定成本为 5000 万元，产销量计划达到 330 万件，预测下月的利润是多少？请分别计算单价上涨 20%、单位变动成本上涨 20%、固定成本上涨 20%、销售量上涨 20% 时的敏感系数，并按照敏感系数为这四个影响因素排列敏感顺序。

解 预测下月的利润 = $330 \times (100 - 60) - 5\,000 = 8200$（万元）

当单价上涨 20% 时：

变动后的单价 = $100 \times (1 + 20\%) = 120$（元）

利润 = $330 \times (120 - 60) - 5\,000 = 14\,800$（万元）

目标值变动百分比 = $\dfrac{14\,800 - 8\,200}{8\,200} \times 100\% = 80.49\%$

敏感系数 = $\dfrac{80.49\%}{20\%} = 4.02$

当单位变动成本上涨 20% 时：

变动后的单位变动成本：$60 \times (1 + 20\%) = 72$(元)

利润 $= 330 \times (100 - 72) - 5\,000 = 4\,240$(万元)

目标值变动百分比 $= \dfrac{4\,240 - 8\,200}{8\,200} = -48.29\%$

敏感系数 $= \dfrac{-48.29\%}{20\%} = -2.41$

当固定成本上涨 20% 时：

变动后的固定成本：$5\,000 \times (1 + 20\%) = 6\,000$(万元)

利润 $= 330 \times (100 - 60) - 6\,000 = 7\,200$(万元)

目标值变动百分比 $= \dfrac{7\,200 - 8\,200}{8\,200} = -12.2\%$

敏感系数 $= \dfrac{-12.2\%}{20\%} = -0.61$

当销售量上涨 20% 时：

变动后的销售量：$330 \times (1 + 20\%) = 396$(万件)

利润 $= 396 \times (100 - 60) - 5\,000 = 10\,840$(万元)

目标值变动百分比 $= \dfrac{10\,840 - 8\,200}{8\,200} = 32.2\%$

敏感系数 $= \dfrac{32.2\%}{20\%} = 1.61$

通过观察计算结果，我们可知销售量和销售价格的增加会使利润增加（敏感系数为正）；单位变动成本和固定成本的增加会使利润减少（敏感系数为负）。就敏感程度而言，单价是最敏感的因素，敏感系数为 4.02，企业可以尽量提高单价来获取更高的收益；其次较敏感的因素为单位变动成本，敏感系数为 -2.41，企业可以通过想办法减少单位变动成本来获取更高的收益；而后是销售量，敏感系数为 1.61，说明销售量的敏感程度相对较小，但敏感系数的绝对值仍大于 1，故销售量属于敏感因素；固定成本的敏感系数为 -0.61，说明固定成本的敏感程度很小，且敏感系数的绝对值小于 1，固定成本不属于敏感因素。

除此以外，利润预测的方法还有经营杠杆系数法、直接预测法、比例预测法等，其中，经营杠杆预测法在书中有较为详细的讲述；直接预测法是从营业利润出发，加上营业外收支净额来预测；比例预测法是利用资金平均占用额和资金利用率的乘积来预测。但无论如何，利润预测主要使用的是定量分析法，企业应当按照财务活动的客观实际选取预测方法。利润预测主要就是根据搜集到的数据资料，来选择适宜的方法作出预测，如何应用正确的方法来进行预测分析是关键的第一步。

第五节　资金需求量预测

财务预测的最后一个环节是资金需求量预测，其主要目的是预测企业未来的融资需求。正确预测企业的资金需求量，才能保证满足企业最基本的资金需求，为企业的筹资数量、筹资方式决策提供依据。

一、资金需求量预测的含义

资金需求量预测是指企业根据生产经营的需求，对企业未来某一时期的资金需求量所进行的科学预计和判断。狭义的财务预测仅指估计公司未来的融资需求，广义的财务预测包括编制全部的预计财务报表。资金需求量预测是企业制定融资计划的基础。

二、资金需求量预测的意义

（一）有助于企业应变

通常企业通过对资金需求量的研究，可以使财务管理人员事先掌握资金需求量的变化趋势，从而确定资金筹措的数量，以保证生产经营活动有秩序、有节奏地开展，提高资金利用效率，预测给人们展现了未来的各种可能的前景，促使人们制定出相应的应急计划，有助于企业随机应变。

资源 9-4

（二）有助于合理安排筹资计划

科学地预测企业的资金需求量，是合理安排企业筹资计划的前提，也是合理筹划和运用经营资金的前提。企业为了保证生产经营活动的正常进行，也是为了利用财务杠杆，通常企业会向外界筹措资金，向外界筹措资金必须支付必要的成本，也就是必须按期支付利息，所以企业在明确资金需求量后，可以按照资金需求量进行融资，避免过度融资造成资本成本的浪费；另外，应根据资金需求的时间考虑贷款期限，所筹资金的利息率或股息率必须低于企业盈利率，这样才能保证企业筹得必要的资金，而且有利可图。

（三）有助于改善投资效果

正常情况下，在确定了有利的投资方向，并结合企业当下的资金所有量及剩余的资金需求量，安排好长短期资金结构后，才能据以选择资金的来源，只有将资金需求与资金使用相结合，才能减少投资的盲目性，提高投资的效率。

三、资金需求量预测的步骤

（一）分析企业市场策略及销售预测

进行资金需求量预测首先需要对市场进行充分的调查，包括当下的市场需求、行业定位、产品及业务结构、市场份额、研发和竞争能力、营销管理，只有对这些有关因素进行分析研究，才能更好地预计和测算该产品在计划期间的销售量或销售额，即进行销售预测，进行销售预测是进行资金需求量分析的第一步。

（二）估计经营资产和经营负债

经营资产是相对于金融资产来说的，主要包括土地、建筑物、机器设备、存货、应收账款、预付账款等涉及日常经营活动的资产；经营负债是指企业因经营活动而发生的负债，如应付票据、应付账款、预收账款和应付职工薪酬等。通常来说，资金需求量＝净经营资产增加额＝经营资产增加－经营负债增加，究其原因是企业有时会选择负债经营，例如企业新购进1 000元存货（经营资产增加），其中800元暂未支付，作为应付账款在企业中列示（经营负债增加），其中200元为现金支付（资金需求量），所以，企业的真实的资金需求量应该为经营资产增加减去经营负债的增加，而不是直接用1000元作为资金需求量，因为这1 000元中有800元暂未支付，暂不作为企业的资金需求。

（三）预测留存收益

进行资金需求量预测的第三步是通过销售额对各项费用进行估计，而后对利润进行较为准确估计和预测，并根据预测结果及企业的留存收益率计算出企业内部筹资来源，即留存收益。

（四）确定外部融资数额

根据预计的资金需求总量，减去可动用的金融资产和内部提供的利润留存便可得出外部融资需求。

四、资金需求量预测的方法

（一）销售百分比法

销售百分比法是根据销售收入与资产负债表和利润表项目之间的比例关系，预测企业融资需求数量的一种方法。在利用销售百分比法时需要假设经营性资产及经营性负债与销售收入之间有稳定的百分比关系，然后根据预计销售额和相应的比例，进而确定出所需要的融资数量。

资源9-5

销售百分比法的实际操作步骤：

第一，确定经营资产和经营负债项目的金额。

销售百分比法中最重要的假设便是经营性资产及经营性负债与销售收入之间有稳定的百分比关系，经营资产和经营负债项目占营业收入的百分比，可以根据基期的数据确定，

也可以根据以前若干年度的平均数确定。基期的销售百分比计算公式如下：

$$经营性资产占销售收入百分比 = 基期经营性资产 \div 基期销售收入 \qquad (9\text{-}18)$$

$$经营性负债占销售收入百分比 = 基期经营性负债 \div 基期销售收入 \qquad (9\text{-}19)$$

由于假设销售百分比稳定不变，故用基期的销售百分比计算预期的经营性资产和经营性负债。

$$预计经营性资产 = 预期销售收入 \times 经营性资产占销售收入百分比 \qquad (9\text{-}20)$$

$$预计经营性负债 = 预期销售收入 \times 经营性负债占销售收入百分比 \qquad (9\text{-}21)$$

【例 9-9】 爱家企业 2024 年一月份的确定营业收入为 30 000 万元，假定一月份的各项销售百分比在二月份都可以延续，二月份预计的营业收入为 40 000 万元，且二月份预计营业利润率为 10%，股利支付率为 10%。请根据一月份的销售百分比计算二月份的经营资产及经营负债。

解 计算结果如表 9-3 所示。

表 9-3　爱家企业销售百分比表

单位：万元

	一月份	销售百分比	二月份	销售百分比
营业收入	30 000	—	40 000	—
经营性资产合计	20 000	66.67%	26 668	66.67%
经营性负债合计	6000	20%	8000	20%
净经营资产合计	14 000		18 668	—

经营性资产占销售收入百分比 = 20 000 ÷ 30 000 = 66.67%

经营性负债占销售收入百分比 = 6 000 ÷ 30 000 = 20%

预计经营性资产 = 40 000 × 66.67% = 26 668(万元)

预计经营性负债 = 40 000 × 20% = 8 000(万元)

第二，确定资金需求量 (净经营资产增加额)。

$$资金需求量 = 预计净经营资产增加额 = 预计经营资产增加 - 预计经营负债增加 \qquad (9\text{-}22)$$

【续上例】 请计算二月份的资金需求量。

资金需求量 = 18 668 – 14 000 = 4 668(万元)

该公司 2024 年二月份需要融资 4 668 万元，如何筹集该资金取决于它的融资政策。通常，融资的优先顺序如下：动用现存的金融资产；增加留存收益；增加金融负债；增发股票。

第三，预计企业内部的资金来源。

(1) 预计可动用的金融资产。金融资产是实物资产的对称，是以价值形态存在的资产，主要包括：交易性金融资产、贷款和应收款项、可供出售金融资产以及持有到期投资。如有可动用的金融资产，应扣减该金融资产，形成新的融资需求额。由于本例中无可动用的金融资产，故融资需求额仍为 4 668 万元。

（2）预计增加的留存收益。留存收益是企业内部的融资来源。企业的盈利可以用来支付股利，不支付股利的部分可以留存于企业构成企业的留存收益，留存收益可以全部或部分满足企业的融资需求。这部分资金的多少，取决于净利润的多少和股利支付率的高低。假设当年利润当年分配股利，则：

$$留存收益增加 = 预计营业收入 \times 预计营业净利率 \times (1 - 预计股利支付率) \quad (9\text{-}23)$$

【接上例】计算爱家企业的留存收益。

$$增加留存收益 = 40\,000 \times 10\% \times (1 - 10\%) = 3\,600(万元)$$

第四，计算外部融资额。

企业的外部融资额是企业所有的资金需求量（预计经营资产增加 − 预计经营负债增加）减去企业的内部资金来源（包含预计可动用的金融资产和预计增加的留存收益）。用公式表达为

$$\begin{aligned} 外部融资额 = {} & 预计经营资产增加 - 预计经营负债增加 - \\ & 预计可动用的金融资产 - 预计增加的留存收益 \quad (9\text{-}24) \end{aligned}$$

销售百分比法的公式总结为

$$\begin{aligned} 外部融资额 = {} & 预计净经营资产增加 - 预计可动用的金融资产 - 预计增加的留存收益 \\ = {} & 预计经营资产增加 - 预计经营负债增加 - 预计可动用的金融资产 - \\ & 预计增加的留存收益 \\ = {} & (经营性资产占销售收入百分比 - 经营负债占销售收入百分比) \times \\ & 销售增长额 - 预计可动用的金融资产 - 预计增加的留存收益 \\ = {} & (经营性资产占销售收入百分比 - 经营负债占销售收入百分比) \times \\ & 销售增长额 - 预计可动用的金融资产 - 预计营业收入 \times \\ & 预计营业净利率 \times (1 - 预计股利支付率) \quad (9\text{-}25) \end{aligned}$$

【接上例】计算爱家企业的外部融资额。

$$外部融资额 = 4\,668 - 3\,600 = 1\,068(万元)$$

销售百分比法的优点是计算简便并容易理解，但是缺点也较为明显：首先，经营资产和经营负债与营业收入之间可能无法保持稳定的百分比；其次，假设预计营业净利率可以涵盖借款利息的增加未必合理，最好使用多次迭代法进行预估。

（二）运用信息技术预测

由于销售百分比法只是一种较为简单和粗略的预测方法，实际上对于企业来说，影响资金需求量的变量很多，如产品组合、信用政策、价格政策等。考虑这些变量的预测模型在手工条件下非常难求解，需要借助信息技术方可完成。

由于所处环境不断变化，企业的产品服务、业务流程、商业模式等不断创新与变革，对信息深度和广度的要求也在不断提高。企业对信息技术的应用正从业务流程自动化向决策支持智能化发展，联机分析、数据挖掘、机器学习等人工智能的出现，将成为未来财务预测的主要工具。这些信息技术的广泛应用，将帮助企业智能化地分析业财一体化数据，

作出归纳性推理，挖掘潜在模式，预测客户行为和市场反应，帮助决策者调整策略，减少风险，把握机遇。

思维导图

思维导图 9

拓展训练

拓展训练 9

第十章
财务预算管理

▼

学习目标

学习目标	学习难度	重要程度	应掌握的知识点
可以复述财务预算的内容	☆	★★	财务预算的内容
可以描述企业财务预算的特点	☆	★★	企业财务预算的特点
明确财务预算的编制依据	☆☆	★★	财务预算的编制依据
能够选择恰当的方法编制预算	☆☆☆	★★★	预算的编制方法
可以正确编制简单的现金预算	☆☆	★★★	现金预算的编制流程
可以准确完成预计财务报表编制	☆	★	预计财务报表的编制

思政课堂

　　党的二十大报告从战略和全局的高度，明确了进一步深化财税体制改革的重点举措，提出"健全现代预算制度"，为做好新时代新征程财政预算工作指明了方向、提供了遵循。我们要全面贯彻习近平新时代中国特色社会主义思想，认真学习贯彻党的二十大精神，坚决落实好健全现代预算制度各项任务，为全面建设社会主义现代化国家提供坚实财力保障和强大物质基础。

　　按照党中央统一部署，健全现代预算制度，要进一步破除体制机制障碍、补齐管理制度短板，推动预算编制完整科学、预算执行规范高效、预算监督严格有力、管理手段先进完备，构建完善综合统筹、规范透明、约束有力、讲求绩效、持续安全的现代预算制度。

(摘自网易新闻-网易号https://www.163.com/dy/article/)

　　要求：请结合上述文字，思考现代预算制度于国家发展之有益之处，并讨论现代企业预算管理制度应当体现何种使命？

知识框架

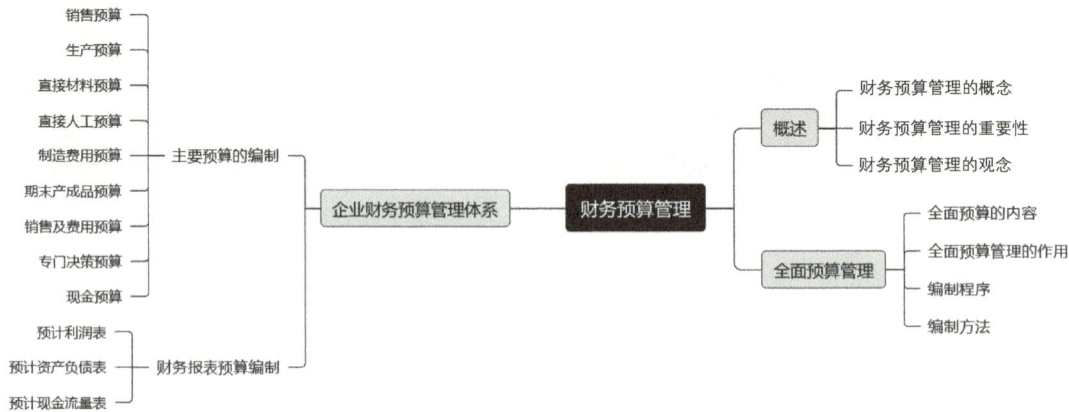

日常工作和生活中的预算，指全面预算，即企业根据战略规划、经营目标、资源状况，运用系统方法所编制的一系列管理标准和行动计划。通过本章学习，让学生理解全面预算的意义和作用，明确编制全面预算的实质，并通过了解全面预算的组织工作、内容和编制，掌握企业全面预算的编制程序；通过掌握各种先进预算编制方法，使学生能在全面预算的编制中灵活地运用这些预算方法，从而利用预算进行有效控制。

第一节 财务预算管理概述

财务预算管理是企业预算管理的一个分支，也是预算管理的核心部分。企业的预算是一个综合性的财务计划，包括经营预算、资本预算和财务预算。经营预算是对企业收入、费用和利润作出的预计；资本预算是对企业的资本性投资方案所进行的计划和评价；财务预算则是在经营预算和资本预算的基础上所作出的现金流量的安排，以及一定时期内的损益表和一定时期末的资产负债表的预计。

一、预算的相关概念

通常我们所说的"预算"指的是"全面预算"（全面预算可以简称预算）。如图 10-1 所示，是企业根据其战略规划、经营目标及企业资源情况，运用系统方法编制的企业在一定时期内经营、资本、财务等各方面的总体计划和业务管理标准。它将企业全部的经济活动用货

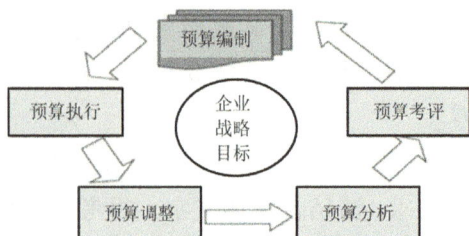

图 10-1 企业预算管理流程图

币形式表示出来，一般包括经营预算、资本预算和财务预算三大模块，涉及日常业务预算、现金预算、财务费用预算、预计利润表、预计资产负债表和预计现金流量表等内容。

与预算一词经常一同出现的还有总预算、分预算、财务预算、资本预算等，其实这些都属于全面预算内容的组成部分。如财务预算又被称为总预算，因为各类经营活动最终在预算工作中需要用货币形式来进行表示，总预算即财务预算，包括现金预算、预计利润表、预计资产负债表和预计现金流量表的编制。与"总"对应的即为"分"，那分预算的主要功能是为总预算的形成而服务的，因此，为总预算编制而完成的日常业务预算、专门决策预算(投资预算、资本预算、分配预算等)均称为"分预算"。

二、企业预算

企业预算是指企业未来一定时期内，经营、资本、财务等各方面的收入、支出、现金流的总体计划，它将各种经济活动的计划用货币形式表现出来。

企业预算是一个闭合循环系统，主要是以企业战略定位和经营计划为导向，结合企业不同发展周期，通过确定预算目标、编制经营预算、资本预算，最终形成财务预算的过程。其构成体系如图 10-2 所示。

资源 10-1

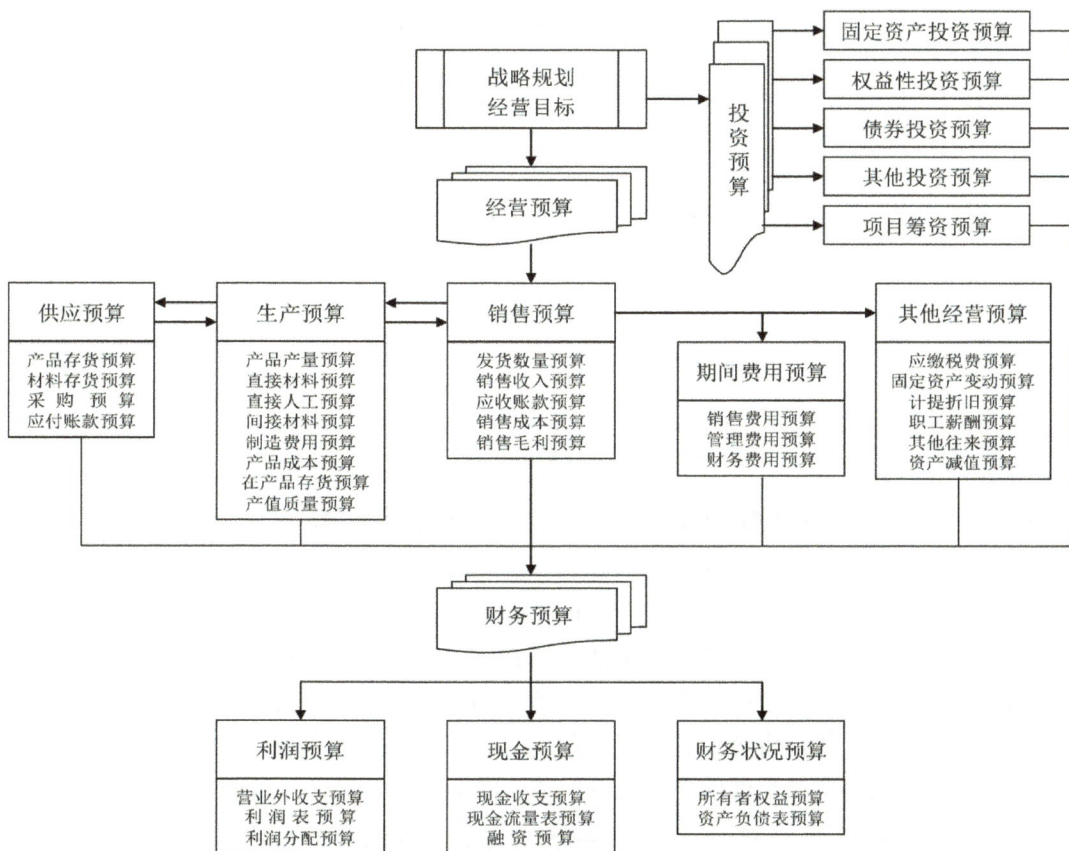

图 10-2　企业预算体系图

三、企业预算管理

企业预算管理指企业根据发展规划和战略目标，在对未来经营环境进行分析预测的基础上，以价值形式对预算期内所有经营活动、投资活动和财务活动进行统筹安排，并以预算为标准，对预算执行过程和结果进行控制、核算、分析、考评、奖惩等一系列管理活动的过程。企业预算管理体系如图 10-3 所示。

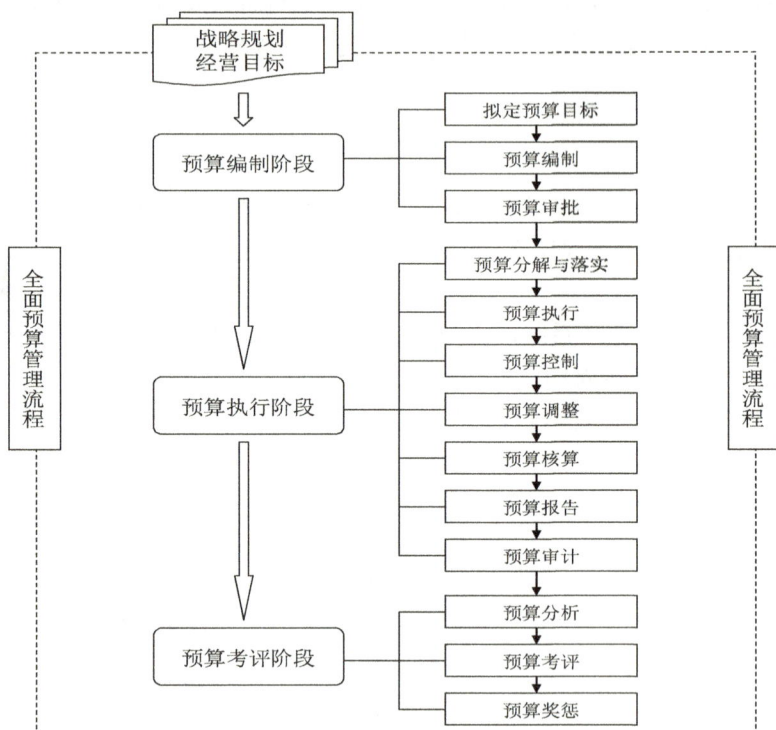

图 10-3　企业预算管理体系图

四、财务预算管理重要性

（一）实行财务预算管理是现代企业管理的迫切需要

企业为了求得生存、盈利和发展，必须打破传统职能管理的界限，将企业视为一个整体，在战略目标及战略计划的指导下，注重企业内部综合协调管理，强化企业管理的计划、组织、控制和协调职能。只有这样，才能让所有职能部门和所属单位的子目标与企业整体目标趋同，从而使得投资者的战略决策与经营者的管理行为相一致。这种管理格局无疑需要企业管理有一条主线，将企业各职能部门的管理工作和所属单位的生产经营活动贯穿起来，从而提高企业整体的管理效率和经济效益。经验证明，这条主线就是预算管理。

（二）实行财务预算管理是产权制度变革的必然选择

随着我国经济体制改革的不断深入，企业的产权结构发生了变化，逐渐趋于多元化，出现了分散的、多元化的投资者群体。企业也出现了所有权与经营权的两权分离。分散投资者不仅关注企业当前的经营成果，而且关注企业未来的发展前景；不仅关注企业当前实现的利润，而且关注企业未来的盈利能力和发展能力；不仅关注利润的总额，而且关注利润的质量。在这种情况下，为了适应投资者的需要，经营者对企业的控制和规划也就从经营结果（利润预算）扩大到经营过程（业务预算和资金预算），进而延伸到经营质量（资产负债预算和现金流量预算）。

（三）现代化财务管理适应财务活动变化的机制

企业的财务活动已成为连接市场和企业的桥梁和纽带，不再是简单的资金收付活动，而是包括资金筹措、投资决策与日常管理等多项内容在内的十分复杂的活动。现代企业的财务管理，不仅要对不同的投资方案进行比较和选择，还要为企业的生产经营活动筹措资金，以及对资金的日常运用进行管理。企业能否有效地预算所需资金的金额，能否有效地筹集资金，并将其配置在适当的地方等，不仅关系到一个企业的生存与发展，而且将影响到整个社会经济的发展。

（四）企业资本经营机制运行的必然需要

资本经营机制就是对资金有效管理、控制和运行的机制。预算管理是在科学经营预测与决策的基础上，围绕企业战略目标，对一定时期内企业资金的筹集、使用、分配等财务活动所进行的计划与规划，使生产经营活动按照预定的计划与规划进行流转和运动，以实现企业理财目标的有效管理机制，与资本经营机制的内在要求是一致的。因此，实行预算管理是企业资本经营机制运行的必然需要。企业要进行资本经营，必须要引入财务预算管理机制。

（五）促进企业提高经济效益的有效途径

首先，以市场为导向、以销售为龙头、以产定销的财务预算管理是连接市场与企业的纽带和桥梁。通过预算管理，可以合理配置企业内部资源，以保证最大限度地满足市场需求，长期在市场上获得最大收益。

其次，在市场销售一定、销售价格一定的情况下，降低成本费用是提高经济效益的关键。

再次，预算管理实行程序化管理，通过自上而下、自下而上的"讨价还价"过程，将预算指标层层分解，落实到各责任单位，将经济效益目标落到实处，为提高企业经济效益提供了可靠的保证。

最后，企业预算管理的重心从经营结果（目标利润）延伸到经营过程（业务预算和资金预算），进而扩展到经营质量（资产负债预算和现金流量预算），为提高经济效益提供了有效的空间和时间。

五、财务预算管理存在的问题

（一）重视短期活动而忽视战略目标

由于部分企业在财务预算管理过程中，只重视短期活动，忽视长期发展目标，使各期编制的财务预算衔接性差，预算指标与企业长期发展战略不相适应。以企业战略目标为基础进行财务预算管理，可使企业把眼前利益与长远发展有机结合起来，促进企业的可持续发展。

（二）忽视预算管理组织机构的完善

由于我国企业尚未具备真正有效的法人治理结构，董事会和董事长在财务预算编制过程中的参与程度较低，加之多数企业对有无必要开展财务预算管理这一问题的认识并不十分清楚和统一，所以，财务预算的编制和调整工作都落在财会部门或预算小组，致使财务预算管理缺乏权威性和前瞻性，难以发挥财务预算的控制作用。

（三）易忽视动态管理

在预算编制方法的选择上，多数企业对业务预算、资本支出预算和财务预算等仍采用传统的固定预算、定期预算等方法编制，所有的预算指标在执行过程中都保持不变，运行结束时将结果直接与预算指标进行比较。这种静态预算编制方法适用于业务量波动不大的企业。当企业销售量、价格和成本等因素变化较大时，静态预算指标则表现出盲目性、滞后性和缺乏弹性，难以成为考核和评价员工的有效基准。所以，企业应积极寻求科学、合理的方法，加强动态管理。例如：采用零基预算，不受现有项目的限制；利用概率预算，在不确定性环境中提高预算编制的可靠性和预算值的准确性，降低预算指标的风险；实行滚动预算，不仅能及时调整近期预算，使预算更加切合实际，而且能实现与日常管理的衔接，使管理人员始终从动态的角度把握企业近期的规划目标和远期的战略布局。

（四）重视资金运用管理而忽视资金成本管理

企业主要以业务预算和资本支出预算为基础编制财务预算，非常重视成本费用预算和投资项目的资金支出安排，而忽视资金占用成本。这不仅使得资金使用效率降低、资源浪费，而且造成资金结构不尽合理，资金成本增高，财务风险加大。所以，企业必须树立资金占用的成本观，加强筹资预算工作，真正做到不因预算安排提前而形成资金闲置浪费，不因预算安排滞后而延误生产经营。企业通过筹资预算管理解决两个问题：一是资金筹集方式和成本；二是资金需要与偿还及时间安排。

（五）重视制造成本法的运用而忽视成本管理方法的改进

企业仍然采用传统的制造成本法计算和控制成本。虽然将成本管理与核算工作结合起来，能使成本指标与会计准则保持一致，同时对提高员工生产积极性、增强规模效应起到一定的作用，但在确定产品价格，控制未来成本方面，仍不能发挥积极作用。先进的成本管理方法如变动成本法，虽然在理论上的研究已趋于成熟，但在实践中由于管理者的认识、员工的素质等原因一直未能得到广泛运用。变动成本法在预算管理中的运用具体规定如下：第一，期间费用预算应当区分变动费用与固定费用；第二，弹性预算是在按成本（费用）性态分类的基础上，根据量、本、利之间的依存关系编制的预算。

（六）重视内部因素分析而忽视外部环境研究

部分企业在进行财务预算管理过程中，主要以历史指标和过去的活动为基础，结合资金、技术和管理水平确定未来的财务预算指标，往往忽视对外部环境的详尽调研与预测，使很多财务预算指标难以与外部环境相适应，更难以在企业中实施。所以，企业加强财务预算管理工作，不仅要考虑内部因素，更要考虑外部环境因素，如市场占有率、竞争对手情况和客户的盈利水平等，以此来确定销售量变动范围和价格变动幅度，最终形成弹性预算，以增强应变能力和相应的指导与控制作用。

六、要解决财务预算问题须树立的观念

（一）确立"以企业战略为基础实施财务预算管理"的新理念

财务预算管理是对计划的数字化反映，是落实企业发展战略的有效手段。因此，企业在实施财务预算管理之前，应该认真地进行市场调研和企业资源的分析，明确自己的长期发展目标，以此为基础编制各期的预算，使企业各期的预算前后衔接起来，避免预算工作的盲目性。

（二）确立"面向市场搞预算"的新理念，使预算指标经得起市场的检验

企业总预算的基础是销售预算，只有预计的销售额确定了，一定时期的生产预算、采购预算、直接材料预算、直接人工预算、间接制造费用预算、期间费用预算、预算资产负债表、预算损益表和预算现金流量表等才能最终确定下来。销售预算又是由预计的销售额和销售单价决定的，可见整个企业预算体系的基础是对市场情况的预测与分析。

（三）确立"面向未来和基于活动分解搞预算"的新理念

企业的活动是收入的源泉和成本费用的动因，企业未来的活动则是企业预算数值大小的直接决定因素。只有以企业未来活动的预测为基础，并将这些活动在各部门之间进行合理的分解，才能使企业的预算指标接近实际状况，使财务预算管理工作的控制与激励作用得以发挥，从总体上减少无效活动发生，同时又保障企业各项增值活动顺利实施。

（四）确立"基于企业价值链分析搞预算"的新理念

价值链是能够创造和交付给顾客有价值的产品或劳务的一整套不可缺少的作业和资源。如同自行车的链条缺少一环就变得毫无用处一样，企业通过商品和劳务向顾客传递价值的过程中需要各部门的密切配合。制定预算的过程就是企业各部门之间的利益调整和分享过程。如果基于价值链分析作预算，那么企业的预算活动就能使部门间的利益较好地得以协调，有助于企业自身的价值创造，也有利于企业为顾客传递价值活动的顺利完成。

（五）确立"恰当的假定是预算的基点"的新理念

财务预算管理中最令人头痛的问题是预算管理者不得不面对一些不确定的因素，也不得不预计确定一些预算指标之间的关系。比如，我们在确定采购预算的现金支出时，必须先预定各种原材料价格的未来走向；在确定销售费用时，一般是通过其占销售收入的比重来解决的；在确定利息费用时，又得假定未来的借款余额和利率水平。可见，没有一些合理的假定，预算无法制定，预算工作就无法开展。

（六）确立"考核与奖惩是预算工作生命线"的新理念

西方有句谚语："在管理活动中，如果没有监督与考核，再美丽的天使都会变成可怕的魔鬼。"用此来形容考核、监督工作的重要性是十分恰当的。没有考核，预算工作无法执行，财务预算管理变得毫无意义。严格考核不仅是为了将预算指标值与预算的实际执行结果进行比较，肯定成绩，找出问题，分析原因，改进以后的工作，也是为了对员工实施

公正的奖惩，以便奖勤罚懒，调动员工的积极性，激励员工共同努力，确保企业战略目标的最终实现。在企业管理实践中，考核与奖惩是财务预算管理工作的生命线。

（七）确立"以人为本，关注预算道德"的新理念

人是预算的制定者、预算信息的利用者、预算的执行者，也是预算制度的被考核者。人是预算工作的主体，是预算工作效果好坏的决定性因素。因此，预算工作应该以人为本，离开了对人的关注，企业的预算工作就无法搞好。由于预算影响到很多人的经济利益，预算管理不可避免地涉及到道德问题。比如，不少部门为了小团体的利益，在制定预算时经常表现出本位主义的思想，作出较为宽松的预算，即有意低估收入、高估成本。然而，这违背了预算指标应该尽量客观、公正、可靠的要求，缺乏道德意识的财务预算管理必然影响预算工作的质量。"以人为本，关注预算道德"的理念还要求企业在执行预算工作过程中应该尊重人性，注意发挥员工的主观能动性，鼓励各级员工参与预算工作，在员工中塑造"这是我们的预算"的氛围，不给员工造成"这是你强加给我的预算"的感觉。

第二节　全面预算管理

一、全面预算的内容

全面预算是一系列预算构成的体系，又称全面预算体系。全面预算反映的是一整套预计的报表，主要是用来规划计划期内企业的全部经济活动及其相关财务结果。财务预算的编制主要是由财务部门利用各业务、职能部门传递来的各项经营预算和资本支出预算资料来完成的，因此，财务预算必须服从决策目标的要求，使决策目标具体化、系统化、定量化。

不同的企业，或同一企业的不同阶段，其全面预算的模式可能会有所不同，但其起点都建立在企业的发展战略之上。

二、全面预算管理的作用

全面预算管理已经成为现代化企业不可或缺的重要管理模式。它通过业务、资金、信息、人才的整合，明确适度的分权授权，战略驱动的业绩评价等，来实现企业的资源合理配置并真实地反映出企业的实际需要，进而对作业协同、战略贯彻、经营现状与价值增长等方面的最终决策提供支持。预算是企业各级各部门协调的工具、控制的标准和考核的依据。

（一）明确目标

企业目标具有层次性和多元性，为此，必须通过预算将其分解为各级、各部门的具体目标。编制全面预算，可以使企业内部各个部门和环节都参与进来，达到经营目标的及时层层下达、经营责任的层层分解，使各级、各部门的工作目标与企业总目标协调一致。

（二）确保企业内部的协调与配合

预算运用货币度量来表达，具有高度的综合性。通过综合平衡，促进了企业内部各级各部门间的合作与交流，减少了相互间的冲突与矛盾。由于明确了目标及责任，避免了责任不清所造成相互推诿事件的发生，保证了内部各级各部门之间的协调与配合。

（三）控制日常经济活动

预算的基础是计划。计划一经确定，就进入了实施阶段，管理的重心也随之转入控制过程。全面预算能促使企业的各级各部门经理提前编制计划，当实际状况与预算指标有较大差异时，可让管理者及时查明原因并采取措施。

（四）实施资源的有效配置

以战略目标为导向，通过预算编制过程中的综合平衡，使各级部门相互协调，从而实现企业资源的最优配置。

（五）为绩效评估提供保障

由于全面预算是企业多方面计划的数量化和货币化的表现。因此，预算为业绩评估提供了标准，便于各部门实施量化的业绩考核和奖惩制度，也方便了对员工的激励与控制。由于经营活动有目标可循，有制度可依，从而消除了活动随意变化的现象。

■ 三、全面预算的编制程序

企业预算的编制，涉及经营管理的各个部门，只有执行人参与预算的编制，才能使预算成为他们自愿努力完成的目标，而不是外界强加于他们的枷锁。企业在编制预算的时候，一般遵循"上下结合、分级编制、逐级汇总"的原则。

1. 下达目标

企业董事会或总经理办公室根据企业发展战略和预算期经济形势的初步预算，在决策的基础上提出下一年度企业财务预算目标，包括销售目标、成本费用目标、利润目标和现金流量目标，并确定财务预算编制的政策，由预算管理层下达各部门。

2. 编制上报

各部门按照预算管理层下达的财务预算目标和政策，先安排最基层成本控制人员自行草编预算，再结合部门自身特点及预算的执行条件，编制出销售、生产、财务等部门财务预算方案，上报财务管理部门。

3. 审查平衡

企业财务管理部门对各部门上交的财务预算方案进行审查、汇总，提出综合平衡的建议。在审查、平衡过程中，预算管理层应当进行充分的协调，对发现的问题提出初步调查意见，并反馈给有关部门予以修正。

4. 审议批准

企业财务管理部门在各部门修正调整的基础上，编制出企业财务预算方案，报预算管理层讨论。对于不符合企业发展战略或者财务目标的事项，企业预算管理层应当责成有关部门进一步修正、调整。在讨论、调整的基础上，企业财务管理部门正式编制企业年度财务预算草案，提交董事会或总经理办公室审批。

5. 下达执行

企业财务管理部门对董事会或总经理办公室审议批准的年度总预算，分解成一系列的指标体系，由财务预算管理部门逐级下达各部门执行。

■ 四、财务预算的编制方法

财务预算是一系列专门反映企业未来一定预算期内预计财务状况、经营成果以及现金收支等价值指标的各种预算的总称。这里介绍预算编制的主要方法。

资源 10-2

（一）增量预算与零基预算

对于成本和费用常用的预算编制方法，按其出发点的特征不同，可以分为增量预算法和零基预算法。

1. 增量预算法

增量预算法又称调整预算法，是指以基期水平为基数，分析预算期业务量水平及有关因素的变动情况，通过调整基期项目的组成及数额，编制相关预算的方法。

增量预算法的前提条件：现有的业务活动是已知且企业必需的；原有的各项业务的因素是合理且可分解的。

【例 10-1】A 公司 2023 年存货平均占用资金 500 万元，其中不该发生的项目支出和过度的不合理占用额共为 50 万元。预算年度业务量将比上年增长 8%，价格预计上涨 5%，存货周转速度提高 10%。根据资料用增量预算法预计 A 公司 2024 预算年度存货资金额。预算因素有：

(1) 上年度存货资金占用额（合理与否）。

(2) 计算年度业务量增长率。

(3) 预算年度价格增长率。

(4) 预算年度存货周转速度。

解 上年度占用额 500 万元中有 50 万元不合理，那么剩余合理部分即为 450 万元。

2024 年预算年度存货资金额 = 450 × (1+8%) × (1+5%) × (1-10%) = 459.27 万元

增量预算法的特点：① 相比于零级预算法，在原有基数的基础上进行增减变动，工作量小一些；② 当预算期的情况发生变化时，预算数额将会受到一定影响，导致预算数值准确度降低；③ 假设原有额度是合理的，不利于调动各部门达到预算目标的积极性。

2. 零基预算法

零级预算法顾名思义，是"以零为基础编制预算"的方法，即不考虑以往会计期间所发生的费用项目或费用数额，一切以零为出发点，根据需求逐项审议预算期内各项费用的内容及开支标准是否合理，在综合平衡的基础上编制费用预算。

【例 10-2】A 公司 2023 年预算可用于销售费用的资金总量为 130 万元，销售部门提出的销售费用预算 148 万元。具体项目如表 10-1 所示。

表 10-1　销售部门销售费用预算（计划）　　　　单位：元

销售人员工资	500 000
广告费	400 000
差旅费	120 000
保险费	100 000
办公费	100 000
培训费	60 000
销售佣金	200 000
合　计	1 480 000

解　A 公司预算委员会根据上述资料将销售部门销售费用进行分级（如表 10-2 所示）：

一级费用为不可避免成本，包括销售人员工资、保险费和销售佣金，总额 80 万元必须满足；二级费用是可避免但成本效率较高的成本，包括广告费和培训费，总额 46 万元应尽量保证；三级费用为可避免且成本效益较低的费用。

根据预算委员会决定，一级费用全额满足，剩余可支配费用 130 − 80 = 50 万元；二级费用满足率为 70%，即用预算总额满足一级费用后的剩余费用额度的 70%，即 50 × 70% = 35 万元，需要在广告费和培训费之间进行分配。

广告费（400 000 × 350 000/460 000 = 304 348 元）

培训费（60 000 × 350 000/460 000 = 45 652 元）

三级费用预算额（130 − 80 − 35 = 15 万元）在办公费和差旅费之间分配。其中办公费 100 000/220 000 × 150 000 = 68 182 元；差旅费 120 000/220 000 × 150 000 = 81818 元。

表 10-2　销售部门销售费用预算（执行）　　　　单位：元

项　　目	金　　额
一级费用：	
销售人员工资	500 000
保险费	100 000
销售佣金	200 000
小　计	800 000
二级费用：	
广告费	304 348
培训费	45 652
小　计	350 000
三级费用：	
办公费	68 182
差旅费	81 818
小　计	150 000
合　计	1 300 000

（二）固定预算与弹性预算

编制预算的方法按其业务量基础的数量特征的不同，可分为固定预算法和弹性预算法。既可以用来编制成本费用预算，又可以编制利润预算。

1. 固定预算法

固定预算法又称静态预算，是指在编制预算时，只根据预算期内正常的、可实现的某一固定业务量（生产量或销售量）水平作为基础来编制预算的一种方法。

【例 10-3】某公司采用完全成本法，其预算期生产的某种产品的预计产量为 1 000 件，按固定预算法编制的该产品成本预算如表 10-3 所示。

表 10-3　某公司产品成本预算（按固定预算法编制）

预计产量：1 000 件　　　　　　　　　　　　　　　　　　　　　单位：元

成本项目	总成本	单位成本
直接材料	5 000	5
直接人工	1 000	1
制造费用	2 000	2
合计	8 000	8

该产品预算期实际产量为 1 400 件，实际发生总成本为 11 000 元，其中，直接材料为 7 500 元，直接人工为 1 200 元，制造费用为 2 300 元，单位成本为 7.86 元。

该公司根据实际成本资料和预算成本资料编制的成本业绩报告如表 10-4 所示。

表 10-4　某公司成本业绩报告　　　　　　　　　　　　　　　　单位：元

成本项目	实际成本	预算成本		差　异	
		未按产量调整	按产量调整	未按产量调整	按产量调整
直接材料	7 500	5 000	7 000	+2 500	+500
直接人工	1 200	1 000	1 400	+200	−200
制造费用	2 300	2 000	2 800	+300	−500
合计	11 000	8 000	11 200	+3 000	−200

从表 10-4 可以看出：实际成本与未按产量调整的预算成本相比，超支较多；实际成本与按产量调整的预算成本相比，又节约了不少。

在产量从 1 000 件增加到 1 400 件的情况下，如果不按变动后的产量对预算成本进行调整，就会因业务量不一致而导致所计算的差异缺乏可比性；但是，如果所有的成本项目都按实际产量进行调整，也不够科学。因为制造费用中包括一部分固定制造费用，它们是不随产量变动的，即使按产量调整了固定预算，也不能准确说明企业预算的执行情况。

由此可以看出，固定预算法有以下特点：① 相比较于弹性预算法，由于业务量固定，故而工作量相对较小；② 适应性较差，因为编制预算的业务量基础固定在某个业务量点上，不论预算期内业务量水平实际可能发生哪些变动，都要按照实现固定的业务量作为预算基础；③ 可比性较差，当实际业务量有较大变化时，相关预算指标与实际数就会发生很大偏差，从而失去可比性。

2. 弹性预算法

弹性预算又称变动预算，是一种为克服固定预算法的缺点而设计的，以业务量、成本和利润之间的依存关系为依据，以预算期可预见的各种业务量水平为基础，能够适应多种情况的预算编制方法。

编制弹性预算所依据的业务量可以是生产量、销售量、直接人工工时、机器工时、材料消耗量或直接人工工资等。下面以弹性成本预算为例，介绍弹性预算法，除此之外弹性预算法还可用于编制利润预算等。

(1) 弹性成本预算的基本公式。编制弹性成本预算，关键是进行成本性态分析，将全部成本最终区分为变动成本和固定成本两大类。变动成本主要根据单位业务量来控制，固定成本则按总额控制。其成本的预算公式如下：

成本的弹性预算 = 固定成本预算数 + $\sum$（单位变动成本预算 × 预计业务量）　　(10-1)

在此基础上，按事先选择的业务量计量单位和确定的有效变动范围，根据该业务量与有关成本费用项目之间的内在联系即可编制弹性成本预算。

(2) 弹性成本预算的业务量选择。选择业务量包括选择业务量计量单位和业务量变动范围两部分内容。业务量计量单位应根据企业的具体情况进行选择。业务量变动范围是弹性预算所适用的业务量变动区间，应根据企业需求而定，一般来说，可定在正常生产能力的 70% ~ 120% 之间，或以历史上最高业务量或最低业务量为其上下限。间隔区间越小，工作量越大，预算结果覆盖越有效。

(3) 弹性成本预算的具体编制方法。

① 公式法。首先确定在成本性态基础上的成本计算公式。

$$Y_i = a_i + b_i X_i \qquad (10-2)$$

其中，a_i 和 b_i 分别表示固定成本和单位变动成本的参数。根据业务量 X_i 的变动范围，可以方便地推算出总成本 Y_i。

【例 10-4】M 公司按公式法编制的制造费用弹性预算如表 10-5 所示，其中较大的混合成本项目已经被分解。

表 10-5　M 公司预算期制造费用弹性预算（公式法）

直接人工工时变动范围：70 000 ~ 120 000 小时　　　　　　　　　　单位：元

项　目	a	b
管理人员工资	15 500	—
保险费	5 500	—
设备租金	7 000	—
维修费	6 000	0.25
水电费	500	0.15
辅助材料	4 000	0.30
辅助工人工资	—	0.45
检验员工资	—	0.35
合计	38 500	1.50

根据表 10-5 可利用 $y = 38\,500 + 1.5x$，计算出人工工时在 $70\,000 \sim 120\,000$ 的范围内，任一业务量基础上的制造费用预算总额；也可以计算出在该工人小时变动范围内，任一业务量的制造费用中某一费用项目的预算额，如维修费 $y = 6\,000 + 0.25x$，检验员工资 $y = 0.35x$ 等。

这种方法的优点是便于在一定范围内计算任何业务量的预算成本，可比性和适应性强；缺点是在进行预算控制和考核时，不能直接查出特定业务量下的总成本预算额，而且按照项目分解成本比较麻烦，同时存在一定误差。

② 列表法（又称多水平法）。该方法是通过列表的方式，在相关范围内每隔一定业务量间隔计算相关数值预算，来编制弹性成本预算。该方法与公式法的区别在于按照固定间隔，将可能业务量下的数值提前计算出来，虽克服了公式法的一定缺陷，但同时造成了较大工作量。沿用【例 10-4】信息，用列表法完成弹性成本预算编制，如表 10-6 所示。

表 10-6　M 公司预算期制造费用弹性预算（列表法）　　　　单位：元

直接人工工时（小时）	70 000	80 000	90 000	100 000	110 000	120 000
生产能力利用 (%)	70	80	90	100	110	120
1. 变动成本项目	56 000	64 000	72 000	80 000	88 000	96 000
辅助工人工资	31 500	36 000	40 500	45 000	49 500	54 000
检验员工资	24 500	28 000	31 500	35 000	38 500	42 000
2. 混合成本项目	59 000	66 500	73 500	80 500	87 500	94 500
维修费	23 500	26 000	28 500	31 000	33 500	36 000
水电费	11 000	12 500	14 000	15 500	17 000	18 500
辅助材料	25 000	28 000	31 000	34 000	37 000	40 000
3. 固定成本项目	28 000	28 000	28 000	28 000	28 000	28 000
管理人员工资	15 500	15 500	15 500	15 500	15 500	15 500
保险费	5 500	5 500	5 500	5 500	5 500	5 500
设备租金	7 000	7 000	7 000	7 000	7 000	7 000
制造费用预算合计	143 500	158 500	173 500	188 500	203 500	218 500

在上例中，业务量间隔可以再大些或再小些，但要与企业实际情况相符。间距过大，不能适应业务量变动的需要；间距过小，虽然对控制有利，但工作量过大。

第三节　企业财务预算管理体系

预算管理体系是指公司预算编制、审批、监控、调整与信息反馈、业绩考核等一系列预算管理活动的主体流程。完善有效的预算管理体系是完成预算目标确定、审核、修改、考核、控制的基础，预算目标的实现必须

资源 10-3

建立在企业科学完善的预算组织体系基础之上。全面预算流程图如图 10-4 所示。

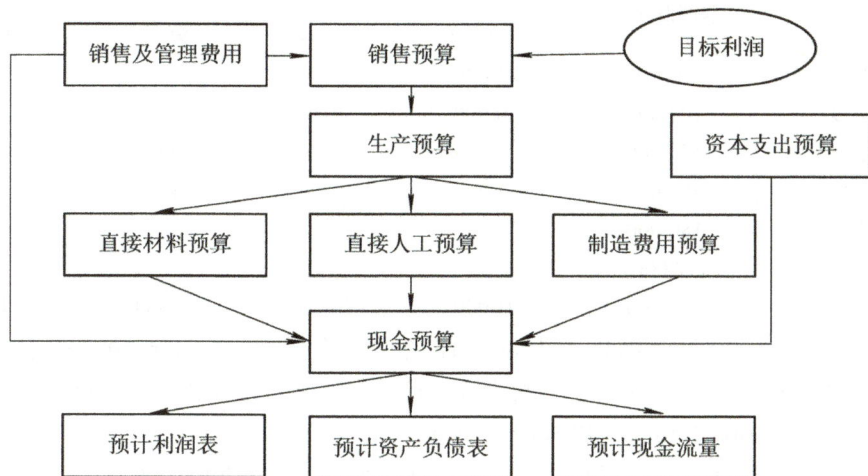

图 10-4　全面预算流程图

▌一、主要预算的编制

（一）销售预算

销售预算是编制全面预算的起点，生产、材料采购、存货和费用方面的预算都是以销售预算为基础的。销售预算包括产品的名称、销售量、单价、销售额等项目。

编制销售预算前必须进行科学的销售预测，根据预计销售量和预计销售单价预算出计划期的销售收入。预计销售收入的计算公式如下：

$$预计销售收入 = 预计销售量 × 预计销售单价 \tag{10-3}$$

销售预算一般分别列示全年和各季度的预计销售量和销售收入。为了方便现金预算的编制，还应根据产品销售的收款条件，编制"预计现金收入计算表"。

在辉映公司的实例中，预计现金收入应为 2023 年应收账款在 2024 年应收到的金额与 2024 年销售收入中应在当期收到的款项之和，如表 10-7、表 10-8 所示。

表 10-7　2024 年度辉映公司销售预算

项　目	第一季度	第二季度	第三季度	第四季度	合计
预计销售量 / 件	5 000	7 500	10 000	9 000	31 500
预计单位售价（万元 / 件）	20	20	20	20	20
销售收入 / 万元	100 000	150 000	200 000	180 000	630 000

单位：万元

表 10-8 2024 年度辉映公司预计现金收入

项 目	本期发生额	现金收入			
		第一季度	第二季度	第三季度	第四季度
期初数	31 000	31 000			
第一季度	100 000	60 000	40 000		
第二季度	150 000		90 000	60 000	
第三季度	200 000			120 000	80 000
第四季度	180 000				108 000
期末数	(72 000)				
合 计	589 000	91 000	130 000	180 000	188 000

说明：由于公司每季度销售额中 60% 在当季度收到现金，其余 40% 在下季度收回，第一季度的"期初数"亦可表示应收账款的期初余额，可以利用这一点反推出 2023 年第四季度销售额为 31 000÷40% = 77 500（万元）。

第一季度收到现金 = 上一季度销售额 × 40%+ 本季度销售额 × 60%

$$= 77\ 500 × 40\% + 100\ 000 × 60\% = 91\ 000（万元）$$

或

第一季度收到现金 = 应收账款期初余额（假设本期都能收回）+ 本季度现金收入

$$= 31\ 000 + 60\ 000 = 91\ 000（万元）$$

（二）生产预算

生产预算是根据销售预算编制的。编制生产预算的关键是确定计划期的生产量。

生产预算的编制应以预计销售量和预计产成品存货为基础。因此，预计生产量可根据预计销售量和期初、期末的预计产成品存货确定，其计算公式如下：

$$预计生产量 = 预计销售量 + 预计期末产成品存货-预计期初存货 \qquad (10\text{-}4)$$

销售预算确定后，生产经理就可以编制生产预算。生产预算是根据销售预算编制的。通常，企业的生产和销售不能做到"同步同量"，生产数量除了满足销售数量外，还需要设置一定的存货，以保证能在发生意外需求时按时供货，并可均衡生产，节省赶工的额外开支。因此，生产量可用下面的公式进行计算：

$$本期生产数量 = 本期销售量 + 期末产品存货数量-期初产品存货数量 \qquad (10\text{-}5)$$

表 10-9 为辉映公司 2024 年生产预算，公司希望能在每季末保持相当于下季度销售量 10% 的期末存货，上年末产品的期末存货为 500 件，单位成本 8 万元，共计 4000 万元。预计下年第一季度销售量为 10 000 件。

表 10-9 2024 年辉映公司生产预算

单位：件

项 目	第一季度	第二季度	第三季度	第四季度	全年合计
预计销售量	5 000	7 500	10 000	9 000	31 500
加：期末存货	750	1 000	900	1 000	1 000
合 计	5 750	8 500	10 900	10 000	32 500
减：期初存货	500	750	1 000	900	500
预计生产量	5250	7750	9 900	9100	32 000

在生产预算的基础上，我们可以编制直接材料预算，但同时还要考虑期初、期末原材料存货的水平。直接材料生产上的需要量同预计采购量之间的关系可按下列公式计算：

$$预计采购量 = 生产需要量 + 期末库存量 - 期初库存量 \qquad (10\text{-}6)$$

期末库存量一般是按照下期生产需要量的一定百分比来计算的。

$$生产需要量 = 预计生产量 \times 单位产品材料耗用量 \qquad (10\text{-}7)$$

（三）直接材料预算

直接材料预算是以生产预算为基础编制的，用以预计企业在计划期间需要采购直接材料的数量和采购成本。

预计直接材料采购量的计算公式如下：

$$预计直接材料采购量 = 预计直接材料耗用量 + 预计期末库存材料 - 预计期初库存材料$$
$$(10\text{-}8)$$

其中

$$预计材料耗用量 = 预计生产量 \times 单位产品材料耗用量 \qquad (10\text{-}9)$$

根据上例资料，假设甲产品只耗用一种材料，辉映有限公司期望每季末材料库存量分别为 2100 千克、3100 千克、3960 千克、3640 千克。上年末库存材料 1500 千克。辉映有限公司 2024 年直接材料预算见表 10-10。

表 10-10　2024 年度辉映有限公司直接材料预算

项　　目	第一季度	第二季度	第三季度	第四季度	全年合计
预计生产量 / 件	5 250	7 750	9 900	9 100	32 000
单位产品材料用量 /（千克 / 件）	2	2	2	2	2
生产需用量 / 千克	10 500	15 500	19 800	18 200	64 000
加：预计期末存量 / 千克	2 100	3 100	3 960	3 640	3 640
合计 / 千克	12 600	18 600	23 760	21 840	67 640
减：预计期初存量 / 千克	1 500	2 100	3 100	3 960	1 500
预计采购量 / 千克	11 100	16 500	20 660	17 880	66 140
单价 /（万元 / 千克）	2.5	2.5	2.5	2.5	2.5
预计采购金额 / 万元	27 750	41 250	51 650	44 700	165 350

为了便于现金预算的编制，在直接材料预算中，还应根据直接材料的付款情况，编制"预计现金支出计算表"。

假设本例材料采购的货款有 50% 在本季度内付清，另外 50% 在下季度付清。辉映有限公司 2024 年度预计现金支出表见表 10-11。

表 10-11　2024 年度辉映有限公司预计现金支出表　　　　单位：万元

项　目	本期发生额	现 金 支 出			
		第一季度	第二季度	第三季度	第四季度
期 初 数	11 000	11 000	—	—	—
第一季度	27 750	13 875	13 875	—	—
第二季度	41 250	—	20 625	20 625	—
第三季度	51 650	—	—	25 825	25 825
第四季度	44 700	—	—	—	22 350
期 末 数	(22 350)	—	—	—	—
合　计	154 000	24 875	34 500	46 450	48 175

（四）直接人工预算

直接人工预算也是以生产预算为基础编制的。

根据生产预算中预计的生产量和单位产品工时定额确定的直接人工小时，即可计算出预计的直接人工小时，然后再乘上小时工资率，就可得到预计的直接人工成本。

预计直接人工的计算公式如下：

$$预计直接人工成本 = 预计生产量 \times \sum(小时工资率 \times 单位产品工时定额) \tag{10-10}$$

沿用上例信息。辉映公司 2024 年度直接人工预算如表 10-12 所示。

表 10-12　2024 年度辉映有限公司直接人工预算

项　目	第一季度	第二季度	第三季度	第四季度	全年合计
预计生产量 / 件	5 250	7 750	9 900	9 100	32 000
单位产品工时 / 小时	0.2	0.2	0.2	0.2	0.2
人工总工时 / 小时	1 050	1 550	1 980	1 820	6 400
每小时人工成本 / 万元	10	10	10	10	10
人工总成本 / 万元	10 500	15 500	19 800	18 200	64 000

制定直接人工预算的主要依据是单位产品直接人工工时耗用量（标准工时）、生产量、单位工资率、流程和效率改进以及雇用计划。

（五）制造费用预算

制造费用预算指除了直接材料和直接人工预算以外的其他一切生产成本的预算。

在编制制造费用预算时，需将制造费用按其成本性态划分为变动制造费用和固定制造费用两部分。变动制造费用以生产预算为基础来编制，即根据预计生产量和预计的变动制造费用分配率来计算；固定制造费用是期间成本直接列入损益作为当期利润的一个扣减项目，与本期的生产量无关，一般可以按照零基预算的编制方法编制。

为了便于现金预算的编制，在制造费用预算中，通常包括费用方面预期的现金支出。

预计制造费用的计算公式如下：

预计制造费用合计 = 预计直接人工小时 × 预计变动制造费用分配率 +

$$预计固定制造费用 \hspace{2cm} (10\text{-}11)$$

预计需用现金支付的制造费用 = 预计制造费用合计 − 非现金支付的制造费用

沿用上例信息，辉映有限公司 2024 年制造费用预算见表 10-13。

表 10-13　2024 年度辉映有限公司制造费用预算　　　　　　　单位：万元

项　目	每小时费用分配率/（万元/小时）	第一季度	第二季度	第三季度	第四季度	全年合计
预计人工总工时/小时		1 050	1 550	1 980	1 820	6 400
变动制造费用						
间接材料	1	1 050	1 550	1 980	1 820	6 400
间接人工	0.6	630	930	1 188	1 092	3 840
修理费	0.4	420	620	792	728	2 560
水电费	0.5	525	775	990	910	3 200
小　计	2.5	2 625	3 875	4 950	4 550	16 000
固定制造费用						
修理费		3 000	3 000	3 000	3 000	12 000
水电费		1 000	1 000	1 000	1 000	4 000
管理人员工资		2 000	2 000	2 000	2 000	8 000
折　旧		5 000	5 000	5 000	5 000	20 000
保险费		1 000	1 000	1 000	1 000	4 000
小　计		12 000	12 000	12 000	12 000	48 000
合　计		14 625	15 875	16 950	16 550	64 000
减：折旧		5 000	5 000	5 000	5 000	20 000
现金支出费用		9 625	10 875	11 950	11 550	44 000

在制造费用预算中，除了折旧费以外都需支付现金。为了便于编制现金预算，需要预计现金支出，将制造费用预算额扣除折旧费后，调整为"现金支出的费用"。

（六）期末产成品预算

编制期末产成品存货预算是为了综合反映预算期内单位产品的预计生产成本，同时也为正确计量预计利润表中的产成品销售成本和预计资产负债表中的期末存货项目提供数据。

在编制期末存货预算前，应先确定存货的单位成本，然后根据存货的单位成本和预计期末存货数量，就可计算出预计期末存货成本。

预计期末存货成本的计算公式如下：

$$预计期末存货成本 = 预计期末存货数量 × 预计存货单位成本 \hspace{1cm} (10\text{-}12)$$

沿用前例信息，辉映有限公司 2024 年度产品生产成本预算见表 10-14，公司采用变动成本计算法计算产品成本。

表 10-14　2024 年度辉映有限公司产品生产成本预算

成本项目	全年生产量 32 000(件)			
	单耗 /(千克 / 件或小时 / 件)	单价 /(万元 / 千克或万元 / 小时)	单位成本 /(万元 / 件)	总成本 / 万元
直接材料	2	2.5	5	160 000
直接人工	0.2	10	2	64 000
变动制造费用	0.2	2.5	0.5	16 000
合　计			7.5*	240 000
产成品存货	数量 / 件	单位成本 / 万元	总成本 / 万元	
年初存货	500	8	4 000	
年末存货	1 000	7.5	7 500	
本年销售	31 500		236 500	

* 注意：由于期初存货的单位成本为 8 万元，而本年生产产品的单位成本为 7.5 万元，两者不一致，所以，存货流转采用先进先出法。

（七）销售及费用预算

销售及管理费用预算，是指为了实现产品销售和维持一般管理业务所发生的各项费用。它是以销售预算为基础，按照成本的性态分为变动销售及管理费用和固定销售及管理费用。与制造费用预算相同，销售与管理费用预算也应根据费用的成本性态进行。

如果各费用项目的数额较大，则销售费用与管理费用可以分别编制预算。与制造费用预算相同，销售与管理费用预算也应根据费用的成本性态进行。

沿用上例，辉映有限公司 2024 年度销售及管理费用预算见表 10-15。

表 10-15　2024 年度辉映有限公司销售及管理费用预算　　　单位：万元

项　目	变动费用率 (按销售收入)	第一季度	第二季度	第三季度	第四季度	全年合计
预计销售收入		100 000	150 000	200 000	180 000	630 000
变动销管费用						
销售佣金	1%	1 000	1 500	2 000	1 800	6 300
运输费	1.60%	1 600	2 400	3 200	2 880	10 080
广告费	5%	5 000	7 500	10 000	9 000	31 500
小　计	7.60%	7 600	11 400	15 200	13 680	47 880
固定销管费用						
薪　金		5 000	5 000	5 000	5 000	20 000
办公用品		4 500	4 500	4 500	4 500	18 000
杂　项		3 500	3 500	3 500	3 500	14 000
小　计		13 000	13 000	13 000	13 000	52 000
合　计		20 600	24 400	28 200	26 680	99 880

（八）专门决策预算

专门决策预算是指企业为那些在预算期内不经常发生的长期投资决策项目或一次性的专门业务活动所编制的预算，主要包括根据长期投资决策所编制的资本支出预算，根据企业的政策和对预算期经营成果的预测而编制的股利发放额预算，研究与开发预算等，可以分为资本支出预算和一次性专门业务预算。

（九）现金预算

现金预算是关于预算期内企业现金流转状况的预算，是企业现金管理的重要工具。现金预算以各项日常业务预算和特种决策预算为基础来反映各预算的收入款项和支出款项。其目的在于资金不足时如何筹措资金，资金多余时怎样运用资金，并且提供现金收支的控制限额，以便发挥现金管理的作用。根据前面所编制的各种预算提供的资料，并假设辉映有限公司每季度末应保持现金余额 10 000 万元，若资金不足或多余，可以以 2 000 万元为单位进行借入或偿还，借款年利率为 8%，于每季初借入，每季末偿还，借款利息于偿还本金时一起支付。同时，在 2024 年度辉映有限公司准备投资 100 000 万元购入设备，于第二季度与第三季度分别支付价款 50%；每季度预交所得税 20 000 万元；预算在第三季度发放现金股利 30 000 万元；第四季度购买国库券 10 000 万元。

资源 10-4

依上述资料编制辉映有限公司 2024 年度现金预算表，见表 10-16。

表 10-16　2024 年度辉映有限公司现金预算　　　　单位：万元

项　目	第一季度	第二季度	第三季度	第四季度	全年合计
期初现金余额	8 000	13 400	10 125	11 725	8 000
本期现金收入	91 000	130 000	180 000	188 000	589 000
可供使用现金	99 000	143 400	190 125	199 725	597 000
减：现金支出					
直接材料	24 875	34 500	46 450	48 175	154 000
直接人工	10 500	15 500	19 800	18 200	64 000
制造费用	9 625	10 875	11 950	11 550	44 000
销售及管理费用	20 600	24 400	28 200	26 680	99 880
预交所得税	20 000	20 000	20 000	20 000	80 000
购买国库券				10 000	10 000
发放股利			30 000		30 000
购买设备		50 000	50 000		100 000
支出合计	85 600	155 275	206 400	134 605	581 880
现金收支差额	13 400	(11 875)	(16 275)	65 120	15 120
向银行借款		22 000	28 000		50 000
归还银行借款				50 000	50 000
借款利息（年利 8%）				2 440	2 440
期末现金余额	13 400	10 125	11 725	12 680	12 680

请注意表中结构，一般由现金收入、现金支出、现金的多余或不足，以及资金的筹集和运用等四个部分组成。现金收入部分包括期初的现金余额和预算期的现金收入。产品销售收入是企业取得现金收入的主要来源。现金支出部分包括预算期预计发生的各项现金支出，除上述材料、工资及各项费用等方面预计的支出外，还包括上缴的税金、支付的股利以及专门决策预算中属于预算期的现金支出等。现金的收支相抵后的余额，如为正数，说明收大于支，现金有多余，除可用于偿还债务之外，还可用于购买短期投资；如为负数，说明支大于收，现金不足，需设法筹集资金。资金筹集和运用部分提供预算期内预计对外筹措的资金以及有关利息支出的详细资料。

■ 二、财务报表预算编制

（一）预计利润表

在前述各项经营预算的基础上，根据一般会计原则，即可编制预计利润表。

预计利润表是整个预算过程中的一个重要计划之一，它可以揭示企业预期的经营成果，为经营者的决策提供有用依据的同时，为后续的控制、激励等工作打下基础。

根据前述的各种预算，辉映有限公司 2024 年度的预计利润表见表 10-17 所示。

表 10-17 2024 年度辉映有限公司预计利润 单位：万元

项 目	第一季度	第二季度	第三季度	第四季度	全年合计
销售收入	100 000	150 000	200 000	180 000	630 000
减：变动生产成本	37 750[①]	56 250	75 000	67 500	236 500
变动销管费用	7 600	11 400	15 200	13 680	47 880
减：固定制造费用	12 000	12 000	12 000	12 000	48 000
固定销管费用	13 000	13 000	13 000	13 000	52 000
利息支出				2 440[②]	2 440
税前利润	29 650	57 350	84 800	71 380	243 180
减：所得税 (25%)	7412.5	14 337.5	21 200	17 845	60 795
税后利润	22 237.5	43 012.5	63 600	53 535	182 385

注：① 变动生产成本（第一季度）= 500 × 8 + 4 500 × 7.5 = 37 750 万元。

② 借款偿还方式为利随本清法，考虑年利率和季度利率，以及季度初借款季度末还款的情况。

（二）预计资产负债表

预计资产负债表反映预算期末预计的财务状况。为了对比分析，可将有关资产、负债及所有者权益项目的期初实际数与期末预计数一同列示。

沿用前例，辉映有限公司 2024 年度预计资产负债表如表 10-18 所示。

表 10-18　2024 年度辉映有限公司预计资产负债

单位：万元

资　产	期初数	期末数	负债和权益	期初数	期末数
流动资产			流动负债		
现金	8 000	12 680	应付账款	11 000	22 350
应收账款	31 000	72 000	应付所得税		(19 205)③
原材料	3 750	9 100			
产成品	4 000	7 500	流动负债合计	11 000	3 145
短期投资		10 000	长期负债		
流动资产合计	46 750	111 280	长期借款	40 000	40 000
固定资产原值	270 000	370 000①	股东权益		
减：累计折旧	32 250	52 250②	普通股	200 000	200 000
固定资产净值	237 750	317 750	留存收益	33 500	185 885④
资产总计	284 500	429 030	负债和权益总计	284 500	429 030

注：① = 270 000 + 100 000；② = 32 250 + 20 000；③ = 60 795−80 000；④ = 33 500 + 182 385−30 000。

预计资产负债表可以为企业管理者提供会计期末预期财务状况信息，从而有助于管理者预测未来期间的经营状况，并采取适当的预防性措施。通过对预计资产负债表的分析，如果发现某些财务比率不佳，必要时可以修改相关预算以改善或修正财务状况。

（三）预计现金流量表

现代企业管理越发重视现金流量带来的作用，因此，很多企业在编制预计报表时，会同时编制预计现金流量表，以揭示预期企业可能的现金流量来源与去向，以期为财务决策提供佐证。

沿用前例，辉映有限公司 2024 年预计现金流量表如表 10-19 所示。

表 10-19　2024 年度辉映有限公司预计现金流量

单位：万元

项　目	金　额
一、经营活动产生的现金流量	
销售商品、提供劳务收到的现金	589 000
收到的其他与经营活动有关的现金	
现金流入小计	589 000
购买商品、接受劳务支付现金	198 000
支付给职工以及为职工支付的现金	64 000
支付的其他与经营活动有关的现金	99 880
支付预交的所得税	80 000
现金流出小计	441 880
经营活动产生的现金流量净额	147 120

续表

项　目	金　额
二、投资活动产生的现金流量	
收回投资所收到的现金	
收回的其他与投资活动有关的现金	
现金流入小计	0
购建固定资产、无形资产和其他长期资产支付的现金	100 000
支付的其他与投资活动有关的现金	10 000
现金流出小计	110 000
投资活动产生的现金流量净额	−110 000
三、筹资活动产生的现金流量	
吸收权益性投资所收到的现金	
发行债券所支付的现金	
借款所收到的现金	50 000
收到的其他与筹资活动有关的现金	
现金流入小计	50 000
偿还债务所支付的现金	50 000
分配股利或利润所支付的现金	30 000
偿还利息所支付的现金	2440
支付的其他与筹资活动有关的现金	
现金流出小计	82 440
筹资活动产生的现金流量净额	−32440

思维导图

思维导图 10

拓展训练

拓展训练 10

第十一章
财 务 控 制

▼

学习目标

学习目标	学习难度	重要程度	应掌握的知识点
能够正确解释财务控制的概念	☆	★★	财务控制的概念
可以描述财务控制的特征	☆	★★	财务控制特征
能够复述财务控制原则	☆☆	★★★	财务控制原则
可以辨别财务控制的种类	☆☆☆	★★★	不同类型财务控制的分类
可以复述责任中心的概念	☆☆	★	责任中心的概念及特征
能够描述成本中心、利润中心、投资中心的含义及内容	☆	★★★	三大责任中心的含义及内容
能够计算成本中心、利润中心、投资中心的评价指标	☆☆☆	★★★	三大责任中心指标计算
可以正确编制责任报告	☆☆	★★	责任报告的含义及内容
能够知道业绩评价内容	☆	★	业绩评价含义及相关内容
可以解释财务控制的基础	☆	★	财务控制基础
可以正确使用财务控制方法	☆☆	★★★	财务控制方法

思政课堂

习近平总书记指出："在实现中华民族伟大复兴的新征程上，应对重大挑战、抵御重大风险、克服重大阻力、解决重大矛盾，迫切需要迎难而上、挺身而出的担当精神"。"时代呼唤担当，民族振兴是青年的责任"。

(摘自人民日报网http://paper.people.com.cn/)

一代人担负一代人的责任，这是国家、民族发展的动力所在，也是历史得以延续的基础，青年是整个社会力量中最积极、最有生气的力量。因此，培养大学生光荣的使命感，激励大学生发挥活跃的创造力、想象力，使其成为国家、民族发展的主力，成为时代责任的担当者。

中国有句古话："天下兴亡，匹夫有责"。作为社会的一员，任何的行为都要对社会和国家负责，这是做人最起码的准则。责任中心的建立可以督促部门和人员落实全面从严管理责任，切实解决财务控制虚化、弱化问题，把负责、守责、尽责体现在每个组织、每个岗位上。每个人都要对自己负责，对家庭负责，对工作负责，对企业负责，形成强烈的社会责任感。

要求：请结合以上文字，思考企业财务控制的必要性。

知识框架

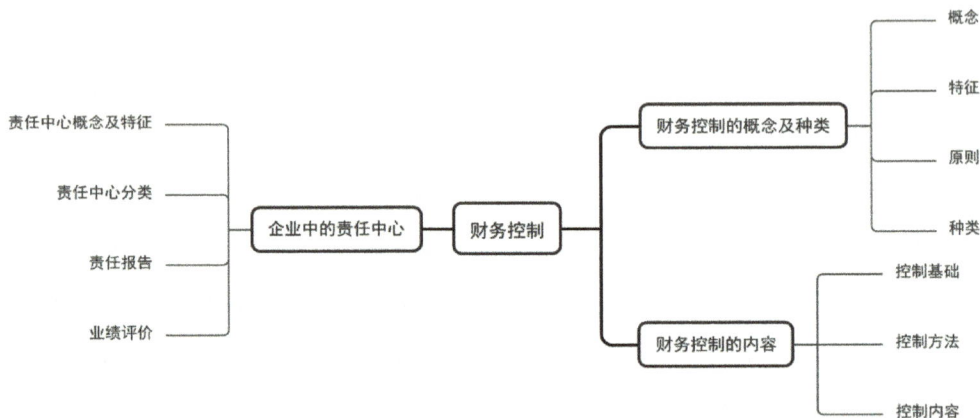

本章阐述财务控制的概念和特征；财务控制的原则及种类；以现代企业利益中心为背景将企业责任中心分为成本中心、利润中心及投资中心；分析计算企业责任中心的指标进行责任报告编制及业绩评价；阐述财务控制的基础；探讨财务控制的方法。

第一节 财务控制的概念及种类

财务控制是指对企业的资金投入及收益过程和结果进行衡量与校正，目的是确保企业目标以及为达到此目标所制定的财务计划得以实现。财务控制总体目标是在确保法律法规和规章制度贯彻执行的基础上，优化企业整体资源综合配置效益，厘定资本保值和增值的委托责任目标与其他各项绩效考核标准来制定财务控制目标，是企业财务活动的关键环节，也是确保实现财务管理目标的根本保证，所以财务控制将服务于企业的财务管理目标。

【思考】企业的资金投入及收益过程和结果之间如何进行衡量与校正？

企业财务控制的目的是确保企业财务管理目标以及为达到此目标所制定的财务计得以实现，财务控制将服务于企业的财务管理目标。

【思考】财务控制是如何服务于企业财务管理目标？

一、财务控制的概念

控制是对客观事物进行约束的调节，使之按照设定的目标和轨迹运行的过程。财务控制是按照一定的程序和方法，确保企业及其内部结构和人员全面落实并实现财务预算的过程。

资源 11-1

二、财务控制的特征

财务控制是内部控制的一个重要组成部分，是内部控制的核心，是内部控制在资金和价值方面的体现。

财务控制的特征主要归结为三方面：第一，财务控制以价值形式为控制手段；第二，财务控制以不同岗位、部门、层次的不同经济业务为综合控制对象；第三，财务控制主要以控制日常现金流量为主要内容。

三、财务控制的原则

1. 目的性原则

财务控制有明确的目的，为企业理财目标服务。

2. 充分性原则

财务控制的手段对于目标而言，应当是充分的，足以保证目标的实现。

3. 及时性原则

财务控制过程中可以及时发现误差，及时采取措施纠正。

4. 认同性原则

财务控制的目标、标准和所采取的措施必须为相关人士所认同。

5. 经济性原则

财务控制需要采用一些手段和方法，在实施的过程中会产生费用，要确保财务控制所获得的价值应该大于所需的费用。

6. 客观性原则

管理者以及财务控制人员对绩效的评价应当客观公正，防止主观片面。

7. 灵活性原则

财务控制的方式、方法以及过程均不固定，要根据具体情况灵活使用。

8. 适应性原则

财务控制的目标、内容和方法应与组织结构中的职位相适应。

9. 协调性原则

财务控制的各种手段在功能、作用、方法和范围方面应相互配合，产生协同效应。

10. 简明性原则

财务控制目标明确，控制措施与规章制度应该简明易懂，容易被执行者理解和接受。

■ 四、财务控制的种类

1. 财务控制按其内容分为一般控制和应用控制

一般控制是对企业财务活动赖以进行的内部环境所实施的总体控制，包括组织控制、人员控制、财务预算、业绩评价、财务记录等内容。一般控制不直接作用于财务活动，而是通过应用控制对企业的财务活动产生影响。应用控制是直接作用于企业财务活动的具体控制，包括业务处理程序中的批准与授权、审查及复核以及为保证资产安全而采取的限制措施等控制。应用控制是控制室业务处理程序的一个组成部分，并具有防止和纠正一种或几种错弊的作用。

2. 财务控制按功能可以分为预防性控制、侦查性控制、纠正性控制、指导性控制和补偿性控制

预防性控制是指为减少风险、错弊和非法行为发生或减少其发生机会而采取的一系列以防止为目的的控制活动。但是实际控制中很难做到百分之百预防，必须要有侦查性控制。侦查性控制是指为及时识别已经存在的风险以及已经发生的错弊和非法行为，或增强识别能力所进行的各项控制。纠正性控制是指对那些通过侦查性控制查出来的风险和错弊问题所进行的调整和纠正的控制活动，大部分是指对企业不利结果的控制。指导性控制是为了实现有利结果而进行的控制。补偿性控制是针对某些环节的不足或缺陷而采取的控制措施。如图 11-1 所示。

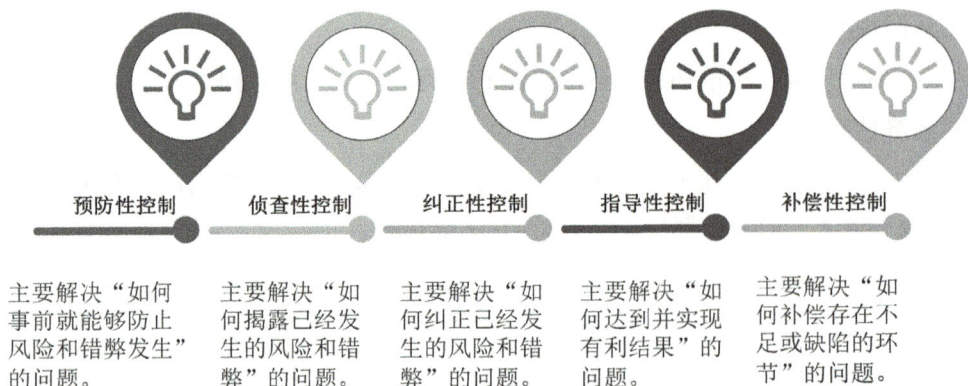

预防性控制	侦查性控制	纠正性控制	指导性控制	补偿性控制
主要解决"如何事前就能够防止风险和错弊发生"的问题。	主要解决"如何揭露已经发生的风险和错弊"的问题。	主要解决"如何纠正已经发生的风险和错弊"的问题。	主要解决"如何达到并实现有利结果"的问题。	主要解决"如何补偿存在不足或缺陷的环节"的问题。

图 11-1　各种财务控制拟解决问题示意图

3. 财务控制按时序分为事前控制、事中控制和事后控制

事前控制是为防止财务资源在质和量上发生偏差，而在财务收支活动尚未发生之前所实施的控制。事中控制是财务收支活动发生过程中所进行的控制。事后控制则是对财务收支活动的结果进行分析、评价、考核及相应的惩罚。

4.财务控制按控制主体分为出资者财务控制、经营者财务控制和财务部门的财务控制

出资者财务控制是为了实现其资本保全和资本增值的目标而对经营者的财务收支活动进行的控制。经营者财务控制是为了实现财务预算目标而对企业及各责任中心的财务收支活动所进行的控制，这种控制是通过经营者制定财务决策目标，并促使这些目标得到贯彻执行来实现的。财务部门的财务控制是财务部门为了有效地组织现金流动，通过编制现金预算，执行现金预算，对企业日常财务活动所进行的控制。出资者财务控制属于外部控制，经营者和财务部门财务控制属于内部控制。

5.财务控制按控制依据分为预算控制和制度控制

预算控制是以财务预算为依据，对预算执行主体的财务活动进行监督、调整的一种控制形式，具有鼓励性的特征。预算表明了其执行主体的责任和奋斗目标，规定了预算执行主体的行为。制度控制是以企业内部规章制度为依据，通过制定企业内部规章制度，并以此为依据约束企业和各责任中心财务活动的一种控制形式，具有防护性的特征。

6.财务控制按控制对象分为收支控制和现金控制

收支控制是指对企业和各责任中心的财务收入活动和财务支出活动所进行的控制，通过收支控制，使企业收入达到既定目标，而成本开支尽量减少以实现企业利润最大化。现金控制是指对企业和各责任中心的现金流入和现金流出活动所进行的控制，其目的是控制现金流入、流出的基本平衡，既要防止因现金短缺而可能出现的支付危机，也要防止因现金沉淀而可能出现的机会成本增加。

7.财务控制按控制手段分为绝对控制和相对控制

绝对控制是指对企业和责任中心的指标采用绝对额进行控制，通常对激励性指标通过绝对额控制最低限度，对约束性指标通过绝对额控制最高限度。相对控制是指对企业和责任中心的财务指标采用相对比率进行控制，通常相对控制具有反映投入与产出对比、开源与节流并重的特征。

第二节 企业中的责任中心

责任中心是指承担一定经济责任，并享有一定权利的企业内部（责任）单位。责任中心就是将企业经营体分割成拥有独自产品或市场的几个绩效责任单位，然后将总的管理责任授权给予这些单位之后，将他们处于市场竞争环境之下，透过客观性的利润计算，实施必要的业绩衡量与奖惩，以期达成企业设定的经营成果的一种管理制度。

【思考】企业划分责任中心的依据是什么？

责任中心是责任会计的核算单位，即承担一定的经济责任，并享有一定权利的企业内部（责任）单位，是实施责任会计的始点和基础，有明确的决策权限，并据此考核业绩。

【思考】不同责任中心的业绩考核指标有什么不同？

一、责任中心的概念与特征

（一）责任中心的概念

在现代企业财务管理中，财务控制作为财务管理循环的关键环节，对实现财务管理目标具有决定性作用。没有控制，任何预测、决策和预算都是徒劳无功的。由于财务控制易借助货币手段对生产经营活动实施控制，因此它在企业经济控制系统中处于一种特殊施位，起着保证、促进、监督和协调等重要作用。企业为了实行有效的财务控制，明确各部门应承担的责任、应有的权力和利益，促使各部门尽其责任协调配合，通常都要在企业内部合理地划分责任单位，这种承担一定的经济责任，并享有一定权力和利益的企业内部（责任）单位，称为责任中心或责任单位。它可以是一个事业部、一个子公司、一个车间、一个工段、一个人，也可以是组织整体。

资源 11-2

企业为了保证预算的贯彻落实和最终实现，必须明确总预算中确定的目标和任务，并按照责任中心逐层进行指标分解，形成责任预算。责任预算执行情况的揭示和考评可以通过责任会计来进行。责任会计围绕各个责任中心，把衡量工作成果的会计同企业生产经营的责任制紧密结合起来，成为企业内部控制体系的组成部分。因此，建立责任中心是实行责任预算和责任会计的基础。

建立责任中心，编制和执行责任预算、考核和监控责任预算的执行情况是企业实行财务控制的一种有效手段，也称责任中心财务控制。划分责任中心的目的是充分调动一切积极因素，使各中心在其权责范围内恪尽职守努力工作，然后按成绩优劣进行奖惩，以免"在一个大锅里吃饭"，功过难分。

（二）责任中心的特征

1. 责任中心是一个责权结合的实体

每个责任中心都要对一定的财务指标的完成负责任。同时，企业应赋予责任中心与其所承担责任的范围和大小相适应的权力，并规定出详细的业绩考核标准和利益分配标准。

2. 责任中心具有承担经济责任的条件

责任中心具有承担经济责任的条件主要有以下两个方面：
(1) 责任中心要有履行经济责任中各条款的行为能力。
(2) 责任中心一旦不能履行经济责任，能对其后果承担责任。

3. 责任中心所承担的责任和行使的权力都应该是可控的

每个责任中心只能对其职责范围内的成本、责任中心收入、利润和投资负责，这些内容必须是该中心所能控制的内容，在责任预算和业绩考评中也只应包括他们能控制的项目。可控是相对于不可控而言的，一般来说，责任中心责任层次越高，其可控范围越大。

4. 责任中心具有相对独立的经营业务和财务收支活动

责任中心具有相对独立的经营业务和财务收支活动，是确定经济责任的客观对象，是责任中心得以存在的前提条件。没有独立的经营业务和财务收支活动，就不存在任何程度的责任，也就不存在责任中心了，因此，责任中心应当有独立的经营业务和财务收支活动。

5.责任中心便于进行责任会计核算和单独核算

责任中心不仅要划清责任，而且要单独核算。划清责任是前提，单独核算是保证。只有既能划清责任又能进行单独核算的企业内部单位，才能作为一个责任中心。

■ 二、责任中心的分类

根据企业内部责任单位的权限范围及业务活动的不同特点，责任中心一般分为成本中心、利润中心和投资中心三类。

(一)成本中心

1.成本中心的含义

成本中心是对成本或费用承担责任的责任中心。它不会形成可以用货币计量的收入，因而不对收入、利润或投资负责。成本中心的范围最广，任何发生成本的责任领域都可以确定为成本中心，一般包括负责产品生产的生产部门、劳务提供部门以及给予一定费用指标的企业管理部门。各个较小的成本中心共同组成一个较大的成本中心，从而在企业形成一个逐级控制并层层负责的成本中心体系。大小不同、层次不一的成本中心，其控制和考核的内容自然也是不同的。例如，分厂、车间等，往往需要对消耗的全部料、工、费等成本费用项目负责；而工段、班组、个人等，则通常只需对部分成本费用项目甚至明细费用项目负责。也就是说，成本中心只对其所能够控制的"责任成本"负责。只要有成本费用发生的地方，都可以建立成本中心，从而在企业形成逐级控制、层层负责的成本中心体系。

成本中心往往没有收入，如生产车间只负责生产各种产品而不负责销售，因此就只有各种材料、人工成本的耗费，而没有销售收入。有的成本中心尽管有少量收入，但不足以成为它负责的内容。如生产车间有时会有少量的外协加工收入，但这不是它主要的职能，也不是它负责的内容，成本中心的职责是用一定的成本去完成规定的具体任务。

2.成本中心的类型

成本中心包括技术性成本中心和酌量性成本中心。

技术性成本中心也叫标准成本中心，是指发生的数额通过技术分析可以相对可靠地估算出来的成本，如产品生产过程中发生的直接材料、直接人工、间接制造费用等。其特点是这种成本的发生可以为企业提供一定的物质成果。只要成本中心的生产活动能够计量出实际产量，并且在投入和产出之间存在着密切的关系，都可以成为一个标准成本中心，可以通过弹性预算予以控制。

酌量性成本中心也叫费用中心，是指那些产出物不能用财务指标衡量，或者投入与产出之间没有密切关系，以直接控制经营管理费用为主的成本中心。其特点是酌量性成本是否发生以及发生数额的多少是由管理人员的决策所决定的，主要包括各种管理费用和某些间接成本项目，如研究开发费用、广告宣传费用、职工培训费等。酌量性成本在投入量与产出量之间没有直接关系，其控制应着重于预算总额的审批上。

3. 成本中心的特点

成本中心具有如下的特点：第一，成本中心只考虑成本费用而不考评收益；第二，成本中心只对可控成本承担责任；第三，成本中心只对责任成本进行考核和控制。其中，可控成本具备以下四个条件：

(1) 可以预计，即成本中心能够事先知道将发生哪些成本以及在何时发生；

(2) 可以计量，即成本中心能够对发生的成本进行计量；

(3) 可以施加影响，即成本中心能够通过自身的行为来调节成本；

(4) 可以落实责任，即成本中心能够将有关成本的控制责任分解落实，并进行考核评价。

4. 成本中心的考核指标

由于成本中心只对责任成本负责，故对成本中心只考核其责任成本的完成情况，即通过对各成本中心的实际责任成本与预算责任成本比较，评价成本中心成本控制工作绩效。一般来说，技术性成本中心的考核指标是既定产品数量和质量条件下的标准成本。技术性成本中心的产品数量和质量有良好的量化方法，如果能以低于预算水平的实际成本生产出相同的产品，则说明该中心业绩良好。而酌量性成本中心不同，一个酌量性成本中心的支出没有超过预算，不一定代表该中心的业绩良好，有可能是该中心的工作质量和服务水平低于计划的要求。通常，使用费用预算来评价费用中心的成本控制业绩。决定酌量性中心预算水平有赖于了解情况的专业人员的判断。所采用的考核指标主要是相对指标和比较指标，即成本（费用）变动额和成本（费用）变动率两项。其计算公式如下：

$$成本(费用)变动额 = 实际责任成本(费用) - 预算责任成本(费用) \quad (11\text{-}1)$$

$$成本（费用）变动率 = \frac{成本(费用)变动额}{预算责任成本(费用)} \times 100\% \quad (11\text{-}2)$$

【例 11-1】某企业内部某车间为成本中心，生产 A 产品，预算产量为 6000 件，单位成本为 100 元，实际产量为 7000 件，单位成本为 95 元。计算成本变动额和变动率。

解　　　　$成本变动额 = 7\,000 \times 95 - 100 \times 7\,000 = -35\,000（元）$

$$变动率 = \frac{-35\,000}{100 \times 7\,000} \times 100\% = -5\%$$

计算结果表明该成本中心的成本降低了 35 000 元，降低率为 5%。

（二）利润中心

1. 利润中心的含义

利润中心是指既对成本负责又对收入和利润负责的责任中心，它有独立或相对独立的收入和生产经营决策权。因为利润等于收入减去成本和费用，所以利润中心实际上就是对利润负责的责任中心。这种利润中心通常是指有产品或劳务生产经营决策权、具有独立收入来源的企业内部部门，其权利和责任都大于成本中心，如分公司、分厂、分店、事业部等。

利润中心往往处于企业内部的较高责任层次，一般具有独立的收入来源或能视同为一个有独立收入的部门，它一般都具有独立的经营权。利润中心与成本中心相比，其权利和责任都相对较大，利润中心不仅要对成本控制负责，还必须对收入和利润承担责任。利润中心的特性如图 11-2 所示。

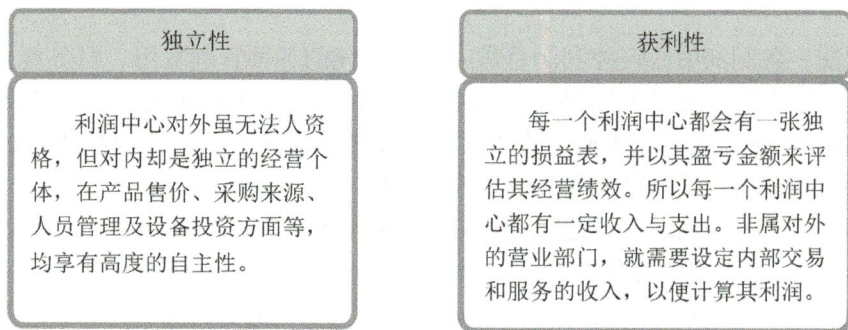

独立性	获利性
利润中心对外虽无法人资格,但对内却是独立的经营个体,在产品售价、采购来源、人员管理及设备投资方面等,均享有高度的自主性。	每一个利润中心都会有一张独立的损益表,并以其盈亏金额来评估其经营绩效。所以每一个利润中心都有一定收入与支出。非属对外的营业部门,就需要设定内部交易和服务的收入,以便计算其利润。

图 11-2 利润中心特性示意图

2. 利润中心的类型

利润中心包括自然利润中心和人为利润中心两种。

自然利润中心指可以对外销售产品并取得收入的利润中心,本身直接面向市场,具有全面的产品销售权、价格制定权、材料采购权及生产决策权。这类利润中心可以直接与外部市场发生业务上的联系,销售其最终产品和半成品或提供劳务,既有收入,又有成本,可以计算利润,将其完成的利润和责任预算中的预计利润对比,评价和考核其工作业绩。

人为利润中心指对内部责任单位提供产品或劳务而取得"内部销售收入"的利润中心,一般不直接对外销售产品,仅具有部分的经营权,能自主决定本利润中心的产品品种(含劳务)、产品产量、作业方法、人员调配、资金使用等。一般而言,只要能够制定出合理的内部转移价格,就可以将企业大多数生产半成品或提供劳务的成本中心改造为人为利润中心。

3. 利润中心的成本计算

在共同成本难以合理分摊或无须共同分摊的情况下,人为利润中心通常只计算可控成本,而不分担不可控成本;在共同成本易于合理分摊或者不存在共同成本分摊的情况下,自然利润中心不仅计算可控成本,也应计算不可控成本。

4. 利润中心的考核指标

(1) 当利润中心不计算共同成本或不可控成本时,其考核指标为利润中心边际贡献总额。

利润中心边际贡献总额 = 利润中心销售收入总额 - 可控成本总额(或变动成本总额)

(11-3)

(2) 当利润中心计算共同成本或不可控成本,并采取变动成本法计算成本时,其考核指标为利润中心边际贡献总额、利润中心负责人可控利润总额、利润中心可控利润总额、公司利润。

利润中心边际贡献总额 = 收入总利润中心销售收入总额 - 该利润中心变动成本总额

(11-4)

利润中心负责人可控利润总额 = 该利润中心边际贡献总额 -
该利润中心负责人可控固定成本 (11-5)

利润中心可控利润总额 = 该利润中心负责人可控利润总额 − 该利润中心负责人不可控固定成本 (11-6)

公司利润 = 各利润中心可控利润总额 − 不可分摊的各种管理费用、财务费用 (11-7)

【例 11-2】某企业的甲车间是一个人为利润中心，本期实现内部销售收入 80 万元，销售变动成本为 55 万元，该中心负责人可控固定成本为 5 万元，不可控且由该中心负担的固定成本为 7 万元。试计算该利润中心各项指标。

解
$$利润中心边际贡献总额 = 80 − 55 = 25(万元)$$
$$利润中心负责人可控利润总额 = 25 − 5 = 20(万元)$$
$$利润中心可控利润总额 = 20 − 7 = 13(万元)$$

（三）投资中心

1. 投资中心的含义

投资中心是指既对成本、收入和利润负责，又对投资效果负责的责任中心。也就是说，投资中心不仅能控制成本和收入，还能控制占有的资产。投资中心不仅在产品和销售上享有较大的经营自主权，能够相对独立地运用其所掌握的资金决定是否投资以及投资规模和类型等。因此，不仅要衡量其利润，而且要衡量其资产，并把利润与其所占用的资产联系起来。投资中心必然是利润中心，但利润中心并不都是投资中心。利润中心没有投资决策权，而且在考核利润时也不考虑所占用的资产。投资中心和利润中心的区别如表 11-1 所示。

表 11-1 投资中心和利润中心的区别

项 目	利润中心	投资中心
权利不同	无投资决策权	有投资决策权，能独立运用资产
考核办法不同	不进行投入产出比较	进行投入产出比较

2. 投资中心的考核指标

由于投资中心不仅要对成本费用、收入和利润负责，而且要对资金的利用效果负责，因此对投资中心进行业绩考核时，除考核利润指标外，还要考核其资产，并把利润与其所占用的资产联系起来评价投入产出比，即考核其资金利用效果。投资中心常用的评价指标有投资利润率和剩余收益。

(1) 投资利润率。

投资利润率又称投资收益率，是指投资中心所获得的利润与投资额之间的比率，可用于评价和考核由投资中心掌握、使用的全部净资产的盈利能力。其计算公式如下：

$$投资利润率 = 利润 ÷ 投资额 × 100\%$$
$$= 资本周转率 × 销售成本率 × 成本费用利润率 \quad (11-8)$$

其中，投资额是指投资中心的总资产扣除对外负债后的余额，即投资中心的净资产为了评价和考核由投资中心掌握、使用的全部资产的总体盈利能力，还可以使用总资产息税前利润率指标。因为利润或息税前利润属于期间指标，所以指标中的投资额和总资产额应按平均投资额或平均资产占用额来计算。其计算公式如下：

$$总资产息税前利润率 = 息税前利润 ÷ 总资产 × 100\% \quad (11-9)$$

投资利润率指标与总资产息税前利润率指标的对比如表 11-2 所示。

表 11-2　投资利润率指标与总资产息税前利润率指标的对比

指　标	考核目的	利润	投资额
投资利润率	用于评价和考核全部净资产的盈利能力	净利润	净资产（总资产 − 负债）
总资产息税前利润率	用于评价和考核全部资产的盈利能力	息税前利润	总资产

投资利润率指标的优点有：① 投资利润率能反映投资中心的综合获利能力；② 投资利润率具有横向可比性；③ 投资利润率可以作为选择投资机会的依据，有利于调整资产的存量，优化资源配置；④ 以投资利润率作为评价投资中心经营业绩的尺度，可以正确引导投资中心的经营管理行为，使其行为长期化。

投资利润率指标的局限性有：① 世界性的通货膨胀，会使企业资产账面价值失真、失实，导致相应的折旧少计，利润多计，使计算的投资利润率无法揭示投资中心的实际经营能力；② 使用投资利润率往往会使投资中心只顾本身利益而放弃对整个企业有利的投资机会，造成投资中心的近期目标与整个企业的长远目标相背离；③ 投资利润率的计算与资本支出预算所用的现金流量分析方法不一致，不便于投资项目建成投产后与原定目标的比较；④ 由于一些共同费用无法为投资中心所控制，投资利润率的计量不全是投资中心所能控制的，会造成投资中心与整个企业利益的不一致。

(2) 剩余收益。

剩余收益是一个绝对数指标，是指投资中心获得的利润，扣减其投资额（或净资产占用额）按规定（或预期）的最低收益率计算的投资收益后的余额。其计算公式如下：

剩余收益 = 利润 − 投资额(或净资产占用额) × 规定或预期的最低投资收益率　(11-10)

剩余收益 = 息税前利润 − 总资产占用额 × 规定或预期的总资产息税前利润率　(11-11)

剩余收益指标能够反映投入与产出的关系，避免本位主义，使个别投资中心的利益与整个企业的利益统一起来。

成本中心、利润中心和投资中心之间有着密切的关系。最基层的成本中心应就经营的可控成本向其上层成本中心负责；上层成本中心应就其本身的可控成本和下层转来的责任成本一并向利润中心负责；利润中心应就其本身的经营收入、成本（含下层转来的成本）和利润（或边际贡献）向投资中心负责，投资中心最终就其经管的投资利润和剩余收益向总经理和董事会负责。

三、责任报告

（一）责任报告的概念

责任报告也称业绩报告、绩效报告，是指各责任中心根据责任会计记录编制的、向上层责任中心报送的、反映责任预算执行情况，揭示责任预算与实际执行差异的内部会计报告，是责任会计的重要内容之一。

责任报告主要有报表、数据分析和文字说明等几种形式。将责任预算、实际执行结果及其差异用报表予以列示是责任报告的基本形式。在揭示差异时，还必须对重大差异予以定量分析和定性分析。定量分析旨在确定差异的发生程度，定性分析旨在分析差异产生的原因，并根据这些原因提出改进建议。

责任报告的内容、形式、数量等，常因责任中心的层次、业务特点以及使用者的需要不同而有所不同，其计算和考证的指标也不完全一样。最低层次责任中心的责任报告应当最详细，其考评的指标和内容较少。随着层次的升高，责任报告的内容更为总括，其考评的指标和内容越多。由于责任中心是逐级设置的，责任报告也应自下而上逐级编制，通过责任报告的逐级向上汇编，形成了整个企业的连锁责任。责任报告是对各个责任中心执行责任预算情况的系统概括和总结。

责任中心的业绩评价和考核应通过编制责任报告来完成。责任预算与责任报告关系如图 11-3 所示。

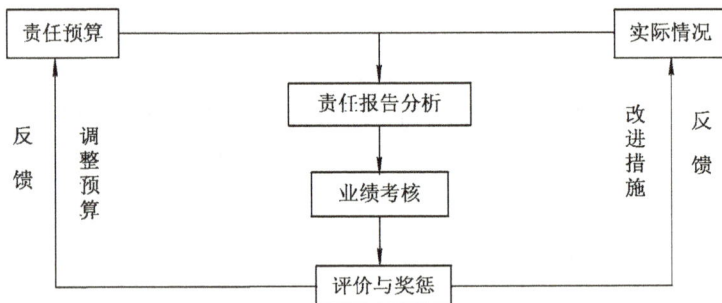

图 11-3　责任预算与责任报告关系示意图

责任报告的自下而上逐级编制与责任预算的自上而下分解过程不同，责任预算是由总括到具体，责任报告则是由具体到总括。责任报告应能突出产生差异的重要影响因素。为此，应突出重点，使报告的使用者能把注意力集中到少数严重脱离预算的因素或项目上来。根据责任报告，可进一步对责任预算执行差异的原因和责任进行具体分析，以充分发挥反馈作用，以使上层责任中心和本责任中心对有关生产经营的活动实行有效的控制和调节，促使各个责任中心根据自身特点，卓有成效地开展有关活动以实现责任预算。

（二）责任报告的作用

1. 形成一个正式的报告制度

责任报告使人们知道他们的业绩将被衡量、报告和考核，会使他们的行为与没有考核时大不一样。当人们明确知道考核标准并知道面临考核时，会尽力为达到标准而努力。

2. 指明工作方向

责任报告显示过去工作的状况，提供改进工作的线索，指明工作方向。

3. 作为奖惩依据

责任报告向各级主管部门报告下属的业绩，为他们采取措施纠正偏差和实施奖惩提供依据。

（三）责任报告的内容

1. 业绩实际完成的资料

它回答"实际完成了多少"，例如部门的可控成本、收入、利润和投资报酬率等。实际资料可以通过账簿系统提供，也可以在账簿之外搜集加工。

2. 责任目标的资料

它回答"应该完成多少"。一般都根据预算和实际业务量对其进行调整。

3. 两者之间的差异和原因

它回答"完成得怎么样，是谁的责任"。

（四）良好的控制报告应满足的要求

良好的控制报告应满足以下要求：

(1) 报告的内容应与其责任范围一致。

(2) 报告的信息要满足使用人的需要。

(3) 报告的时间要符合控制的要求。

(4) 报告的列示要简明、清晰、实用。

（五）差异调查

责任报告将使人们注意到偏离目标的表现，但它只是提出问题的线索。只有通过调查研究，找到原因，分析责任，才能采取纠正行动，收到降低成本的成效。发生偏差的原因很多，主要包括以下三类。

1. 执行人的原因

此种原因包括过错、没经验、技术水平低、责任心差和不协作等。

2. 目标不合理

此种原因包括原来制定的目标过高或过低，或者情况变化使目标不再适用等。

3. 核算过程有问题

此种原因包括数据的记录、加工和汇总存在错误，故意造假等。

四、业绩考核

（一）业绩考核的概念

业绩考核是指以责任报告为依据，分析、评价各责任中心责任预算的实际执行情况，找出差距，查明原因，考核各责任中心工作成果，实施奖惩，促使各责任中心积极纠正行为偏差，完成责任预算的过程。

责任中心的业绩考核有狭义和广义之分。狭义的业绩考核仅指对各责任中心的价值指标进行考评。广义的业绩考核还包括对责任中心非价值责任指标的完成情况进行考核。责任中心的业绩考核分为年终考核和日常考核。年终考核通常是指一个年度终了（或预算期终了）对责任预算执行结果的考评，旨在进行奖惩并为下一年（或下一个预算期）的预算提供依据。日常考核通常是指在年度内或预算期内，对责任预算执行过程的考评，旨在通过信息反馈，控制和调节责任预算的执行偏差，确保责任预算的最终实现。业绩考核可根据不同责任中心的特点进行。

各责任中心的责任报告可使人们注意到偏离目标的表现，但它只是指出线索。发生偏差的原因可能是执行者不尽职，目标不合理，或核算过程不合理等。只有通过调查研究，才能找到具体原因，分清责任，并针对原因采取纠正行动，达到降低成本、提高收益的目的。

（二）奖励与惩罚

1. 奖励

奖励是对超额完成目标成本行为的回报，是表示赞许的一种方式。目前奖励的方式主要是奖金，也会涉及加薪和提升等。奖励的原则是：奖励的对象必须是符合公司目标、值得提倡的行为；要让职工事先知道成本达到何种水平将会得到何种奖励；避免奖励华而不实的行为和侥幸取得好成绩的人，奖励要尽可能前后一致。

2. 惩罚

惩罚是对不符合期望的行为的回报。惩罚的作用在于维持公司运转所要求的最低标准，包括产量、质量、成本、安全、出勤和接受上级领导等。如果达不到最低要求，公司将无法正常运转。达不到成本要求的惩罚手段主要是批评和扣发奖金，有时涉及降级、停止提升和免职等。惩罚的目的是避免类似的行为重复出现，包括被处罚人的行为和公司里其他人的行为。惩罚的原则是：在调查研究的基础上，尽快采取行动，拖延会减弱惩罚的效力；预先要有警告，只有重犯者和违反人尽皆知的准则的人才受惩罚；惩罚要一视同仁，前后一致。

（三）纠正偏差

纠正偏差是业绩报告和评价的目的。如果一个业绩评价系统不能揭示差异及其产生原因，以及应由谁对差异负责，从而保证采取某种纠正措施，那么这种评价系统仅仅是一种数字游戏，白白浪费了职能人员的时间。

纠正偏差是各责任中心主管人员的主要职责。若业绩评价的标准是健全的并且是适当的，评价和考核也是按这些标准进行的，则产生偏差的操作环节和责任人即已指明。具有责任心和管理才能的、称职的主管人员就能够通过调查研究找出具体原因，并有针对性地采取纠正措施。

纠正偏差的措施通常包括：第一，重新制订计划或修改目标；第二，采取组织手段重新委派任务或明确职责；第三，采取人事管理手段增加人员，选拔和培训主管人员或者撤换主管人员；第四，改进指导和领导工作，给下属以更具体的指导和实施更有效的领导。

业绩评价的财务指标具有很强的综合性，无论哪一项生产作业或管理作业出了问题都会引起财务指标的失控。因此，纠正偏差的措施必须与其他管理职能（包括计划、组织、人事及指导与领导）结合在一起才能发挥作用。

纠正偏差最重要的原则是采取行动，不采取行动就不可能纠正偏差，这是一个显而易见的道理。由于管理过程的复杂性和人们认识上的局限性，纠正行动不一定会产生预期的效果，从而会出现新的偏差。这种现象不是拒绝采取行动的理由，反而表明需要不断地采取行动。这就如同在高速公路上驾车，要不断调整方向盘，才能确保汽车顺利前进。把握方向盘不动的后果是显而易见的。

第三节　财务控制的内容

企业在财务管理过程中，往往会利用有关财务信息和特定手段，对企业财务活动施加影响或进行调节。但是由于各控制主体的目的、职责和任务各有不同，需要控制的内容不同，因此所采用的调控方法也会有所不同。

【思考】财务控制的方法有哪些？

一、财务控制的基础

财务控制是以价值控制为手段，其目的是实现财务预算，而财务预算所包含的各项指标都是以价值形式来反映的。财务控制从财务的角度对企业生产经营活动与过程进行监督控制，充分发挥财务部门的"监控器"职能。财务控制框架如图 11-4 所示。

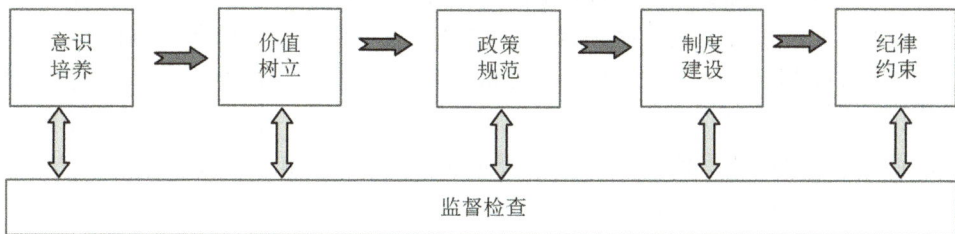

图 11-4　财务控制框架示意图

财务控制以价值控制为手段，可以将不同岗位、不同部门、不同类型测度的经济业务活动进行同度量，这样有利于进行对比、分析和考核。财务控制的基础是需要进行财务控制所必须具备的基本条件，这主要包括以下几个方面。

1. 建立有效的组织机构

建立有效的组织机构是财务控制运行得以保证的首要条件。没有有效的组织机构来管理和协调，财务控制就会无处下手，就会出现孤军奋战、孤立无援的局面，进而导致失控。但如果就被控主体而言，为了确定财务预算便建立相应的监督、协调、仲裁机构，为了便于内部结算又建立相应的内部结算组织，为了考评预算的执行结果再建立相应的考评机构。这样不但会使机构臃肿，人浮于事，浪费人力，而且机构众多，相互之间的协调与配合就必然会增加一定的难度。因此，可根据控制主体单位的大小、任务量的多少，根据相同或相近的职能进行合理合并，充分地精简机构，从而做到建立有效的组织机构与合理节约人力资源相统一。

而就被控制对象而言，最有效的方法就是建立能够将财务预算层层分解、层层落实的责任中心，其目的是实行有效的内部协调与控制。该责任中心是一个企业内部的组织体系，它是自上而下地逐级分解，逐级明确目标和任务的责任主体，它既可以是单独的组织机构，也可以是包含在其他组织机构中的承担特定目标和任务的责任岗位。只有将财务预算通过建立责任中心来分解落实到企业内部的各个部门、各个层次、各个岗位、各个责任人，使企业的每一个职工都能够明确自己的职责和任务，才能实现最有效的财务控制。财务控制实施运行的组织保证如图 11-5 所示。

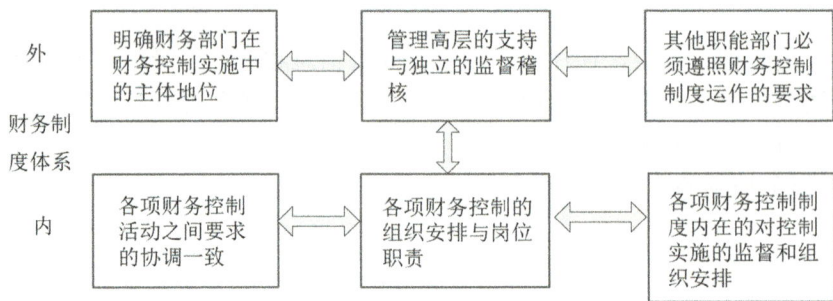

图 11-5　财务控制实施运行的组织保证示意图

2. 健全和完善内部控制制度

建立组织机构，明确责任主体和责任人，其目的是进行协调与管理。而有效的协调与管理是不能通过人治来实现的，必须依靠法治来完成。就企业的财务控制而言，就是必须依靠完善的内部控制制度（内控制度）来完成，而不是靠人的权力。内控制度包括组织机构的设计和企业内部采取的所有相互之间协调与管理的方法和措施。采用这些方法和措施的目的是保证企业财产的保值和增值，检查企业会计信息的准确性、可靠性，提高经营效率，促使有关人员遵循既定的管理方针。

内控制度的建立必须在广泛调研的基础上进行，建立后的内控制度必须在施行的过程中不断修订和完善，这样的内控制度才能具有实用性和可操作性，才能发挥应有的效能。

3. 建立反应灵敏的信息反馈系统

财务控制是一个动态的控制过程，要确保财务预算的贯彻落实，就必须对预算的执行情况进行跟踪监控，及时发现问题，及时调整执行偏差。为此，就必须建立一个反应灵敏的信息反馈系统。该系统应具备以下特征：

(1) 它不仅能自下而上地反馈财务预算的执行情况，也能自上而下地传递调整预算信差的要求。

(2) 它既要求信息传递及时、快捷，也要求确保信息内容真实、可靠，并配备相应的信息审查机构，制定相应的责任制。

4. 制定奖罚制度并严格执行

财务控制的最终效率取决于是否有切实可行的奖罚制度，以及是否严格执行奖罚制度。

奖罚制度的制定必须结合责任中心的预算责任目标，充分体现公平、合理、有效原则。奖罚制度的执行依赖考评机制，考评结果正确与否直接影响到奖罚制度的效力。严格执行奖罚制度就必须有严格的考评机制。严格的考评机制包括建立考评机构，确定考评程序，审查考评数据，依据制度考评和执行考评结果等一系列事项。奖罚的目的是实现有效的财务控制，财务控制是一个动态的过程，因此，奖罚的方式、方法不能太单一，可以是及时奖罚，也可以是期间奖罚，还可以是两者的有机结合。

及时奖罚就是在财务控制过程中随时考核责任目标完成的情况，并根据考核结果当即奖罚；而期间奖罚则是在一个时期终了时（如一个季度、一个年度），全面考核评比，并根据考核结果进行相应的奖罚。

5. 控制必须严格按照步骤进行

财务控制是在财务管理过程中，运用有关的信息和特定的手段对企业财务活动所施加的影响或进行的调节。这种控制是一个动态的过程，这个过程不是杂乱无章的，是有一定的程序和步骤的。如果步骤乱了，那么控制就会失效。因此，财务控制必须严格按照步骤进行。财务控制一般分为三步：首先，合理制定控制标准，层层分解，落实责任；其次，实施追踪控制，及时调整误差；最后，认真分析执行情况，努力搞好考核奖惩。财务控制具体步骤如图 11-6 所示。

确定控制目标	制定控制标准	执行控制标准	确定执行差异	消除执行差异
以财务计划为依据，确定总体控制目标。按照责、权、利原则，分解总体控制目标。	将总体可控目标分解到责任人。如材料控制标准一般制定材料单价、定额。	财务运行中适时控制，符合标准的支持，反之则限制，将活动控制在计划内。	及时掌握财务活动实际运行情况，对照控制标准，及时反馈差异的性质和程度。	分析偏差产生的原因及其责任归属，并采取有效措施消除差异。

图 11-6 企业财务控制的步骤示意图

6. 正确处理好各责任中心之间的关系

财务控制虽然是企业财务管理中的一种手段，但并不说明它仅仅是企业财务部门的事情，它涉及企业内部的各级组织机构，只是由于各自承担的责任不同，所尽的义务也就存在着一定的差异。也正是因为这一点，在涉及某一具体责任的承担问题时，各组织机构之间极易产生矛盾。这些矛盾将严重阻碍财务预算的贯彻执行。因此，正确处理好各组织机构之间的关系十分必要。

财务部门是财务控制工作的主导和核心，正确处理好各组织机构之间的关系责无旁贷。首先，应广泛地进行宣传和讲解，使其他各部门、各责任中心能够深刻领会预算目标，充分明确各自的职责和任务，避免相互侵占、相互推诿等现象。其次，当内部各组机构之间产生矛盾时，财务部门应积极主动地进行协调与协商，尽最大努力去解决矛盾。再次，财务部门要想真正担当起控制与协调的重任，财会人员的自身素质十分关键。最后，控制主要是做人的思想工作，矫正人的不当行为。这就需要财务人员有相应的组织指挥和协调工作能力，需要不断地更新知识，提高其操作能力。

二、财务控制的方法

财务控制方法是指在财务管理过程中，利用有关信息和特定手段，对企业财务活动施加影响或进行调节的一种方法。由于各控制主体的目的、职责和任务各有不同，因此可采用不同的调控方法。

资源 11-3

1. 制度控制法

制度控制法是指按照国家和企业制定的法令、条例、制度、办法等进行的控制，包括财产物资、现金收支的管理及清查盘点制度，岗位责任制，财务管理基本业务程序制度。制度控制通常规定只能做什么，不能做什么。制度控制通常具有防护性特征。

2. 定额控制法

定额控制法是指以定额为标准，对经济活动或资金运动所进行的控制。符合定额的经济业务要给予支持，保证资金需要；超过定额的经济业务要分析超过的原因，再分别处理。一般来说，财务管理中的定额管理本质上是对财务管理各方面的工作明确提出定量、定时的要求，建立各种各样有科学依据、切实可行的定额，并按照它们的内在联系组成一个定额体系。这个体系按内容分为资金定额、成本费用定额、设备定额、物资定额；按性质分为状态定额、消耗定额和效率定额。

3. 授权控制法

授权控制法是指在某项财务活动发生之前，按既定的程序对其正确性、合理性、合法性加以核准并确定是否让其发生的控制。授权管理的原则是：对授权范围内的行为给予充分信任，但对授权以外的行为不予认可。

授权通常分为一般授权和特别授权。一般授权是指企业内较低层次的管理人员根据既定的预算、计划、制度等标准，在其权限范围内对正常的经济行为进行的授权。例如，因公出差问题，只要出差人部门的负责人按照工作计划和制度授权即可。特别授权是指对非经常经济行为进行专门研究作出的授权。与一般授权不同，特别授权的对象是某些例外的经济业务。这些例外的经济业务往往是个别的、特殊的，一般没有既定的预算、计划等标准所依据，需要根据具体情况进行具体的分析和研究。例如，授权购买一项重要设备，授权降价出售商品等都是特别授权的事例。一般授权在企业中大量存在，授权给较低的管理人员就可以了。特别授权在企业中较少出现，较低层次的管理人员是无法处理的，需要较高层次的管理人员乃至最高领导人专门研究，作出决定。授权控制应做到：①企业的所有人员不经合法授权，不能行使授权；②企业的所有业务不经授权不能执行；③经营业务一经授权必须予以执行。

4. 责任制度控制法

在现代组织形式下科学的组织结构、合理分工管理的基础上，进而建立适当的责任制度，是组织控制的一项重要内容。责任制度控制法是以明确责任、检查和考核责任履行情况为主要内容的控制方法。责任制度具有三大特点：① 职责和权利结合起来；② 工作任务和方法结合起来；③ 纵向和横向工作结合起来。

责任制度的具体形式主要有以下两种：

(1) 部门责任制。部门责任制是指按照企业各部门具备的职能来明确责任，考核责任的制度。

(2) 岗位责任制。岗位责任制是指按照岗位明确责任、考核责任的制度。建立岗位责任制的目的是使企业内部各级组织和人员都有明确而具体的职权范围和工作责任。以做到人人有专责，事事有人管，办事有标准，工作有检查。

5. 预算控制法

预算是一种控制机制，体现了执行主体的责任和奋斗目标，因而能约束预算执行主体的行为，最大限度地保证预算目标的实现。通过预算目标与实际业绩的比较，经理人员能够随时了解预算主体范围内的企业实际业绩的进展情况。通过分析目标与实际的差异，揭示产生差异的原因，以便反映原始预算的现实性与可行性，并由此决定是否修改原始预算，以使目标变得科学与合理。通过实际业绩与预算业绩的定期比较，可以最大限度地提高企业的经营效率。在企业内实施预算控制更有利于落实责任，有利于企业的控制与经营。

6. 利益控制法

参与财务活动的各行为主体的主要目的在于保证或增加自身的经济利益。当各行为主体间的利益界限清晰，各自的行为结果与其利益所得直接相关时，外来的利益调控措施就能发挥应有的作用。企业为了使自身的运行更顺利有效，常用留利分配比例、工资分配、奖金分配等杠杆调控内部的诸多财务关系。

7. 比率控制法

比率控制是一种相对数控制方法，是通过两个相关指标的比较及数期变化趋势，来分析说明事物的本质及规律性。在许多情况下，运用绝对数无法说明问题，但使用具有可比意义的相对数却能作出有效的比较，进而找出差距和不足。

8. 限额控制法

限额是指根据经验或科学计算而对某种行为的消耗、占用或产出所做的数量规定，其主要理论依据是以前的行为具有历史延续性，环境的相对稳定性。但对于没有历史延续性的行为，或对于外界环境处于飞速变化的事件及各种非线性变量不断产生的系统，限额控制是难以奏效的。在财务管理中，常用于控制财务行为的限额有收支总额、流动资金占用额、工资定额、利润总额、销售总额等。

三、财务控制的内容

财务控制是企业在经营活动中如何进行有效分配和监督资源，以达到企业目标的一种重要手段。财务控制的主要内容包括财务报表确定、决策分析、财务管理和预算管理四个方面。

资源 11-4

首先，财务报表确定是财务控制的基础，也是企业实现目标的基础。企业在制定报表前需要制定财务政策，包括记账制度、会计分期、会计约定、会计报表及其他会计准则等，以及其他报表突出内容、分类准则、单位及计价单位等。这些财务报表确定了企业财务状况，提供给管理者决策参考依据。

其次，决策分析是财务控制的重要内容，它对于企业决策的关键环节，有助于企业进行成本的有效控制、投资的有效调配、盈利的有效保障等。决策分析必须做到精确无误，以一般决策分析工具如投资决策、财务计划、折旧计算、财务比率分析等，来分析企业经营发展所需的财政资源、成本分析、投资收益及税务规划等，从而获取有效的决策依据。

再次，财务管理是企业经营中重要的控制内容，它主要包括资金管理、收入管理和费用管理等内容。资金管理是以确保企业的有效运行、维持企业的正常运营及财务安全为目的，进行资金收入、支出、决策、结算、内部控制、外部沟通、风险管理等工作。收入管理是企业经营过程中进行财务账户登记、收入预算、利润分析等，以实现收入及利润的有效调整、决策及管理。费用管理是企业重要的财务控制手段，它包括合理规划费用预算、分析费用类别、评估费用支出效果、加强费用管理等。

最后，预算管理是财务控制的重要内容，它的目的是帮助管理者识别可能出现的问题，在经营活动中发现和改正不良状况，指导企业科学发展和实现企业目标。预算管理包括确定与实际状况相一致的财务报告、建立财务报告系统、建立预算管理系统、分析和评价财务报表、定期检查财务报表等。

总之，财务控制是企业经营中不可缺少的一个重要组成部分，是企业发展的基础。财务控制的主要内容要求企业把握趋势、掌握趋向，精确分析企业状况，从而准确控制财务状况，帮助企业实现持续发展。

思维导图

思维导图 11

拓展训练

拓展训练 11

第十二章
财 务 分 析

▼

学习目标

学习目标	学习难度	重要程度	应掌握的知识点
了解财务分析的依据、目的、作用、程序方法以及局限性	☆	★★	财务分析的概念和程序
了解财务比率综合评分法	☆☆	★★	财务分析方法
掌握偿债能力、营运能力、盈利能力以及成长能力的分析	☆☆☆	★★★	各项财务能力指标分析
掌握运用杜邦分析法进行财务综合分析	☆☆☆	★★★	杜邦分析法

思政课堂

不做假账

　　中国政府十分重视会计业的发展，在会计制度建设、审计准则制定和执业人员培训等方面作了不懈的努力。我们特别重视会计职业道德建设，加强会计业的监督管理，要求所有会计审计人员必须做到"诚信为本，操守为重，坚持准则，不做假账"，恪守独立、客观、公正的原则，不屈从和迎合任何压力与不合理要求，不以职务之便谋取一己私利，不提供虚假会计信息。虽然我国会计业的现状离这些要求还有不小差距，但是我们决心一定要按照这些要求去做。

　　——2002年11月19日，朱镕基在第十六届世界会计师大会开幕式演讲

📖 **知识框架**

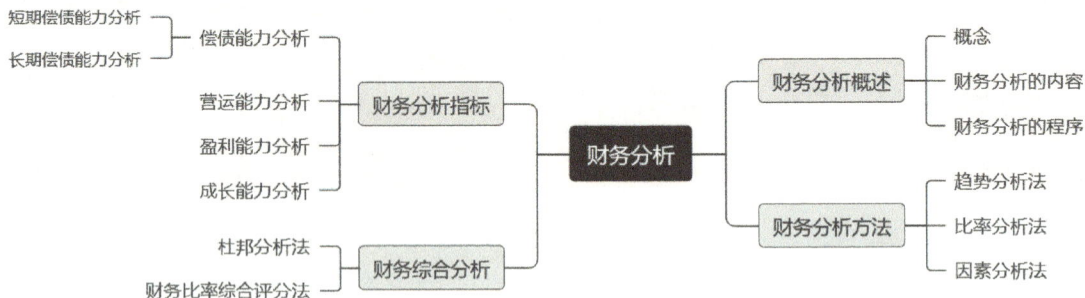

第一节　财务分析概述

▍一、财务分析的概念

　　财务分析是指以企业财务报告反映的财务指标为主要依据，对企业的财务状况和经营成果进行的评价和剖析。它反映了企业在运营过程中的利弊得失、财务状况及发展趋势，为改进企业财务管理工作和优化经济决策提供了重要的财务信息。

　　财务分析的目的是了解过去、评价现在、预测未来，帮助利益关系集团改善决策。财务分析最基本的功能是将大量的报表数据转换成对特定决策有用的信息，减少决策的不确定性，它既是已完成的财务活动的总结，又是财务预测的前提，在财务管理的循环中起着承上启下的作用。

资源 12-1

▍二、财务分析的意义

　　财务分析对不同信息使用者具有不同的意义，主要体现在以下四个方面。

（一）可以判断企业的财务实力

　　通过对企业资产负债表、利润表等有关资料进行分析，计算相关指标，可以了解企业资产结构和负债水平是否合理，从而判断企业的偿债能力、营运能力及盈利能力等财务实力，揭示企业在财务状况方面可能存在的问题。

（二）可以评价和考核企业的经营业绩以揭示财务活动存在的问题

　　通过指标计算、分析和比较，能够评价和考核企业盈利能力和资产周转状况，揭示其经营管理各个方面和各个环节存在的问题，找出差距，得出分析结论。

（三）可以挖掘企业潜力以寻求提高企业经营管理水平和经济效益的途径

企业进行财务分析的目的不仅仅是发现问题，更重要的是分析问题和解决问题。通过财务分析，应保持和进一步发挥生产经营管理中的成功经验，对存在的问题应提出解决策略和措施，以达到扬长避短，提高经营管理水平和经济效益的目的。

（四）可以评价企业发展趋势

通过各种财务分析，可以判断企业发展趋势，预测其生产经营前景及偿债能力，从而为企业领导层进行生产经营决策，投资者进行投资决策和债权人进行信贷决策提供重要依据，避免因决策错误给其带来重大的损失。

三、财务分析的内容

（一）偿债能力分析

偿债能力是指企业偿还到期债务的能力。通过对企业财务报表等会计资料进行分析，可以了解企业的资产流动性、负债水平以及偿还债务的能力，从而评价企业财务风险，为管理者、投资者和债权人提供企业偿债能力的财务信息。

（二）营运能力分析

营运能力反映了企业对资产利用和管理的能力。企业的生产经营过程就是利用资产取得收益的过程。资产是企业生产经营活动的经济资源，对资产利用和管理的能力直接影响到企业收益，它体现了企业经营能力。对营运能力进行分析，可以了解到企业资产保值、增值的情况，分析企业资产利用效率、管理水平、资金周转状况、现金流量状况等，为评价企业经营管理水平提供依据。

（三）盈利能力分析

获取利润是企业的主要经营目标之一，它反映了企业的综合素质。企业要生存和发展，必须争取获得较高利润，这样才能在竞争中立于不败之地。投资者和债权人都非常关注企业的盈利能力，盈利能力可以提高企业偿还债务的能力，提升企业信誉。对企业盈利能力的分析不能仅看其获取利润的绝对数，还应分析其相对指标，这些都可以通过财务分析来实现。

（四）发展能力分析

无论是企业管理者还是投资者、债权人，都非常关心企业的发展能力，因为这关系到他们的切身利益。通过对企业发展能力进行分析，可以判断企业的发展潜力，预测企业的经营前景，从而为企业管理者和投资者进行经营决策和投资决策提供重要依据，避免决策失误给其带来重大经济损失。

四、财务分析的程序

（一）相关信息的收集和整理

财务分析的主体不同，财务分析的目标也不同。在进行财务分析时，首先要明确界定分析目标，然后才能确定收集的资料。在收集信息时要保证信息的完整性和及时性，只有具有实效性的信息才能提高分析结果的决策有用性。

（二）会计分析

会计分析是指根据会计核算提供的会计信息，应用一定的分析方法对企业的经营过程及经营成果进行定量和定性的分析。会计分析侧重于会计数据的真实性、完整性和会计信息的相关性。

财务分析以财务会计核算的报表资料为依据，没有会计资料的正确性就没有财务分析的准确性。可靠的会计分析关系到财务分析的质量以及有关财务决策的正确性。如果财务报告不能清楚地揭示编制这些报告所采用的重要会计政策，财务报告使用者就必须依靠会计分析方法，对这些内容进行可靠的判断。按照会计分析得出的结果，对财务报表中的相关数据进行调整，减少不实的财务数据对财务报表的影响。

（三）选择分析方法和指标，确定分析标准

财务分析的目的和范围不同，所选用的分析方法和指标也不同。常用的分析方法包括比较分析法、因素分析法、结构分析法等。在指标选择上，营运能力指标应该采用资产周转率、周转天数等指标，获利能力指标应该采用利润率、资产收益率、权益净利率等指标。财务分析标准包括目标指标、历史指标、行业指标等，财务分析者可以根据自己的分析目的选择一种或多种分析标准。

（四）财务分析的评价

通过对各个财务指标的分析和比较，可以找出影响企业经营成果和财务状况的各种因素，这些因素包括主观因素与客观因素、宏观因素与微观因素。在进行财务分析评价时，需要将这些因素予以区分，结合企业发展的历史、现状和对未来的预测，针对主要影响因素来开展评价。

第二节　财务分析方法

财务分析的前提是正确理解财务报表，以对企业的偿债能力、盈利能力和抵抗风险能力作出评价，或找出存在的问题。财务分析的方法主要包括趋势分析法、比率分析法和因素分析法等。

一、趋势分析法

趋势分析法又称水平分析法，是指将两期或连续数期财务报告中的相同指标进行对比，确定其增减变动的方向、数额和幅度，以说明企业财务状况和经营成果的变动趋势的一种方法。采用这种方法，可以分析引起变动的主要原因、变动的性质，并预测企业未来的发展前景。

资源 12-2

趋势分析法的具体运用主要有以下三种方式。

（一）重要财务指标的比较

重要财务指标的比较是将不同时期财务报告中的相同指标或比率进行比较，直接观察其增减变动情况及变动幅度，考察其发展趋势，预测其发展前景。对不同时期财务指标的比较，有定基动态比率和环比动态比率两种。

1. 定基动态比率

它是以某一时期的数额为固定的基期数额而计算出来的动态比率。其计算公式如下：

$$定基动态比率 = \frac{分析期数额}{固定基期数额} \tag{12-1}$$

2. 环比动态比率

它是以每一分析期的前期数额为基期数额而计算出来的动态比率。其计算公式如下：

$$环比动态比率 = \frac{分析期数额}{前期数额} \tag{12-2}$$

（二）会计报表的比较

会计报表的比较是将连续数期的会计报表的金额并列起来，比较其相同指标的增减变动金额和幅度，据以判断企业财务状况和经营成果发展变化的一种方法。会计报表的比较具体包括资产负债表比较、利润表比较和现金流量表比较等。比较时，既要计算出会计报表中有关项目增减变动的绝对额，又要计算出其增减变动的相对值。使用时，需注意对比项目的相关性、对比口径的一致性和衡量标准的科学性。

（三）会计报表项目构成的比较

会计报表项目构成的比较是在会计报表比较的基础上发展而来的。它是以会计报表中的某个总体指标作为整体，再计算其各组成项目占该总体指标的百分比，从而比较各个项目百分比的增减变动，以此来判断有关财务活动的变化趋势。这种方法比前述两种方法更能准确地分析企业财务活动的发展趋势。它既可用于同一企业不同时期财务状况的纵向比较，又可用于不同企业之间的横向比较，同时，比前述两种方法更能消除不同时期或不同企业之间业务规模差异的影响，有利于分析企业的耗费水平和盈利水平。使用时，需注意因素分解的关联性、因素的顺序性、顺序替代的连环性和计算结果的假定性等。

在采用趋势分析法时，还必须注意以下问题：应剔除偶发性项目的影响，使作为分析的数据能反映正常的经营状况；应用例外原则，应对某项有显著变动的指标作重要分析，研究其产生的原因，以便采取对策，趋利避害。

二、比率分析法

比率分析法是把某些彼此存在关联的项目加以对比，计算出比率，据以确定经济活动变动程度的分析方法。比率是相对数，采用这种方法，

资源 12-3

能够把某些条件下的不可比指标变为可以比较的指标，从确定的比率差异中发现问题。比率分析法是财务分析中应用最广泛的一种方法。常见的比率指标主要有三类。

（一）构成比率

构成比率又称结构比率，是某项经济指标的各个组成部分与总体的比率，反映部分与总体的关系。其计算公式如下：

$$构成比率 = \frac{某个组成部分数额}{总体数额} \tag{12-3}$$

该比率通常反映会计报表各项目的纵向关系。利用构成比率可以考察总体中某个部分的形成和安排是否合理，某个部分在总体中的地位和作用，以便协调各项财务活动，突出重点。

（二）效率比率

效率比率是某项经济活动中所费与所得的比率，反映投入与产出、耗费与收入的比例关系。利用效率比率指标，可以进行得失比较，考察经营成果，评价经济效益。例如，将利润项目与销售成本、销售收入、资本等项目加以对比，可以计算出成本利润率、销售利润率以及资本利润率等利润率指标，可以从不同的角度观察比较企业获利能力的高低及其增减变化情况，分析考察企业财务成果，评价企业经营状况和经济效益水平。

（三）相关比率

相关比率是以某个项目和与其有关但又不同的项目加以对比所得的比率，反映有关经济活动中财务指标间的相互关系。利用相关比率指标可以考察有联系的相关业务安排得是否合理，企业运营活动能否顺畅地进行。例如，将流动资产与流动负债加以对比，计算出流动比率，据以判断企业的短期偿债能力。

比率分析法的优点是计算简便，计算结果容易判断，而且可以使某些指标在不同规模的企业之间进行比较，甚至也能就一定程度上超越行业间的差别进行比较。但采用这一方法时，对比率指标的使用应该注意以下几点。

1. 对比项目的相关性

计算比率的子项和母项必须具有相关性，把不相关的项目进行对比是没有意义的。在构成比率指标中，部分指标必须是总体指标这个大系统中的一个小系统；在效率比率指标中，投入与产出必须有因果关系；在相关比率指标中，两个对比指标也要有内在联系，才能评价有关经济活动之间是否协调均衡，安排是否合理。

2. 对比口径的一致性

计算比率的子项和母项必须在计算时间、范围等方面保持口径一致。

3. 衡量标准的科学性

运用比率分析，需要选用一定的标准与之对比，以便对企业的财务状况作出评价。通常而言，科学合理的对比标准有预定目标（如预算指标、设计指标、定额指标、理论指标等）、历史标准（如上期实际、上年同期实际、历史先进水平以及有典型意义的时期实际水平等）、行业标准（如主管部门或行业协会颁布的技术标准、国内同类企业的先进水平、国外同类企业的平均水平等）以及公认标准。

■ 三、因素分析法

因素分析法是指用来确定几个相互联系的因素对分析对象某一综合财务指标或经济指标的影响程度的一种分析方法。采用这种方法的出发点在于，当有若干因素对分析对象产生影响时，假定其他各个因素都无变化，顺序确定每一个因素单独变化所产生的影响。

（一）连环替代法

连环替代法是指将分析指标分解为各个可以计量的因素，并根据各个因素之间的依存关系，顺次用各因素比较值（通常为实际值）替代基准值（通常为标准值或计划值），据以测定各因素对分析指标的影响的一种方法。

设某一分析指标 R 是由相互联系的 A、B、C 三个因素相乘得到的，报告期（实际）指标和基期（计划）指标为

报告期（实际）指标：$R_1 = A_1 \times B_1 \times C_1$

基期（计划）指标：$R_0 = A_0 \times B_0 \times C_0$

在测定各因素变动对指标 R 的影响程度时可按顺序进行：

基期（计划）指标：$R_0 = A_0 \times B_0 \times C_0$ （1）

第一次替代：$A_1 \times B_0 \times C_0$ （2）

第二次替代：$A_1 \times B_1 \times C_0$ （3）

第三次替代：$R_1 = A_1 \times B_1 \times C_1$ （4）

（2）－（1）→ A 变动对 R 的影响

（3）－（2）→ B 变动对 R 的影响

（4）－（3）→ C 变动对 R 的影响

把各因素变动综合起来，总影响：$\Delta R = R_1 - R_0$

【例 12-1】长城公司 2022 年 12 月份某种原材料费用实际数是 220 000 元，而计划数是 240 000 元，实际比计划减少了 20 000 元，如表 12-1 所示，由于原材料费用是由产品产量、单位产品材料耗用量和材料单价三个因素乘积构成的，因此，就可以把材料费用这一总指标分解为三个因素，请根据这三个因素来分析它们对材料费用总额的影响程度。

表 12-1 产品原材料构成情况

项 目	单位	计划数	实际数
产品产量	—	200	220
单位产品材料消耗量	件	30	20
材料单价	元	40	50
材料费用总额	元	240 000	220 000

　　根据表中数据，材料费用总额实际数较计划数减少了 20 000 元，这是分析的对象。运用连环替代法，可以计算各因素变动对材料费用总额的影响程度如下：

　　计划指标：$200 \times 30 \times 40 = 240\,000$（元）　　　　　　　　（1）

　　第一次替代：$220 \times 30 \times 40 = 264\,000$（元）　　　　　　（2）

　　第二次替代：$220 \times 20 \times 40 = 176\,000$（元）　　　　　　（3）

　　第三次替代：$220 \times 20 \times 50 = 220\,000$（元）　　　　　　（4）

　　$(2) - (1) = 24\,000$（元），这是产量增加影响。

　　$(3) - (2) = -88\,000$（元），这是材料节约影响。

　　$(4) - (3) = 44\,000$（元），这是价格提高影响。

　　所以，$[(2) - (1)] + [(3) - (2)] + [(4) - (3)] = -20\,000$（元），这是全部因素的影响。

（二）差额分析法

　　差额分析法是连环替代法的一种简化形式，它是利用各个因素比较值与基准值之间的差额来计算各个因素对分析指标的影响。

　　【例 12-2】根据例 12-1，用差额分析法计算确定各个因素变动对材料费用的影响。

　　解　（1）由于产量增加对材料费用的影响为

$$(220 - 200) \times 30 \times 40 = 24\,000 （元）$$

　　（2）由于材料消耗节约对材料费用的影响为

$$(20 - 30) \times 220 \times 40 = -88\,000 （元）$$

　　（3）由于原材料单价提高对材料费用的影响为

$$(50 - 40) \times 220 \times 20 = 44\,000 （元）$$

（三）注意事项

　　因素分析法既可以全面分析各因素对某一经济指标的影响，又可以单独分析某个因素对某一经济指标的影响，在财务分析中应用得颇为广泛。但在应用这一方法时，我们必须注意以下几个问题。

1. 因素分解的关联性

　　因素分解的关联性即确定构成经济指标的因素必须在客观上存在着因果关系，要能够反映形成该项指标差异的内在构成因素，否则就失去了其存在价值。

2. 因素替代的顺序性

　　替代因素时，必须按照各因素的依存关系，排列成一定的顺序并依次替代，不可随意颠倒，否则就会得出不同的计算结果。一般而言，确定正确排列因素替代程序的原则是：按分析对象的性质，从诸因素相互依存关系出发，首先对数量指标进行替代，再进行质量指标的替代。

3. 顺序替代的连环性

　　连环替代法在计算每一个因素变动的影响时，都是在前一次计算的基础上进行的，并采用连环比较的方法确定因素变化影响结果。只有保持计算程序上的连环性，才能使各个因素影响之和等于分析指标变动的差异，以全面分析指标变动的原因。

4.计算结果的假定性

连环替代法计算的各因素变动的影响数，会因替代计算顺序的不同而有差别，因而计算结果不免带有假定性，即它不可能使每个因素计算的结果都达到绝对的准确，它只是在某种假定前提下的影响结果，离开了这种假定的前提条件，也就不会产生这种影响结果。为此，分析时，财务人员应力求使这种假定是合乎逻辑的假定，是具有实际经济意义的假定。这样，计算结果的假定性才不至于妨碍分析的有效性。差额计算法是因素分析法的一种简化形式，是利用各个因素的实际数与基准数或目标值之间的差额来计算各个因素对总括指标变动的影响程度的一种方法。

第三节 财务分析指标

一、偿债能力分析

偿债能力是指企业偿还到期债务的能力。企业偿还债务能力的强弱是判断企业财务状况好坏的主要标准之一。按照债务偿还期限（通常以1年为限）的长短不同，企业的偿债能力可分为短期偿债能力和长期偿债能力，偿债能力的分析包括短期偿债能力分析与长期偿债能力分析。

资源 12-4

（一）短期偿债能力分析

1.流动比率

流动比率是流动资产与流动负债的比率，它表明企业每1元流动负债有多少元流动资产作为偿还的保证，反映企业用可在短期内转变为现金的流动资产偿还到期流动负债的能力。其计算公式如下：

$$流动比率 = \frac{流动资产}{流动负债} \times 100\% \tag{12-4}$$

【例 12-3】2022 年长城公司的资产负债如表 12-2 所示，计算该企业年初和年末的流动比率。

表 12-2 2022 年长城公司资产负债表（简表） 单位：万元

资产	期末余额	上年年末余额	负债和所有者权益	期末余额	上年年末余额
流动资产：			流动负债：		
货币资金	900	800	短期借款	2 300	2 000
交易性金融资产	500	1 000	应付账款	1 200	1 000
应收账款	1 300	1 200	预收款项	400	300

续表

资产	期末余额	上年年末余额	负债和所有者权益	期末余额	上年年末余额
预付款项	150	100	其他应付款	100	100
存货	5 200	4 000	流动负债合计	4 000	3 400
流动资产合计	8 050	7 100	非流动负债：		
非流动资产：			长期债款	2 500	2 000
债权投资	0	0	非流动负债合计	2 500	2 000
其他债权投资	0	0	负债合计	6 500	5 400
长期股权投资	400	400	所有者权益：		
固定资产	14 000	12 000	实收资本	12 000	12 000
无形资产	550	500	盈余公积	1 600	1 600
非流动资产合计			未分配利润	2 900	1 000
			所有者权益合计	16 500	14 600
资产总计	23 000	20 000	负债和所有者权益总计	23 000	20 000

各流动比率如下：

$$年初流动比率 = \frac{7\ 100}{3\ 400} \times 100\% = 200.8\%$$

$$年末流动比率 = \frac{8\ 50}{4\ 000} \times 100\% = 201.3\%$$

该公司 2022 年年初和年末流动比率均超过一般公认标准，表明该企业具有较强的短期偿债能力。

2. 速动比率

速动比率是企业速动资产与流动负债的比率。所谓速动资产，即流动资产减去变现能力较差且变现不确定的存货后的余额。由于剔除了存货等变现能力较弱且不稳定的资产，因此，速动比率较之流动比率能够更加准确、可靠地评价企业资产的流动性及其偿还短期负债的能力。其计算公式如下：

$$速动比率 = \frac{速动资产}{流动负债} \times 100\% \tag{12-5}$$

【例 12-4】根据表 12-2，计算该公司 2022 年的速动比率。

解

$$年初速动比率 = \frac{7\ 100 - 4\ 000}{3\ 400} \times 100\% = 91.2\%$$

$$年末速动比率 = \frac{8\ 050 - 5\ 200}{4\ 000} \times 100\% = 71.3\%$$

分析表明，该公司 2022 年年末的速动比率比年初有所降低。虽然该公司流动比率超过一般公认标准，但流动资产中存货所占比重过大，导致公司速动比率未达到一般公认标准，公司的实际短期偿债能力并不理想，需采取措施加以扭转。

3. 现金比率

现金比率是企业现金类资产与流动负债的比率。现金类资产包括企业所拥有的货币资金和持有的有价证券 (即资产负债表中的交易性金融资产)。其计算公式如下：

$$现金比率 = \frac{货币资金 + 交易性金融资产}{流动负债} \times 100\% \tag{12-6}$$

【例 12-5】根据表 12-2，计算该公司 2022 年的现金比率。

解

$$年初现金比率 = \frac{800 + 1000}{3400} \times 100\% = 52.9\%$$

$$年末现金比率 = \frac{900 + 500}{4000} \times 100\% = 35\%$$

该公司 2022 年年初、年末的现金比率都比较高，年初竟超过了 50%，年末有些改进，这说明公司还需进一步有效地运用现金类资产，合理安排资金结构，提高资金使用效率。

(二) 长期偿债能力分析

长期偿债能力是指企业偿还长期负债的能力，它表明企业对债务负担的承受能力和偿还债务的保障能力。长期偿债能力的强弱是反映企业财务状况稳定与安全程度的重要标志。长期偿债能力的分析指标主要有三项。

资源 12-5

1. 资产负债率

资产负债率又称负债比率，是企业负债总额对资产总额的比率。其计算公式如下：

$$资产负债率 = \frac{负债总额}{资产总额} \times 100\% \tag{12-7}$$

【例 12-6】根据表 12-2，计算该公司 2022 年的资产负债率。

解

$$年初资产负债率 = \frac{5\,400}{20\,000} \times 100\% = 27\%$$

$$年末资产负债率 = \frac{6\,500}{23\,000} \times 100\% = 28.3\%$$

该公司 2022 年年初、年末的资产负债率均不高，说明公司长期偿债能力较强，这样有助于增强债权人对公司出借资金的信心。但是，公司的负债只占资产总额的 30% 不到，也说明企业没有很好地利用负债的杠杆效应为企业增加收益。

2. 产权比率

产权比率又称负债与股东权益比率、资本负债率，是指负债总额与所有者权益总额的

比率，是评价企业财务结构稳健与否的重要标志。其计算公式如下：

$$产权比率 = \frac{负债总额}{所有者权益总额} \times 100\% \quad\quad (12\text{-}8)$$

【例 12-7】根据表 12-2，计算该公司 2022 年的产权比率。

解

$$年初产权比率 = \frac{5\,400}{14\,600} \times 100\% = 37\%$$

$$年末产权比率 = \frac{6\,500}{16\,500} \times 100\% = 39.4\%$$

该公司 2022 年年初、年末的产权比率都不高，同资产负债率的计算结果相互印证，表明公司的长期偿债能力较强，债权人的保障程度较高。

3. 已获利息倍数

已获利息倍数又称利息保障倍数，是指企业生产经营所获得的息税前利润与利息费用的比率，反映了获利能力对债务偿付的保证程度。其计算公式如下：

$$已获利息倍数 = \frac{息税前利润}{债务利息} = \frac{利润总额 + 利息费用}{利息费用} \quad\quad (12\text{-}9)$$

息税前利润是指包括债务利息和所得税前的正常业务经营利润，不包括非正常项目。这是由于由负债与资本支持的项目一般属于正常业务经营范围，因此，计算利息保障倍数时就应当以正常业务经营的息税前利润为基础。为了更加准确地反映利息的保障程度，债务利息应包括财务费用中的利息和资本化利息两部分。

【例 12-8】2022 年长城公司的利润如表 12-3 所示，假定财务费用全部为利息费用，计算该公司的利息保障倍数。

表 12-3　2022 年长城公司利润表（简表）　　　　　　　　　单位：万元

项　　　目	本期金额	上期金额
一、营业收入	21 600	19 000
减：营业成本	12 800	11 100
税金及附加	1 200	1 080
销售费用	1 900	1 620
管理费用	1 000	800
财务费用	300	200
加：投资收益（损失以"-"号填列）	300	300
二、营业利润	4 700	4 500
加：营业外收入	150	100
减：营业外支出	650	600

项 目	本期金额	上期金额
三、利润总额（亏损以"–"号填列）	4 200	4 000
减：所得税费用	1 260	1 200
四、净利润（净亏损以"–"号填列）	2 940	2 800
五、其他综合收益的税后净额	0	0
六、综合收益总额	2 940	2 800
七、每股收益		

解 假定表 12-3 中财务费用全部为利息费用，则该公司的利息保障倍数为

$$2021年利息保障倍数 = \frac{4\,000 + 200}{200} = 21(倍)$$

$$2022年利息保障倍数 = \frac{4\,200 + 300}{300} = 15(倍)$$

从以上计算来看，应当说，该公司 2021 年和 2022 年的利息保障倍数都较高，有较强的偿付负债利息的能力。不过，我们还需结合公司往年的情况和行业的特点进行判断。

■ 二、营运能力分析

营运能力是指通过企业生产经营资金周转速度的有关指标所反映出来的企业资金利用的效率，表明企业管理人员经营管理、运用资金的能力。营运能力也表明企业对内部人力资源和生产资料的配置组合能力。营运能力的分析即对资产及其运用情况的分析，包括人力资源营运能力的分析和资产营运能力的分析。

资源 12-6

（一）应收账款周转率

应收账款周转率是企业一定时期赊销收入净额与应收账款平均余额的比率。应收账款周转率是评价应收账款流动性大小的一个重要财务比率，它反映了应收账款在一个会计年度内的周转次数，可以用来分析应收账款的变现速度和管理效率。该比率越高，说明应收账款的周转速度越快、流动性越强。其计算公式如下：

$$应收账款周转率 = \frac{赊销收入}{应收账款平均余额} \tag{12-10}$$

应收账款周转率反映了企业应收账款变现速度的快慢及管理效率的高低。在一定时期内，应收账款周转次数越多，表明应收账款回收速度越快，企业管理工作的效率越高，资产流动性越大，短期偿债能力越强；可以减少收款费用和坏账损失，从而相对增加企业流动资产的投资收益；还可以更好地评价客户的信用程度及企业制定信用条件的合理性。

应收账款周转率的另一种表示方法是应收账款周转期（天数），即企业自商品或产品销售出去至应收账款收回止所需经历的天数。其计算公式如下：

$$应收账款周转期 = \frac{360}{应收账款周转率} = \frac{360 \times 应收账款平均余额}{赊销收入}$$ (12-11)

周转天数越少，说明应收账款变现的速度越快，企业资金被外单位占用的时间越短，管理工作的效率越高。它通常是在计算应收账款周转率之后进一步分析计算而得，用作评价应收账款流动程度的补充指标。

【例 12-9】根据表 12-3，假定该公司 2021 年和 2022 年度销售收入中赊销部分均占 30%，应收账款周转率如表 12-4 所示。要求：计算 2021 年、2022 年应收账款周转率和周转天数。

表 12-4　应收账款周转率计算表　　　　　　　　　　单位：万元

项　目	2020 年	2021 年	2022 年
赊销收入净额		5700	6480
应收账款年末余额	1100	1200	1300
应收账款平均余额		1150	1250
应收账款周转次数／次		4.96	5.18
应收账款周转天数／天		72.6	69.5

解

$$2021 年应收账款周转率 = \frac{5\,700}{\dfrac{1\,100 + 1\,200}{2}} = 4.96（次）$$

$$2021 年应收账款周转天数 = \frac{360}{4.96} = 72.58（天）$$

$$2022 年应收账款周转率 = \frac{6\,480}{\dfrac{1\,300 + 1\,200}{2}} = 5.18（次）$$

$$2022 年应收账款周转天数 = \frac{360}{5.18} = 69.5（天）$$

以上计算结果表明，该公司 2022 年应收账款周转率较 2021 年有所改善，周转次数由 4.96 次提高为 5.18 次，周转天数由 72.6 天缩短为 69.5 天。这不仅说明公司的营运能力有所增强，而且对流动资产的变现能力和周转速度也会起到促进作用。

（二）存货周转率

存货周转率也称存货利用率，是企业一定时期的销售成本与存货平均余额的比率。其计算公式如下：

$$存货周转率 = \frac{销货成本}{存货平均余额}$$ (12-12)

$$存货周转期 = \frac{360}{存货周转率} = \frac{360 \times 存货平均余额}{销货成本} \tag{12-13}$$

存货周转率说明了一定时期内企业存货周转的次数，可以反映企业存货的变现速度，衡量企业的销售能力及存货是否过量。存货周转率反映了企业的销售效率和存货使用效率。在正常经营情况下，存货周转率越高，说明存货周转速度越快，企业的销售能力越强，营运资本占用在存货上的金额越少，表明企业的资产流动性较好，资金利用效率较高；反之，存货周转率过低，常常是库存管理不力，销售状况不好，造成存货积压，说明企业在产品销售方面存在一定的问题，应当采取积极的销售策略，加快存货的周转速度。但是，有时企业出于特殊的原因会增大存货储备量，如在通货膨胀比较严重的情况下，企业为了降低存货采购成本，可能会提高存货储备量，这种情况导致的存货周转率降低是一种正常现象。一般来说，存货周转率越高越好，但存货周转率过高，也可能说明企业存货管理方面存在一些问题，如存货水平太低，甚至经常缺货，或者采购次数过于频繁，批量太小等。因此，对存货周转率应当结合企业的实际情况，具体问题具体分析。

【例 12-10】长城公司 2020 年年末存货余额为 3 800 万元，如表 12-5 所示。要求：计算该公司 2021 年、2022 年存货周转率和存货周转天数。

表 12-5 存货周转率计算表　　　　　　单位：万元

项　目	2020 年	2021 年	2022 年
销货成本	—	11 100	12 800
存货年末余额	3 800	4 000	5 200
存货平均余额	—	3 900	4 600
存货周转次数 / 次	—	2.85	2.78
存货周转天数 / 天	—	126.3	129.5

解

$$2021 年存货周转率 = \frac{11\,100}{\dfrac{3\,800 + 4\,000}{2}} = 2.85 \,(次)$$

$$2021 年存货周转天数 = \frac{360}{2.85} = 126.32 \,(天)$$

$$2022 年存货周转率 = \frac{12\,800}{\dfrac{4\,000 + 5\,200}{2}} = 2.78 \,(次)$$

$$2022 年存货周转天数 = \frac{360}{2.78} = 129.5 \,(天)$$

计算结果表明，该公司 2022 年存货周转率比 2021 年有所延缓，次数由 2.85 次降为 2.78 次，周转天数由 126.3 天增为 129.5 天。这反映出该公司 2022 年存货管理效率不如 2021 年，其原因可能与 2022 年存货增长幅度过大有关。

（三）流动资产周转率

流动资产周转率是销售收入与流动资产平均余额的比率，它反映了企业全部流动资产的利用效率。其计算公式如下：

$$流动资产周转率 = \frac{销售收入}{流动资产平均占用额} \tag{12-14}$$

$$流动资产周转期 = \frac{360}{流动资产周转率} = \frac{360 \times 流动资产平均占用额}{销售收入} \tag{12-15}$$

流动资产周转率表明在一个会计年度内企业流动资产周转的次数，它反映了流动资产周转的速度。该指标越高，说明企业流动资产的利用效率越高。

【例 12-11】假设长城公司 2020 年流动资产年末余额为 6000 万元，如表 12-6 所示。要求：计算公司 2021 年、2022 年流动资产周转率及周转天数。

表 12-6　流动资产周转情况表　　　　　单位：万元

项　　目	2020 年	2021 年	2022 年
产品销售收入	—	19 000	21 600
流动资产年末余额	6 000	7 100	8 050
流动资产平均余额	—	6 550	7 575
流动资产周转次数 / 次	—	2.90	2.85
流动资产周转天数 / 天	—	124.1	126.3

解　　$$2021 年流动资产周转率 = \frac{19\,000}{\dfrac{6\,000 + 7\,100}{2}} = 2.90（次）$$

$$2021 年流动资产周转天数 = \frac{360}{2.90} = 124.14（天）$$

$$2022 年流动资产周转率 = \frac{21\,600}{\dfrac{7\,100 + 8\,050}{2}} = 2.85（次）$$

$$2022 年流动资产周转天数 = \frac{360}{2.85} = 126.31（天）$$

由此可见，该公司 2022 年流动资产周转速度比 2021 年延缓了 2.2 天，流动资金占用增加，增加占用的数额可计算如下：

$$\frac{(126.31 - 124.14) \times 20\,000}{360} = 120.56（万元）$$

流动资产周转率是分析流动资产周转情况的一个综合指标，流动资产周转得快，可以节约流动资金，提高资金的利用效率。但是，究竟流动资产周转率为多少才算好，并没有一个确定的标准。通常分析流动资产周转率应比较企业历年的数据并结合行业特点。

（四）固定资产周转率

固定资产周转率也称固定资产利用率，是企业销售收入与固定资产平均净值的比率。其计算公式如下：

$$固定资产周转率 = \frac{销售收入}{固定资产平均净值} \qquad (12\text{-}16)$$

固定资产周转率主要用于分析企业对厂房、设备等固定资产的利用效率，该比率越高，说明固定资产的利用率越高，管理水平越高。如果固定资产周转率与同行业平均水平相比偏低，说明企业的生产效率较低，可能会影响企业的盈利能力。

【例 12-12】假设长城公司 2020 年年末固定资产净值为 11 800 万元，相关信息如表 12-7 所示。要求：计算该公司 2021 年、2022 年固定资产周转率及周转天数。

表 12-7　固定资产周转率表　　　　　　　　单位：万元

项　　目	2020 年	2021 年	2022 年
销售收入	—	19 000	21 600
固定资产年末净值	11 800	12 000	14 000
固定资产平均净值	—	11 900	13 000
固定资产周转次数 / 次	—	1.60	1.66

解

$$2021 年固定资产周转率 = \frac{19\,000}{\dfrac{11\,800 + 12\,000}{2}} = 1.60（次）$$

$$2021 年固定资产周转天数 = \frac{360}{1.60} = 225（天）$$

$$2022 年固定资产周转率 = \frac{21\,600}{\dfrac{12\,000 + 14\,000}{2}} = 1.66（次）$$

$$2022 年固定资产周转天数 = \frac{360}{1.66} = 216.87（天）$$

以上计算结果表明，该公司 2022 年固定资产周转率比 2021 年有所加快，其主要原因是固定资产净值的增加幅度低于销售收入增长幅度。这表明该公司的营运能力有所提高。

（五）总资产周转率

总资产周转率也称总资产利用率，是企业销售收入与资产平均总额的比率。其计算公式如下：

$$总资产周转率 = \frac{销售收入}{资产平均占用额} \qquad (12\text{-}17)$$

值得说明的是，如果资金占用的波动性较大，企业应采用更详细的资料进行计算，如按照各月份的资金占用额计算。如果各期占用额比较稳定，波动不大，上述季、年的平均资金占用额也可以直接用期初与期末平均数计算。

企业总资产的营运能力集中表现在总资产的销售水平上，因此，总资产周转率可以用来分析企业全部资产的使用效率。这个比率越高，说明全部资产进行经营的成果越好，效率越高。这个比率较低，说明企业利用全部资产进行经营的效率越差，最终会影响企业的获利能力。如果总资产周转率长期处于较低的状态，企业就应该采取各项措施来提高资产利用程度，如提高销售收入或处理多余的资产。

【例 12-13】假设长城公司 2020 年年末全部资产总额为 19 000 万元，详细信息如表 12-8 所示，要求：计算该公司 2021 年和 2022 年的总资产周转率及总资产周转天数。

表 12-8　总资产周转率计算表　　　　　　　　　　　　　单位：万元

项　　目	2020 年	2021 年	2022 年
销售收入	—	19 000	21 600
全部资产年末余额	19 000	20 000	23 000
全部资产平均余额		19 500	21 500
全部资产周转次数（次）		0.97	1.00

解

$$2021 \text{ 年总资产周转率} = \frac{19\,000}{\dfrac{19\,000 + 20\,000}{2}} = 0.97 \text{（次）}$$

$$2021 \text{ 年总资产周转天数} = \frac{360}{0.97} = 371.13 \text{（天）}$$

$$2022 \text{ 年总资产周转率} = \frac{21\,600}{\dfrac{20\,000 + 23\,000}{2}} = 1.00 \text{（次）}$$

$$2022 \text{ 年总资产周转天数} = \frac{360}{1.00} = 360 \text{（天）}$$

以上计算结果表明，该公司 2022 年全部资产周转率比 2021 年有所加快。

▌三、盈利能力分析

盈利能力就是企业获取利润的能力，它通常体现为一定时期内企业收益数额的大小与水平的高低。所谓盈利能力分析，是指通过一定的分析方法，判断企业的获利能力。

（一）销售利润率

销售利润率是企业利润与销售收入的比率。其计算公式如下：

资源 12-7

$$销售利润率 = \frac{利润}{销售收入} \times 100\% \tag{12-18}$$

从利润表来看，企业的利润可以分为五个层次：商品销售毛利、商品经营利润、营业利润、利润总额和净利润。其中，利润总额和净利润包含着非销售利润因素，所以能够更直接反映销售获利能力的指标是毛利率、经营利润率和营业利润率。由于商品（产品）销售业务是企业的主营业务活动，因此，经营利润水平的高低对企业总体能力有着举足轻重的影响。同时，通过考察经营利润占整个利润总额比重的升降，可以发现企业经营管理状况的稳定性、面临的危险或可能出现的转机迹象。

【例 12-14】长城公司销售利润率的计算如表 12-9 所示。

表 12-9　销售利润率计算表　　　　单位：万元

项 目	2021 年	2022 年
(1) 商品销售毛利	7 900	8 800
(2) 商品经营利润	4 200	4 400
(3) 营业利润	4 500	4 700
(4) 利润总额	4 000	4 200
(5) 净利润	2 800	2 940
(6) 产品销售收入	19 000	21 600
(7) 毛利率 = (1)÷(6)	41.58%	40.74%
(8) 经营利润率 = (2)÷(6)	22.11%	20.37%
(9) 营业利润率 = (3)÷(6)	23.68%	21.76%
(10) 销售利润率 = (4)÷(6)	21.05%	19.44%
(11) 销售净利率 = (5)÷(6)	14.74%	13.61%

其中，销售净利率是基本的盈利能力指标之一，它表明 1 元销售收入所能产生的净利润。从表 12-9 的分析可以看出，长城公司的销售利润率呈下降趋势。进一步分析可以看到，这种下降趋势主要是公司 2022 年的成本费用增加所致，因其毛利率比 2021 年有所下降。所幸的是，在整个经营过程中，营业利润的下降幅度不大，可见，该公司的经营方向和产品结构仍符合现有市场需要。

（二）资产利润率

资产利润率是指净利润与总资产的比率，是反映企业资产综合利用效果的指标，反映企业从 1 元受托资产（不管其来源）中所获得的净利润。其计算公式如下：

$$资产利润率 = \frac{净利润}{资产平均余额} \times 100\% \tag{12-19}$$

资产平均余额为年初资产总额与年末资产总额的平均数。该比率越高，表明企业的资产利用效益越好，整个企业盈利能力越强，经营管理水平越高。

【例 12-15】 根据表 12-3、表 12-9 及有关资料，计算资产利润率。

解

$$2021 \text{ 年资产利润率} = \frac{2\,800}{\dfrac{19\,000 + 20\,000}{2}} \times 100\% = 14.36\%$$

$$2022 \text{ 年资产利润率} = \frac{2\,940}{\dfrac{20\,000 + 23\,000}{2}} \times 100\% = 13.67\%$$

计算结果表明，长城公司资金综合利用效率 2022 年不如 2021 年，公司需要对公司资产的使用、增产节约工作等情况作进一步的分析考察，以便改进管理，提高效益。

（三）权益净利率

权益净利率又称净资产收益率，是净利润与所有者权益（或股东权益）平均余额之比，它反映所有者全部投资的获利能力。其计算公式如下：

$$\text{权益净利率} = \frac{\text{净利润}}{\text{所有者权益平均余额}} \tag{12-20}$$

企业从事财务管理活动的最终目的是实现所有者财富最大化，从静态角度来讲，就是最大限度地提高权益净利率。因此，该指标是企业盈利能力指标的核心，而且也是整个财务指标体系的核心。

【例 12-16】 根据表 12-2、表 12-9，假设长城公司 2020 年年末所有者权益合计为 13 000 万元，计算该公司 2021 年和 2022 年的权益净利率。

解

$$2021 \text{ 年权益净利率} = \frac{2\,800}{\dfrac{13\,000 + 14\,600}{2}} = 0.2$$

$$2022 \text{ 年权益净利率} = \frac{2\,940}{\dfrac{14\,600 + 16\,500}{2}} = 0.19$$

该公司 2022 年权益净利率比 2021 年降低了 1 个百分点，这是该公司所有者权益的增长快于净利润的增长所引起的。

（四）资本保值增值率

资本保值增值率是指所有者权益的期末总额与期初总额的比值。其计算公式如下：

$$\text{资本保值增值率} = \frac{\text{期末所有者权益总额}}{\text{期初所有者权益总额}} \tag{12-21}$$

一般说来，如果资本保值率大于 1，那么说明所有者权益增加；反之，则意味着所有者权益遭受损失。应当注意的是，这一指标的高低除了受企业经营成果的影响外，还受企业利润分配政策的影响。

【例 12-17】根据表 12-2，假设长城公司 2020 年年末所有者权益合计为 13 000 万元，计算长城公司 2021 年和 2022 年的资本保值增值率。

解　　　　　　$$2021 年资本保值增值率 = \frac{14\ 600}{13\ 000} = 1.12$$

$$2022 年资本保值增值率 = \frac{16\ 500}{14\ 600} = 1.13$$

四、成长能力分析

成长能力是指企业在生存的基础上，扩大规模、壮大实力与潜在的能力。

资源 12-8

（一）销售增长率

销售增长率是指企业本年主营业务收入增长额与上年主营业务收入总额的比率。它反映企业主营业务收入的增减变动情况，是评价企业成长状况和发展能力的重要指标。其计算公式如下：

$$销售增长率 = \frac{本年营业收入增长额}{上年营业收入总额} \times 100\% \tag{12-22}$$

该指标是衡量企业经营状况和市场占有能力，预测企业经营业务拓展趋势的重要指标。不断增加主营业务收入，是企业生存的基础和发展条件。该指标若大于 0，表明企业本年主营业务收入有所增长，该指标值越高，表明主营业务收入增长速度越快，企业前景越好；若该指标小于 0，则说明产品或服务不能适销对路、质次价高，或是在售后服务等方面存在问题，市场份额下降。该指标在实际操作时，应结合企业历年主营业务收入水平、企业市场占有情况、衡量未来发展及其他影响企业发展的潜在因素进行前瞻性预测，或者结合企业前 3 年销售增长率作出趋势性分析判断。

【例 12-18】根据表 12-9，计算长城公司 2022 年的销售增长率。

解　　　$$2022 年销售增长率 = \frac{21\ 600 - 19\ 000}{19\ 000} \times 100\% = 13.68$$

（二）利润增长率

利润增长率是指企业本年利润总额增长额与上年利润总额的比率。其计算公式如下：

$$利润增长率 = \frac{本年利润总额增长额}{上年利润总额} \times 100\% \tag{12-23}$$

本年利润总额增长额是指本年利润总额与上年利润总额的差额，利润增长率反映了企业盈利能力的变化，该比率越高，说明企业的成长性越好，发展能力越强。销售增长率应与营业利润增长率相结合，分析企业的获利能力和成长潜力。如果营业利润增长率大于营业收入增长率（均大于零的情况下），不仅企业的绝对盈利规模增加，也表明获利能力提高，企业将更具竞争能力；反之，则表明企业的相对获利能力是下降的，长此以往，企业的发展能力将受到削弱。

【例 12-19】根据表 12-9，计算长城公司 2022 年的利润增长率。

解

$$2022 年销售增长率 = \frac{4\,200 - 4\,000}{4\,000} \times 100\% = 5\%$$

（三）总资产增长率

总资产增长率是企业本年总资产增长额与年初资产总额的比率，它反映企业本期资产规模的增长情况。其计算公式如下：

$$总资产增长率 = \frac{本年总资产增长额}{年初资产总额} \times 100\% \tag{12-24}$$

总资产增长率是从资产总量扩张方面衡量企业的发展能力，表明企业规模增长水平对企业发展后劲的影响。该指标越高，表明企业一定时期内资产经营规模扩张速度越快。但在实际分析时，应注意资产规模扩张质和量的关系，以及企业后续发展能力，避免盲目扩张。

【例 12-20】根据表 12-8，计算长城公司 2021 年和 2022 年的总资产增长率。

解

$$2021 年总资产增长率 = \frac{20\,000 - 19\,000}{19\,000} \times 100\% = 5.26\%$$

$$2022 年总资产增长率 = \frac{23\,000 - 20\,000}{20\,000} \times 100\% = 15\%$$

（四）资本积累率

资本积累率是指企业本年所有者权益增长额与年初所有者权益的比率，它是评价企业发展潜力的重要指标。其计算公式如下：

$$资本积累率 = \frac{本年所有者权益增长额}{年初所有者权益} \times 100\% \tag{12-25}$$

资本积累率是企业当年所有者权益的总增长率，反映了企业所有者权益在当年的变动水平，体现了企业资本的积累情况，展示了企业的发展潜力。资本积累率还反映了投资者投入企业资本的保全性和增长性。若该指标大于 0，则指标值越高，表明企业资本积累越多，应对风险、持续发展能力越强；若该指标小于 0，表明企业资本受到侵蚀，所有者权益受到损害，应予充分重视。

【例 12-21】根据表 12-2，计算长城公司 2022 年的资本积累率。

解 　　　 $2022年资本积累率 = \dfrac{14\,600 - 16\,500}{16\,500} \times 100\% = -11.52\%$

第四节　财务综合分析

财务分析的需求者需要全面、客观、理性地看待财务分析对象的财务状况和经营情况，对企业的财务分析若仅限于财务比率，则难以对企业的财务状况形成全面了解。单独的财务指标分析能够揭示财务经营活动的某一具体方面，但对于从总体上把握财务基本特征的贡献能力较弱。

财务综合分析通过设置合理的评价指标体系，从总体上揭示企业经营活动的状况，并做出深入、客观、理性的评价，从而对企业的经济效益做出较为准确的评价，同时对于发现的风险采取有效手段予以补救。

财务综合分析的方法在实践中有很多，本书主要介绍两种比较实用的方法：杜邦分析法和财务比率综合评分法。

一、杜邦分析法

财务管理的目标是股东财富最大化，从报表上体现出的股东获利能力指标是权益净利率（净资产收益率）。资本具有逐利性，总是流向投资报酬率高的行业和企业。如果一个企业的权益净利率经常低于其他企业，就难以获得资本，最终会被市场抛弃。因此，如果企业的权益净利率下降，且低于同行业平均水平，就需要对影响权益净利率的驱动因素进行深度分析，以便对症下药，进行改进。

（一）杜邦分析法的基本公式

净资产收益率 = 总资产净利率 × 权益乘数

　　　 = 销售净利率 × 总资产周转率 × 权益乘数 　　　　　　(12-26)

将权益净利率分解为销售净利率、总资产周转率、权益乘数这三个指标，提高其中任一指标，权益净利率都会提高。销售净利率是利润表中的指标，反映企业的经营成果；权益乘数是资产负债表中的指标，反映企业的资本结构；总资产周转率则反映总资产的周转速度，综合了企业的经营成果和财务状况。

如图 12-1 所示，通过分解我们可以看出，杜邦分析法将企业的经营成果与财务状况进行了有机结合，并通过权益净利率反映，使得财务分析逻辑更加清晰。杜邦分析法将权益净利率的各驱动因素展现出来，有助于管理层有针对性地改善企业的经营管理，以最大化股东的投资回报。

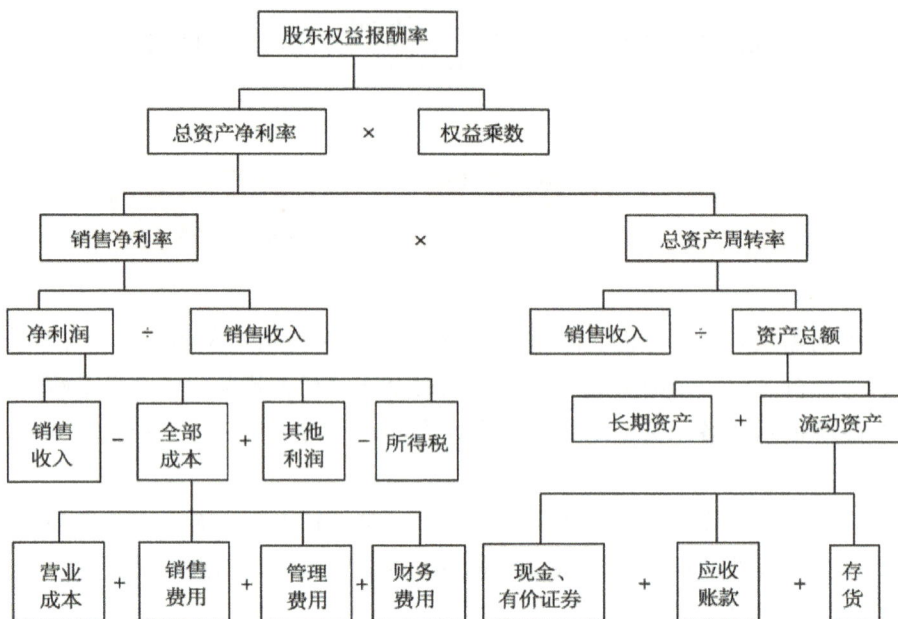

图 12-1　杜邦分析体系

（二）杜邦分析法主要的财务指标关系

运用杜邦财务分析体系需要抓住以下四点：

(1) 净资产收益率是一个综合性最强的财务分析指标，是杜邦财务分析体系的起点。财务管理的目标之一是使股东财富最大化，净资产收益率反映了企业所有者投入资本的获利能力，说明了企业筹资、投资、资金营运等各项财务活动及其管理活动的效率，而不断提高净资产收益率是使所有者权益最大化的基本保证。所以，这一财务分析指标是企业所有者、经营者都十分关心的。而净资产收益率高低的决定因素主要有销售净利率、总资产周转率和权益乘数。这样，净资产收益率在进行分解之后，就可以将这一综合性指标升降变化的原因具体化，从而比只用一项综合性指标更能说明问题。

(2) 销售净利率反映了企业净利润与销售收入的关系，其高低取决于销售收入与成本总额的高低。因此，提高销售净利率的途径有：一是要扩大销售收入；二是要降低成本费用；三是提高其他利润。扩大销售收入既有利于提高销售净利率，又有利于提高总资产周转率。降低成本费用是提高销售净利率的一个重要因素，从杜邦财务分析体系可以看出成本费用的基本结构是否合理，从而找出降低成本费用的途径和加强成本费用控制的办法。如果企业财务费用支出过高，就要进一步分析其负债比率是否过高；如果管理费用过高，就要进一步分析资产周转情况。为了详细地了解企业成本费用的发生情况，在具体列示成本总额时，还可根据重要性原则，将那些影响较大的费用单独列示，以便寻求降低成本的途径。

(3) 影响总资产周转率的一个重要因素是资产总额。资产总额由流动资产与非流动资产组成，它们结构合理与否将直接影响资产周转速度。一般来说，流动资产直接体现企业偿债能力和变现能力，而非流动资产则体现了企业经营规模、发展潜力；两者之间应该有一个合理的比例关系。如果发现某项资产比重过大，影响资产周转，就应深入分析其原因，例如企业持有货币资金超过业务需要，就会影响企业盈利的能力；如果企业占有过多的存货和应收账款，则既会影响获利能力，又会影响偿债能力。因此，还应进一步分析各项资产占用数额和周转速度。

(4) 权益乘数主要受资产负债率指标影响。资产负债率越高，权益乘数就越高，说明企业负债程度比较高，给企业带来了较多的杠杆利益，同时，也带来了较大的风险。

（三）杜邦分析法的局限性

1. 总资产与净利润不匹配

企业的总资产为股东和债权人共同享有，但净利润仅归属于股东，两者不匹配。由于股东和有息负债的债权人均有权要求分取企业的收益，而无息负债的债权人无法要求分取收益，因此，在计算总资产收益率时，将总资产调整为股东权益和有息负债的总额，才能保证与净利润相匹配。

2. 没有区分经营活动损益与金融活动损益

传统的杜邦分析体系不区分经营活动与金融活动。对企业来说，日常的经营活动产生的损益属于经营活动损益，而筹资活动一般不产生净利润，只是支出净费用，对是否应将该部分费用归为经营活动费用，目前各国的会计准则仍存在很大争议。

3. 没有区分金融资产与经营资产

将金融资产与金融损益匹配、经营资产与经营损益匹配，才能正确计量企业经营活动和金融活动的盈利能力。

4. 没有区分金融负债与经营负债

一般而言，负债的成本仅是金融负债产生的利息支出成本；经营负债为无息负债。没有固定成本，因此就没有财务杠杆作用。将其与金融负债一起计入财务杠杆，会歪曲财务杠杆的实际效应。

5. 只关注短期财务指标

忽略非财务因素对企业经营业绩的影响，可能造成企业管理层的短视行为，不符合企业长期发展的要求。

二、财务比率综合评分法

财务比率综合评分法最早由美国银行家亚历山大·沃尔使用，也正因此，其有了第二个名称：沃尔评分法。该方法运用具有代表性的财务比率，通过分配各项指标在总得分中的权重，对比各项指标的数值和标准值的比值来确定指标的具体得分，最终根据指标的得分和权重得出企业的综合分数，以此来确定企业的信用评级。

（一）选定评价的财务比率

财务比率的选择必须要具有全面性、代表性、变化方向的一致性。

全面性要求选择的财务指标能够涵盖企业的偿债能力、营运能力、盈利能力和成长能力。

代表性要求选取的财务指标能够合理反映企业的财务特征，基于有代表性的财务指标进行财务分析有助于提升财务分析的质量。

变化方向的一致性要求各个财务指标在相同因素的作用下，变化是一致的。进行财务分析时通常会选取与财务状况呈正向变动的指标，通过评分能够直观地反映出企业的财务状况。

（二）确定财务比率标准评分值

根据财务比率在综合评价中不同的重要性，确定标准的评分值，也可以称为重要性系数。

重要性系数总分为100分。标准评分值基于企业经营活动的性质，生产经营规模，所处的生命周期、组织结构、治理结构来确定，同时也可以根据会计信息使用者的要求进行适当调整。

（三）计算关系比率

计算的各项财务比率的实际值与标准值的比值就是关系比率。关系比率表示企业的财务比率实际值与标准值之间的离散程度，可以在此基础上进行进一步的财务分析。

（四）计各项财务比率的实际得分

$$实际得分 = 关系比率 \times 标准评分值$$

实际得分是企业财务状况的直接体现，实际得分越接近100分，表明企业的财务状况越好。需要注意的是，企业的实际得分有超出100分的可能性，得到此分值的企业财务状况非常理想。分值越低于100分，表明企业的财务状况越差。

思维导图

思维导图 12

拓展训练

拓展训练 12

附录　相关系数表

附表 1　复利终值系数表

期数	1%	2%	3%	4%	5%	6%	7%	8%	9%	10%	11%	12%	13%	14%	15%	16%	17%	18%	19%	20%
1	1.0100	1.0200	1.0300	1.0400	1.0500	1.0600	1.0700	1.0800	1.0900	1.1000	1.1100	1.1200	1.1300	1.1400	1.1500	1.1600	1.1700	1.1800	1.1900	1.2000
2	1.0201	1.0404	1.0609	1.0816	1.1025	1.1236	1.1449	1.1664	1.1881	1.2100	1.2321	1.2544	1.2769	1.2996	1.3225	1.3456	1.3689	1.3924	1.4161	1.4400
3	1.0303	1.0612	1.0927	1.1249	1.1576	1.1910	1.2250	1.2597	1.2950	1.3310	1.3676	1.4049	1.4429	1.4815	1.5209	1.5609	1.6016	1.6430	1.6852	1.7280
4	1.0406	1.0824	1.1255	1.1699	1.2155	1.2625	1.3108	1.3605	1.4116	1.4641	1.5181	1.5735	1.6305	1.6890	1.7490	1.8106	1.8739	1.9388	2.0053	2.0736
5	1.0510	1.1041	1.1593	1.2167	1.2763	1.3382	1.4026	1.4693	1.5386	1.6105	1.6851	1.7623	1.8424	1.9254	2.0114	2.1003	2.1924	2.2878	2.3864	2.4883
6	1.0615	1.1262	1.1941	1.2653	1.3401	1.4185	1.5007	1.5869	1.6771	1.7716	1.8704	1.9738	2.0820	2.1950	2.3131	2.4364	2.5652	2.6996	2.8398	2.9860
7	1.0721	1.1487	1.2299	1.3159	1.4071	1.5036	1.6058	1.7138	1.8280	1.9487	2.0762	2.2107	2.3526	2.5023	2.6600	2.8262	3.0012	3.1855	3.3793	3.5832
8	1.0829	1.1717	1.2668	1.3686	1.4775	1.5938	1.7182	1.8509	1.9926	2.1436	2.3045	2.4760	2.6584	2.8526	3.0590	3.2784	3.5115	3.7589	4.0214	4.2998
9	1.0937	1.1951	1.3048	1.4233	1.5513	1.6895	1.8385	1.9990	2.1719	2.3579	2.5580	2.7731	3.0040	3.2519	3.5179	3.8030	4.1084	4.4355	4.7854	5.1598
10	1.1046	1.2190	1.3439	1.4802	1.6289	1.7908	1.9672	2.1589	2.3674	2.5937	2.8394	3.1058	3.3946	3.7072	4.0456	4.4114	4.8068	5.2338	5.6947	6.1917
11	1.1157	1.2434	1.3842	1.5395	1.7103	1.8983	2.1049	2.3316	2.5804	2.8531	3.1518	3.4785	3.8359	4.2262	4.6524	5.1173	5.6240	6.1759	6.7767	7.4301
12	1.1268	1.2682	1.4258	1.6010	1.7959	2.0122	2.2522	2.5182	2.8127	3.1384	3.4985	3.8960	4.3345	4.8179	5.3503	5.9360	6.5801	7.2876	8.0642	8.9161
13	1.1381	1.2936	1.4685	1.6651	1.8856	2.1329	2.4098	2.7196	3.0658	3.4523	3.8833	4.3635	4.8980	5.4924	6.1528	6.8858	7.6987	8.5994	9.5964	10.6993
14	1.1495	1.3195	1.5126	1.7317	1.9799	2.2609	2.5785	2.9372	3.3417	3.7975	4.3104	4.8871	5.5348	6.2613	7.0757	7.9875	9.0075	10.1472	11.4198	12.8392
15	1.1610	1.3459	1.5580	1.8009	2.0789	2.3966	2.7590	3.1722	3.6425	4.1772	4.7846	5.4736	6.2543	7.1379	8.1371	9.2655	10.5387	11.9737	13.5895	15.4070
16	1.1726	1.3728	1.6047	1.8730	2.1829	2.5404	2.9522	3.4259	3.9703	4.5950	5.3109	6.1304	7.0673	8.1372	9.3576	10.7480	12.3303	14.1290	16.1715	18.4884
17	1.1843	1.4002	1.6528	1.9479	2.2920	2.6928	3.1588	3.7000	4.3276	5.0545	5.8951	6.8660	7.9861	9.2765	10.7613	12.4677	14.4265	16.6722	19.2441	22.1861
18	1.1961	1.4282	1.7024	2.0258	2.4066	2.8543	3.3799	3.9960	4.7171	5.5599	6.5436	7.6900	9.0243	10.5752	12.3755	14.4625	16.8790	19.6733	22.9005	26.6233
19	1.2081	1.4568	1.7535	2.1068	2.5270	3.0256	3.6165	4.3157	5.1417	6.1159	7.2633	8.6128	10.1974	12.0557	14.2318	16.7765	19.7484	23.2144	27.2516	31.9480
20	1.2202	1.4859	1.8061	2.1911	2.6533	3.2071	3.8697	4.6610	5.6044	6.7275	8.0623	9.6463	11.5231	13.7435	16.3665	19.4608	23.1056	27.3930	32.4294	38.3376

附表 2　复利现值系数表

期数	1%	2%	3%	4%	5%	6%	7%	8%	9%	10%	11%	12%	13%	14%	15%	16%	17%	18%	19%	20%
1	0.9901	0.9804	0.9709	0.9615	0.9524	0.9434	0.9346	0.9259	0.9174	0.9091	0.9009	0.8929	0.8850	0.8772	0.8696	0.8621	0.8547	0.8475	0.8403	0.8333
2	0.9803	0.9612	0.9426	0.9246	0.9070	0.8900	0.8734	0.8573	0.8417	0.8264	0.8116	0.7972	0.7831	0.7695	0.7561	0.7432	0.7305	0.7182	0.7062	0.6944
3	0.9706	0.9423	0.9151	0.8890	0.8638	0.8396	0.8163	0.7938	0.7722	0.7513	0.7312	0.7118	0.6931	0.6750	0.6575	0.6407	0.6244	0.6086	0.5934	0.5787
4	0.9610	0.9238	0.8885	0.8548	0.8227	0.7921	0.7629	0.7350	0.7084	0.6830	0.6587	0.6355	0.6133	0.5921	0.5718	0.5523	0.5337	0.5158	0.4987	0.4823
5	0.9515	0.9057	0.8626	0.8219	0.7835	0.7473	0.7130	0.6806	0.6499	0.6209	0.5935	0.5674	0.5428	0.5194	0.4972	0.4761	0.4561	0.4371	0.4190	0.4019
6	0.9420	0.8880	0.8375	0.7903	0.7462	0.7050	0.6663	0.6302	0.5963	0.5645	0.5346	0.5066	0.4803	0.4556	0.4323	0.4104	0.3898	0.3704	0.3521	0.3349
7	0.9327	0.8706	0.8131	0.7599	0.7107	0.6651	0.6227	0.5835	0.5470	0.5132	0.4817	0.4523	0.4251	0.3996	0.3759	0.3538	0.3332	0.3139	0.2959	0.2791
8	0.9235	0.8535	0.7894	0.7307	0.6768	0.6274	0.5820	0.5403	0.5019	0.4665	0.4339	0.4039	0.3762	0.3506	0.3269	0.3050	0.2848	0.2660	0.2487	0.2326
9	0.9143	0.8368	0.7664	0.7026	0.6446	0.5919	0.5439	0.5002	0.4604	0.4241	0.3909	0.3606	0.3329	0.3075	0.2843	0.2630	0.2434	0.2255	0.2090	0.1938
10	0.9053	0.8203	0.7441	0.6756	0.6139	0.5584	0.5083	0.4632	0.4224	0.3855	0.3522	0.3220	0.2946	0.2697	0.2472	0.2267	0.2080	0.1911	0.1756	0.1615
11	0.8963	0.8043	0.7224	0.6496	0.5847	0.5268	0.4751	0.4289	0.3875	0.3505	0.3173	0.2875	0.2607	0.2366	0.2149	0.1954	0.1778	0.1619	0.1476	0.1346
12	0.8874	0.7885	0.7014	0.6246	0.5568	0.4970	0.4440	0.3971	0.3555	0.3186	0.2858	0.2567	0.2307	0.2076	0.1869	0.1685	0.1520	0.1372	0.1240	0.1122
13	0.8787	0.7730	0.6810	0.6006	0.5303	0.4688	0.4150	0.3677	0.3262	0.2897	0.2575	0.2292	0.2042	0.1821	0.1625	0.1452	0.1299	0.1163	0.1042	0.0935
14	0.8700	0.7579	0.6611	0.5775	0.5051	0.4423	0.3878	0.3405	0.2992	0.2633	0.2320	0.2046	0.1807	0.1597	0.1413	0.1252	0.1110	0.0985	0.0876	0.0779
15	0.8613	0.7430	0.6419	0.5553	0.4810	0.4173	0.3624	0.3152	0.2745	0.2394	0.2090	0.1827	0.1599	0.1401	0.1229	0.1079	0.0949	0.0835	0.0736	0.0649
16	0.8528	0.7284	0.6232	0.5339	0.4581	0.3936	0.3387	0.2919	0.2519	0.2176	0.1883	0.1631	0.1415	0.1229	0.1069	0.0930	0.0811	0.0708	0.0618	0.0541
17	0.8444	0.7142	0.6050	0.5134	0.4363	0.3714	0.3166	0.2703	0.2311	0.1978	0.1696	0.1456	0.1252	0.1078	0.0929	0.0802	0.0693	0.0600	0.0520	0.0451
18	0.8360	0.7002	0.5874	0.4936	0.4155	0.3503	0.2959	0.2502	0.2120	0.1799	0.1528	0.1300	0.1108	0.0946	0.0808	0.0691	0.0592	0.0508	0.0437	0.0376
19	0.8277	0.6864	0.5703	0.4746	0.3957	0.3305	0.2765	0.2317	0.1945	0.1635	0.1377	0.1161	0.0981	0.0829	0.0703	0.0596	0.0506	0.0431	0.0367	0.0313
20	0.8195	0.6730	0.5537	0.4564	0.3769	0.3118	0.2584	0.2145	0.1784	0.1486	0.1240	0.1037	0.0868	0.0728	0.0611	0.0514	0.0433	0.0365	0.0308	0.0261

附表 3 年金终值系数表

期数	1%	2%	3%	4%	5%	6%	7%	8%	9%	10%	11%	12%	13%	14%	15%	16%	17%	18%	19%	20%
1	1.0000	1.0000	1.0000	1.0000	1.0000	1.0000	1.0000	1.0000	1.0000	1.0000	1.0000	1.0000	1.0000	1.0000	1.0000	1.0000	1.0000	1.0000	1.0000	1.0000
2	2.0100	2.0200	2.0300	2.0400	2.0500	2.0600	2.0700	2.0800	2.0900	2.1000	2.1100	2.1200	2.1300	2.1400	2.1500	2.1600	2.1700	2.1800	2.1900	2.2000
3	3.0301	3.0604	3.0909	3.1216	3.1525	3.1836	3.2149	3.2464	3.2781	3.3100	3.3421	3.3744	3.4069	3.4396	3.4725	3.5056	3.5389	3.5724	3.6061	3.6400
4	4.0604	4.1216	4.1836	4.2465	4.3101	4.3746	4.4399	4.5061	4.5731	4.6410	4.7097	4.7793	4.8498	4.9211	4.9934	5.0665	5.1405	5.2154	5.2913	5.3680
5	5.1010	5.2040	5.3091	5.4163	5.5256	5.6371	5.7507	5.8666	5.9847	6.1051	6.2278	6.3528	6.4803	6.6101	6.7424	6.8771	7.0144	7.1542	7.2966	7.4416
6	6.1520	6.3081	6.4684	6.6330	6.8019	6.9753	7.1533	7.3359	7.5233	7.7156	7.9129	8.1152	8.3227	8.5355	8.7537	8.9775	9.2068	9.4420	9.6830	9.9299
7	7.2135	7.4343	7.6625	7.8983	8.1420	8.3938	8.6540	8.9228	9.2004	9.4872	9.7833	10.0890	10.4047	10.7305	11.0668	11.4139	11.7720	12.1415	12.5227	12.9159
8	8.2857	8.5830	8.8923	9.2142	9.5491	9.8975	10.2598	10.6366	11.0285	11.4359	11.8594	12.2997	12.7573	13.2328	13.7268	14.2401	14.7733	15.3270	15.9020	16.4991
9	9.3685	9.7546	10.1591	10.5828	11.0266	11.4913	11.9780	12.4876	13.0210	13.5795	14.1640	14.7757	15.4157	16.0853	16.7858	17.5185	18.2847	19.0859	19.9234	20.7989
10	10.4622	10.9497	11.4639	12.0061	12.5779	13.1808	13.8164	14.4866	15.1929	15.9374	16.7220	17.5487	18.4197	19.3373	20.3037	21.3215	22.3931	23.5213	24.7089	25.9587
11	11.5668	12.1687	12.8078	13.4864	14.2068	14.9716	15.7836	16.6455	17.5603	18.5312	19.5614	20.6546	21.8143	23.0445	24.3493	25.7329	27.1999	28.7551	30.4035	32.1504
12	12.6825	13.4121	14.1920	15.0258	15.9171	16.8699	17.8885	18.9771	20.1407	21.3843	22.7132	24.1331	25.6502	27.2707	29.0017	30.8502	32.8239	34.9311	37.1802	39.5805
13	13.8093	14.6803	15.6178	16.6268	17.7130	18.8821	20.1406	21.4953	22.9534	24.5227	26.2116	28.0291	29.9847	32.0887	34.3519	36.7862	39.4040	42.2187	45.2445	48.4966
14	14.9474	15.9739	17.0863	18.2919	19.5986	21.0151	22.5505	24.2149	26.0192	27.9750	30.0949	32.3926	34.8827	37.5811	40.5047	43.6720	47.1027	50.8180	54.8409	59.1959
15	16.0969	17.2934	18.5989	20.0236	21.5786	23.2760	25.1290	27.1521	29.3609	31.7725	34.4054	37.2797	40.4175	43.8424	47.5804	51.6595	56.1101	60.9653	66.2607	72.0351
16	17.2579	18.6393	20.1569	21.8245	23.6575	25.6725	27.8881	30.3243	33.0034	35.9497	39.1899	42.7533	46.6717	50.9804	55.7175	60.9250	66.6488	72.9390	79.8502	87.4421
17	18.4304	20.0121	21.7616	23.6975	25.8404	28.2129	30.8402	33.7502	36.9737	40.5447	44.5008	48.8837	53.7391	59.1176	65.0751	71.6730	78.9792	87.0680	96.0218	105.9306
18	19.6147	21.4123	23.4144	25.6454	28.1324	30.9057	33.9990	37.4502	41.3013	45.5992	50.3959	55.7497	61.7251	68.3941	75.8364	84.1407	93.4056	103.7403	115.2659	128.1167
19	20.8109	22.8406	25.1169	27.6712	30.5390	33.7600	37.3790	41.4463	46.0185	51.1591	56.9395	63.4397	70.7494	78.9692	88.2118	98.6032	110.2846	123.4135	138.1664	154.7400
20	22.0190	24.2974	26.8704	29.7781	33.0660	36.7856	40.9955	45.7620	51.1601	57.2750	64.2028	72.0524	80.9468	91.0249	102.4436	115.3797	130.0329	146.6280	165.4180	186.6880

附表 4　年金现值系数

期数	1%	2%	3%	4%	5%	6%	7%	8%	9%	10%	11%	12%	13%	14%	15%	16%	17%	18%	19%	20%
1	0.9901	0.9804	0.9709	0.9615	0.9524	0.9434	0.9346	0.9259	0.9174	0.9091	0.9009	0.8929	0.8850	0.8772	0.8696	0.8621	0.8547	0.8475	0.8403	0.8333
2	1.9704	1.9416	1.9135	1.8861	1.8594	1.8334	1.8080	1.7833	1.7591	1.7355	1.7125	1.6901	1.6681	1.6467	1.6257	1.6052	1.5852	1.5656	1.5465	1.5278
3	2.9410	2.8839	2.8286	2.7751	2.7232	2.6730	2.6243	2.5771	2.5313	2.4869	2.4437	2.4018	2.3612	2.3216	2.2832	2.2459	2.2096	2.1743	2.1399	2.1065
4	3.9020	3.8077	3.7171	3.6299	3.5460	3.4651	3.3872	3.3121	3.2397	3.1699	3.1024	3.0373	2.9745	2.9137	2.8550	2.7982	2.7432	2.6901	2.6386	2.5887
5	4.8534	4.7135	4.5797	4.4518	4.3295	4.2124	4.1002	3.9927	3.8897	3.7908	3.6959	3.6048	3.5172	3.4331	3.3522	3.2743	3.1993	3.1272	3.0576	2.9906
6	5.7955	5.6014	5.4172	5.2421	5.0757	4.9173	4.7665	4.6229	4.4859	4.3553	4.2305	4.1114	3.9975	3.8887	3.7845	3.6847	3.5892	3.4976	3.4098	3.3255
7	6.7282	6.4720	6.2303	6.0021	5.7864	5.5824	5.3893	5.2064	5.0330	4.8684	4.7122	4.5638	4.4226	4.2883	4.1604	4.0386	3.9224	3.8115	3.7057	3.6046
8	7.6517	7.3255	7.0197	6.7327	6.4632	6.2098	5.9713	5.7466	5.5348	5.3349	5.1461	4.9676	4.7988	4.6389	4.4873	4.3436	4.2072	4.0776	3.9544	3.8372
9	8.5660	8.1622	7.7861	7.4353	7.1078	6.8017	6.5152	6.2469	5.9952	5.7590	5.5370	5.3282	5.1317	4.9464	4.7716	4.6065	4.4506	4.3030	4.1633	4.0310
10	9.4713	8.9826	8.5302	8.1109	7.7217	7.3601	7.0236	6.7101	6.4177	6.1446	5.8892	5.6502	5.4262	5.2161	5.0188	4.8332	4.6586	4.4941	4.3389	4.1925
11	10.3676	9.7868	9.2526	8.7605	8.3064	7.8869	7.4987	7.1390	6.8052	6.4951	6.2065	5.9377	5.6869	5.4527	5.2337	5.0286	4.8364	4.6560	4.4865	4.3271
12	11.2551	10.5753	9.9540	9.3851	8.8633	8.3838	7.9427	7.5361	7.1607	6.8137	6.4924	6.1944	5.9176	5.6603	5.4206	5.1971	4.9884	4.7932	4.6105	4.4392
13	12.1337	11.3484	10.6350	9.9856	9.3936	8.8527	8.3577	7.9038	7.4869	7.1034	6.7499	6.4235	6.1218	5.8424	5.5831	5.3423	5.1183	4.9095	4.7147	4.5327
14	13.0037	12.1062	11.2961	10.5631	9.8986	9.2950	8.7455	8.2442	7.7862	7.3667	6.9819	6.6282	6.3025	6.0021	5.7245	5.4675	5.2293	5.0081	4.8023	4.6106
15	13.8651	12.8493	11.9379	11.1184	10.3797	9.7122	9.1079	8.5595	8.0607	7.6061	7.1909	6.8109	6.4624	6.1422	5.8474	5.5755	5.3242	5.0916	4.8759	4.6755
16	14.7179	13.5777	12.5611	11.6523	10.8378	10.1059	9.4466	8.8514	8.3126	7.8237	7.3792	6.9740	6.6039	6.2651	5.9542	5.6685	5.4053	5.1624	4.9377	4.7296
17	15.5623	14.2919	13.1661	12.1657	11.2741	10.4773	9.7632	9.1216	8.5436	8.0216	7.5488	7.1196	6.7291	6.3729	6.0472	5.7487	5.4746	5.2223	4.9897	4.7746
18	16.3983	14.9920	13.7535	12.6593	11.6896	10.8276	10.0591	9.3719	8.7556	8.2014	7.7016	7.2497	6.8399	6.4674	6.1280	5.8178	5.5339	5.2732	5.0333	4.8122
19	17.2260	15.6785	14.3238	13.1339	12.0853	11.1581	10.3356	9.6036	8.9501	8.3649	7.8393	7.3658	6.9380	6.5504	6.1982	5.8775	5.5845	5.3162	5.0700	4.8435
20	18.0456	16.3514	14.8775	13.5903	12.4622	11.4699	10.5940	9.8181	9.1285	8.5136	7.9633	7.4694	7.0248	6.6231	6.2593	5.9288	5.6278	5.3527	5.1009	4.8696

参 考 文 献

[1] 揭志锋.财务管理[M].2版.大连：东北财经大学出版社，2017.

[2] 李园园.公司理财：理论·实务·案例·实训[M].上海：上海财经大学出版社，2018.

[3] 郭泽光.财务管理学[M].大连：东北财经大学出版社，2018.

[4] 徐利飞.财务管理学习指导与练习[M].2版.大连：东北财经大学出版社，2018.

[5] 刘斌，何任.财务管理[M].3版.大连：东北财经大学出版社，2018.

[6] 李贺，朱晓佳.财务报表分析[M].上海：上海财经大学出版社，2020.

[7] 张兴东，徐哲，李贺.财务管理[M].2版.上海：上海财经大学出版社，2019.

[8] 李贺.财务管理学[M].上海：上海财经大学出版社，2022.

[9] 杨慧辉.财务管理学[M].上海：上海财经大学出版社，2022.

[10] 徐金姝，杜英.财务管理双语名词与解释[M].上海.上海财经大学出版社，2024.

[11] 任海峙，安宁.财务管理学[M].5版.上海：上海财经大学出版社，2024.

[12] 中国注册会计师协会.财务成本管理[M].北京：中国财政经济出版社，2023.

[13] 财政部会计资格评价中心.财务管理[M].北京：中国财政经济出版社，2023.